日本の今、これからが見えてくる

教養としての世界の政党

世界97カ国から
学んだ元外交官
山中俊之

かんき出版

はじめに

政党は、世界情勢を予測する「変数」

「世界は、一個人の思いだけで動かせるほど単純にできていない」

仮に私がこう断言したとしても異論を唱える人は多くないでしょう。ほとんどの人は、「それは当然ですね」と同意してくれると思います。歴史、あるいはウェブやテレビの報道を見ればすぐにわかる通り、たった一人の独裁者が注目を浴びることもあります。しかし、彼・彼女を生んだ複雑な「背景」は、必ず存在しています。

その背景の一部と言えるのが、このところ注目されている地政学でしょう。

地政学とは、読んで字のごとく地理的条件をもとに世界情勢、国際政治を分析する学問で、世界情勢を把握するために欠かせないものです。

たとえばロシアのウクライナ侵攻について「プーチン大統領の独裁的な姿勢」がさかんに取り沙汰されます。しかし1952年にレニングラード（現在のサンクトペテルブルク）で生まれ、柔道少年として育ち、KGB（旧ソビエトの国家保安委員会）入りしたウラジミール・プーチンという一人の男性の個人的な思いだけが、2年にも及ぶ諍（いさか）いの原因ではありません。そこにはロシアという国の地政学的な背景があります。

- **領土が広大であるが故に多くの国と国境を接している**
- **軍事的に強い欧州の強国と人口が多い中国に挟まれ、「大国が攻めてくるかもしれない」という危機感**
- **欧州に憧れながら仲間入りできなかった「欧州の辺境」というコンプレックス**
- **広大な領土を持ちながら「開墾も定住も困難な寒冷地が多い」というジレンマ**
- **軍事的にも商業的にも要となる港が「凍結により冬場は使えないことがある」という閉塞感**

こういった地政学的な条件に、長きにわたり帝政や社会主義体制が続いたという歴史や、冷戦終了後に西側諸国の安全保障同盟NATO（北大西洋条約機構）の東欧・一部旧ソ連諸国への拡大による脅威が加わり、ロシアという国が浮かび上がってきます。それがロシアを頑なにさせ、攻撃的にしているとも言えます。

これらの点は、ロシアという国とビジネス関係がある人はもちろん、直接の関係がなくても、教養として世界情勢を理解するうえで必須の知識でしょう。

地政学だけでは読み解けない世界の構造

このように地政学は「文句なしにビジネスパーソンの必須教養!」なのですが、同時に私は**「地政学だけでいいのだろうか?」**という疑問も感じていました。

そこで「歴史的背景を理解するうえで欠かせない、宗教や民族、アートなどリベラルアーツについてもおさえておいたほうがいい」と講演や研修などの機会があればお薦めし、本やコラムも執筆、発表しています。

それでも「今」を読み解くためには、何かが足りないような気がしてならず、考えているうちに、ふと思い至りました。

地政学の「主語」は、大きすぎるのではないかと。

世界情勢を読み解こうと試みるとき、地政学的に見ていくと主語は一般に「国家」になります。「中国は、米国は、エジプトは、英国は」と、国をひとまとまりで考えるため、あまりにも主語が大きすぎて、**今を読み解くための論点を見落とすこともある**でしょう。そもそも、政府と企業、市民は異なる利害を持つ別々の存在です。また、一概に企業や市民と言っても、企業規模や所得層に加え、地域、民族、宗教上の違いもあるでしょう。

地理的条件、宗教、民族、歴史、経済はその国の政治や外交、世界との関わり方を考えるうえで欠かせない**「公式」**です。しかし、イスラエルとパレスチナの報道を見ていても、目まぐるしく変動する世界情勢には、今現在に直結しているリアルな**「変数」**が関わっているように思えてきました。

その変数とは、なんだろう――私なりにしばらく検討したり、付き合いのある有識者や世界のビジネスパーソンに意見を求めて議論したりするうちに、たどり着いた一つの答えが**「政党」**という存在でした。

1．最新の世界情勢を読み解くには、地政学、宗教、歴史、民族、経済といった「公式」に、政党という「変数」を加えなければならない。

2．それには世界の政党を理解することが不可欠である。

3．政党を通じて、その国や地域の実情がより立体的に見える。

主語が「国家」であれば、意見は1つです。たとえば2020年に正式にEUを離脱した英国の場合、**「我が国はブレグジットを選ぶ」**となります。

しかし「大賛成！　さっさと独立しちゃおう」というのが全国民の総意だったわけではあり

ません。国民投票の結果は52％対48％、という僅差でした。

離脱に至るまでは数年を要し、激しい討議があったことは、記憶に新しいでしょう。離脱に至る各政党の主張は変遷を繰り返しますが、２０１９年時点では、ジョンソン首相率いる**保守党**は「ブレグジットだ！」と離脱に賛成、**労働党**は「離脱条件を細かく検討しよう」と中間的な立場。**自由民主党**は「離脱表明そのものを取り消すべきだ！」と残留を支持しました。

つまり、国といっても**その内部には多数のステークホルダー（利害関係者）がいます。**所得階層、地域、民族、宗教などによっても違いがあるでしょう。地政学的に国家単位で考えていると、その視点が抜け落ちてしまいます。

また、ニュースになったり耳目を集めたりするのは極端な主張をする勢力ですが、それが必ずしも民意を反映した見解とは限りません。挑発的な意見で国際政治を掻き回す政治家は、実は国内では評価されず次の選挙で落選することもあります。

「デカい主語で、デカい声で、物事を単純化して発言する」

これは発言の内容がどんなに陳腐であろうと、人を「そうか！　そうなんだ！」と納得させてしまう古典的トリック。ヒトラーからTwitter改めXのご意見番まで、さまざまな人が用いている手法にすぎません。

「政党」を主語にすると見えてくる一国の力学

国という主語を、もう少し小さくしてみる。
物事を単純化せず、解像度を上げて世界を見る。

そのために注目したいのが、**「政党」**です。なぜなら政党は主張が明確です。ステークホルダーは企業、資産家や投資家、宗教団体、労働組合、独立や自治権を主張する地域や民族、社会的階層などさまざまですが、彼らは何らかの政党と関わりを持っています。

国家の代表を務める大統領や首相を選出する際、多くの場合は政党が主体となって動きますし、日々変わる国内外の情勢について、日々新たな政策を打ち出すのも政党です。つまり「変数」としてウォッチするのに最適な存在とも言えます。その割には、世界各国の政党は、米国など一部の国の大統領選挙の報道などを除き、あまり注目されてきませんでした。

政党を見ていくと、その国がこれからどこへ進もうとしているか、何を大切にしているかが見えてくる、私はそのように考えています。

現代の政党については、アメリカ政治学の専門家などによる優れた書物が多数あります。私も過去30年以上にわたり、現地視察や国内外の政治家の方々との議論を通じて、大いに勉強させていただきましたが、「世界の政党」という観点でまとめられた書籍はあまり見つかりませんでした。

そこで改めて国内外の文献資料を確認したり、英国や中東に赴任していた外務省時代、そして今に至るまでグローバルビジネスを通じて交流がある方々の話を伺った知見も加えたりして、全体像をカバーしていきました。

本書は、それらを精査したうえで、多忙なビジネスパーソン向けに、ポイントだけわかりやすくシェアしようという意図でまとめたものです。

「イスラエルとハマスの対立はどういうことなのか?」などと国際社会について考える際、歴史的・地理的な問題を見ていくことも大切です。そのうえで、政党を知って「今」という変数も押さえておきましょう。

「イスラエルの連立政権で反パレスチナ強硬派の政党が政権入りしたことが、今回の紛争に大きく影響している」

「イスラエルにはパレスチナ（アラブ）人の政党もあり、政権入りしていたこともある。『イスラエル＝ユダヤの国』と単純化すべきではない」

このように、どのような政党があるかを知るだけで、多角的な視点を持ち、世界の潮流をより解像度を上げて読み解くことができます。

「世界の今」を知るとどうなる？

「国際政治なんて、あんまり仕事に関係ない。意識が高い系の人や、テレビでコメントする学者みたいな人に任せておけばいい」

少し前まで漠然とあったこのような考え方は、すっかり更新されました。

ビジネスパーソンの視点から見ると、**「国際政治に対して関心を向けないと、ビジネス展開ができにくくなってきた」「下手をすると、大きな墓穴を掘ってしまう」**と言えます。

振り返れば、私が社会に出た１９９０年頃、ビジネスと国際政治は今ほどには密接な関係にありませんでした。いや、正確には関係はあるのですが、ビジネスパーソンとして国際政治に基づき主体的に判断し、行動することは限られていました。

当時は米ソ冷戦が終焉を迎えソ連が解体されようとする頃。

第二次世界大戦終了後、社会主義体制を選択した旧ソビエト連邦および衛星国と呼ばれた東欧の国々と、資本主義を選択した西側諸国。東と西は対立関係にあったものの、なにしろ〝冷たい戦争〟ですから熱い砲弾が降り注ぎはしません。

社会主義圏の国々への輸出には規制があり、それらへの配慮は必要でした。同時に「それぞれ、別の世界でやっていきましょう」という暗黙の了解がありました。

当時でも商社に勤めているようなビジネスパーソンであれば、「社会主義圏とも取引はあるが輸出品目には制限がある」とか、「あそこは腐敗した独裁政治だ。何をするにも賄賂ありきでビジネスがちっとも進まない」という実感はあったでしょう。しかし、通勤ラッシュに揉まれる平均的なビジネスパーソンには、「自分の仕事と国際政治の仕事は関係している」という実感は、薄かったのではないかと思います。

ところが今は事情が異なります。

電車の中でスマホを見ているビジネスパーソンが国際政治の記事を読んでいても、「わっ、すごい」とは誰も思わないでしょう。ごく標準的に仕事に必要なこととして、情報をチェックしている光景にすぎません。それには次の3つの理由があります。

理由1：急速なヒト・モノ・カネのグローバル化

インターネットの普及による情報革命の前と後で、世界の距離感はまるで異なるものになりました。世界の人々がiPhoneやWindowsを所有し、マクドナルドやスターバックスを食べ、Netflixで同じプログラムを楽しみます。ヒトとモノとカネが国を超えて動いているダイナミズムは、改めて説明するまでもないでしょう。

また、地球温暖化や環境破壊を食い止める再生可能エネルギーへの取り組みは、国を超えて連帯しなければ意味がありません。その意味でも、**世界は近くなっています。**

さらに移民問題は多くの国で大きな問題になり、難民は史上最高人数になっています。世界の出来事が自分ごとになったのです。

理由２：新しい「戦略的重要物資」である半導体やレアメタルの出現

世界に影響を及ぼす戦略的物資といえば、かつては石油でした。それが今、半導体やレアメタルに変わっています。

半導体の生産競争は50〜70年代から始まっていましたが、現在の動向と比べればのどかなものでした。半導体とはよく知られている通り、電気を通す金属などの「導体」と、ほぼ通さないゴムなどの「絶縁体」の中間であるシリコンなどを指し、炊飯器からエアコンまで電化製品には欠かせないもの。しかし、今日の半導体は**コンピューターのCPU、スマホ、自動車、LED照明、人工知能**と、使われる場面の重要性が比較になりません。

何よりも資源である石油と異なり、半導体は異なる国のさまざまな企業の連携で生産するもので、その生産が国際政治によって左右されています。

話をかなり単純化すれば、石油貿易は「どの国に油田があるか？」「その油田からどうやって開発・採掘して、安全に輸送するか」という昔ながらの駆け引きでした。

ところが半導体は、「どの国が有力な半導体メーカーを持っているか」「半導体を製造するために必要な素材や装置はどの企業が製造しているのか」「最先端の半導体生産工場はどこの国にあるか？」「供給ルートは？」といった複雑な駆け引きが生まれます。**つまり複雑な国際政治と無関係ではいられないのです。**半導体メーカーだけでなく、巨大ＩＴ企業をはじめとする半導体を使用するメーカーやサービスもその駆け引きに参戦し、事態はますます複雑化しています。

レアメタルは石油と同じく鉱物資源ですが、埋蔵が偏在していることも多く、また偏在している国が中国など権威主義的な国であることも多いことから、流通を巡る政治的駆け引きは、同様に複雑なものとなっています。２０１０年代以降一旦は下火になった資源ナショナリズムが復活しつつあります。

理由３：デカップリングによる新冷戦の対立構造

１９８９年のベルリンの壁の崩壊のち１９９０年に東西ドイツが統一され、１９９１年に旧ソ連は解体されました。それまで衛星国といわれた東側の国々で次々と体制が変化し、冷戦は終結。しかし残念ながら、国際的な対立構造が消えて「世界は一つ！　みんな仲良し！」というハッピーエンドにはなりませんでした。

「テロとか紛争とか虐殺とか、今も世の中にたくさんありますよね」というのは誰もが実感していることで、確かに本書執筆時点でもロシアとウクライナ、イスラエルとパレスチナの情勢を多くの人が憂いています。

しかし歴史を遡れば、諍いというのは聖書の時代から繰り返された、言ってみれば人類の宿痾。民族・宗教的な対立は目を逸らしてはならない大きな問題ですが、ビジネスパーソンという見地から併せて注目したいのは、**デカップリングによる新たな冷戦の対立構造**です。

デカップリング（decoupling）とは、文字通り「切り離す」ということ。

国際政治においてデカップリングは、「経済圏からある国を切り離す」という意味でも使われます。たとえば冷戦時代、ソ連は世界経済から「あなたたちはビジネスに関係ないですから！」とデカップリングされていましたが、グローバリズムが今ほどでなかったこと、ソ連が経済的に強くなかったことから、さほど問題ではありませんでした。

ところが今は中国という、世界の経済をその人口規模で牛耳る超大国が出現しています。多くの多国籍企業にとって、生産拠点を設けている中国を切り離すことは困難です。さらに中国は「世界の工場」から「技術開発のトップ級のランナー」に変貌を遂げつつあります。

この中国と経済的に強固な結びつきを築いているのはアジア、アフリカ諸国。これらのグローバルサウスと言われる国々は、西側諸国が主張する中国に対するデカップリングに異議を唱えています。

GAFAMやその経営者からだけでは、未来は見通せない

世界の構造や情勢を理解することが、ビジネスパーソンの必須教養であるのは当然と言えば当然で、**どんな事業も世界の枠組みの中で動いており、その枠組みを作っているのが政治**です。「国を超えた超大国だ」と言われる巨大IT企業も、政治家や政党を無視して動くことはありません。

フィンテック、SNS、EV、AI、宇宙へと事業を広げるイーロン・マスクは、多くのIT系起業家と同じく理系です。ペンシルバニア大学在学中は物理学専攻で、機械工学の製品を開発しようと考えていました。同時に、「ビジネスの勉強をしないと、その勉強をした人の下で働くことになる」と考え、経営学も学んでいます。「(若い頃には)政治にはまったく興味がなかった」とも評伝『イーロン・マスク』(アイザックソン著・文藝春秋)に書かれています。

しかし、現在のマスクの考えは、数々の政治家との交渉を通じて多少変わっていることでしょう。

イーロン・マスクに限らず、ビル・ゲイツ、マーク・ザッカーバーグ、セルゲイ・ブリンとラリー・ペイジ、サム・アルトマンなど、私たちが注目する起業家は、独自の夢と野心と理想で起業してビジネスに邁進しているように見えますが、**実は政治と深く関わっています。**

なぜなら、IT事業も宇宙開発事業も火星への移住も、政治の思惑と無縁ではいられないからです。許認可の問題もありますし、個人情報を扱う際など法とのすり合わせも必要です。世界を変える大きなビジネスをしようとすればするほど、政治（家）と日々、接触するようになっていきます。

AIについては世界各国で規制について盛んに議論されています。オープンAIのサム・アルトマンCEOは、規制に関して世界各国の政府首脳と話し合いを続けています。G7サミットやダボス会議では、倫理違反や著作権侵害などAIについての規制はトップアジェンダに。これは今後しばらく変わることはなさそうです。

さらに言えば、**資金調達の相手として国家ほどの巨大スポンサーはありません。**

私たちが日々使っているGPSが国家主導の軍事目的で開発されたテクノロジーであるように、国を挙げて選りすぐりの頭脳を集めると、イノベーションは起きやすくなります。それが米国や中国がテクノロジーの超大国になっている一つの理由です。また、そもそも21世紀の最大の戦略物資とも言われる半導体の開発や製造には政府からの巨額資金が補助金として流れています。日本も米国も、世界の先端半導体の製造を牛耳るＴＳＭＣ（台湾セミコンダクター）に対して、１兆円規模の支援をすることで、半導体を巡る地政学を有利に進めようとしています。「国なんて軽く超えているから」というグローバル企業が仮にあったとしても、海外の生産拠点、国際展開、資金のプール先や税金対策など、国を跨ぐビジネスになればなるほど、自国だけでなく他国の政治家ともやりとりしていくことになります。

「ビジネスパーソンだから、国際政治なんか興味ない」

これはあまりにも狭いものの見方だということです。

経営者のビジョンや新進気鋭の起業家の発言は確かに魅力的ですが、彼らだけを見ていても世界や経済の動向を見通すことはできないのです。**イーロン・マスクも好き勝手にやっているようですが、世界の枠組みの中で動いています。**巨大ＩＴ企業も政党・政治家などを無視できない。その証拠に、自らの支持政党などにも言及して、政府の政策への批評を続けています。

なぜ今、「政党」を理解すべきなのか？

世界の政党を知り、政策を見ていくと、次の点の理解が深まります。

1．社会・経済の実情（貧富、民族、宗教の分断など、政府の公式見解では見えない各国の課題や特徴が具体的に

見えてくる）

2．経済政策や環境への取り組み（各国の経済・エネルギー政策でイノベーションへの姿勢と世界での立ち位置がわかる）

3．国と国との対立や協調（防衛、軍事に関する政策で国際社会の相関関係が見えてくる）

4．移民・難民問題への対応（内向きの国か外向きの国かがわかる）

5．人権意識（ＬＧＢＴＱ、社会保障、多様性の尊重など、国民を大切にする国かどうかがわかる）

政党を見るという、いわば〝ミクロの目〟を持つと、世界を見るという〝マクロの目〟をも備えることができます。そうすると、新しい新興国、フロンティアはどこか——近未来の姿も浮かび上がってくるはずです。

長らく日本は「貯金の国」と言われてきましたが、年金への不安や新ＮＩＳＡの導入で投資はもはやビジネスパーソンの常識となり、世界経済への関心はますます深まるでしょう。経済や投資の動きは必ず政治の動きと連動しています。

政党も政策も、日々動いている「生きもの」なので、全容を完全に捉えることはできません。そこで本書は基本的な情報をビジネスパーソンの視点から整理、ポイントだけ絞ってお伝えしていきます。

世界各国の政党がどのような特徴を持つか、その国がどのような傾向にあるかをざっくりと把握していただきたいと思います。

国際的なビジネスをしている方々、軍事や国防、政策に携わっている方々はもちろんのこと、グローバルに投資をしている方々、大学生や若きビジネスパーソンにも、ぜひお読みいただきたいと願っています。

本書がビジネスパーソンが「世界の今」を読み解く一助となれば、著者としてこれほど嬉しいことはありません。

2024年6月
山中俊之

教養としての世界の政党　もくじ

序章　政党とは何か？

第2章

西欧

戦争と合従連衡の歴史が生んだ連立政党

英国　君主制・階級制と二大政党……142

フランス　あらゆる政治的意見を反映した多党制……154

ドイツ　ナチスへの反省から生まれた政党制

イタリア　少数・汚職・合従連衡な多党制

その他、西欧の政党　地域主義と右派ポピュリズムの台頭

第3章 東欧

EUに波紋を呼ぶ右派ポピュリズム政党

第4章 北欧

リベラル志向が強い「大きな政府の小さな国々」

第5章

ロシアと旧ソ連

権威主義の伝統

第6章 中国とアジア

非西欧型政治を模索する国々

台湾、韓国、北朝鮮　世界を変えるトリガーになりうる政党

東南アジア　有力政治家と軍の対立軸、共産党系も意外と強い

インドと南アジア　言語・宗教・地域の対立が政党に反映

第7章

中東
不安定を克服できない各国の政治

第**8**章

ラテンアメリカ

「貧富の格差」の克服を目指す政党

第9章

アフリカ

資源を生かしきれない腐敗した政党

編集協力：青木由美子
著者エージェント：アップルシード・エージェンシー
デザイン：山田知子（chichols）
DTP：Office SASAI

序章 Prologue

政党とは何か？

「世界にはどのような政党があるのか？」

この本題に入る前に、基礎の基礎を押さえておきましょう。政党はどのように生まれたのか、その歴史と成立を簡単に解説します。民主主義のルーツについて。議院内閣制と大統領制、そして近年よく耳にする権威主義について。こうした基本的なこともコンパクトにまとめました。

人によっては「何を今更？」というトピックも多く含まれていますので、必要のない場合は読み飛ばしてください。

「政治や国家の仕組みについて、あまり考えたことがない」という方は、序章によって、より本書の理解を深めていただく準備ができるでしょう。

政党は、「保守かリベラルか」「右か左か」といった評価をされることが多々あります。そこで本書では、世界の政党をわかりやすく把握するために、「大きな政府を志向するのか、小さな政府を志向するのか」「国際協調的か、それとも自国中心的か」という2つの視点から考察しています。

この解説を読んでいただければ、世界の各政党の特徴を大まかにおさえることができるでしょう。

政党次第で、国、世界、歴史が変わる

気候変動問題、大国や周辺国との外交関係、安全保障、性的マイノリティへの対応、企業のグローバル展開、あるいは小さい政府、大きい政府、企業への補助金、税率。いずれもビジネスに密接に関係するテーマです。**政党によって、政策は大きく異なってきますし、それによりビジネスにも大きな影響を及ぼします。**

「**移民政策はトランプの再選かバイデンの続投かで、変わってくるよね**」

「環境問題への影響も大きいんじゃない？　2017年にトランプ政権はパリ協定から離脱表明して、バイデン政権になったらすぐに復帰だし。米国でのビジネスはずいぶんと影響を受けたみたいだね」

2016年に採択され、温室効果ガスの削減を目指す「パリ協定」には、日本を含む150カ国以上が締結しています。

「地球温暖化を食い止めつつ、市場の成長を妨げないためにどうすればいいか？」

ここに世界ナンバーワンの経済大国である米国が加わるか否かで、多大な影響があることは

言うまでもありません。

わずか数年で入ったり出たりと目まぐるしい展開となったのは、政権交代によるものです。「誰が大統領になるのかで、世界が変わる」

米国において「大統領」とは、すなわち政府の代表者。より正確に言えば**「どの政党が政権を握るかで、国も世界も大きく変わる」**となります。

日本の場合、1955年以降、1990年代の一時期と2009年から2012年までのわずか3年間を除いて、自民党による長期政権が続いています。

「首相はコロコロ変わるけれど、誰がなっても変わらないよ」と言われる一因は、「党首が代わるだけで政党は同じだから」という面も否めません。

スウェーデンやメキシコなど、同一の政党が与党として長期政権を握ってきた国は他にもありますが、**民主的な選挙が実施されている世界の国々から見れば長期政権は少数派**と言えるでしょう。

政党次第で歴史も変わることを、私たちはすでに知っています。その端的な例としてぐっと時を遡り、第一次世界大戦後のドイツ（ワイマール共和国）の場合を見てみましょう。

1919年に締結されたヴェルサイユ条約により敗戦国となった現在のドイツ。連合国側から突きつけられた講和条件は、国民の誇りを激しく傷つける屈辱的なものでした。

「あなたがたは負けたんですから、この辺りの土地はフランスに返還、そこはデンマークに、ここところはポーランドに割譲してね。あっ、アフリカにある植民地もこっちで管理するから手を引いてもらえるかな？」

「軍も縮小してもらうよ。戦争責任も認めてね。それから賠償金、払ってもらうから！」

近代国家の覇権争いが始まった世界で、やっと王政から脱したばかりの当時のドイツは、まだまとまりのない弱い国。

政権の中心は労働者の権利拡大と平等な社会を目指す**社会民主党**。帝政ドイツ（1871年～1918年）が革命によって崩壊し、「さあ、これから民主主義の国をつくるぞ！」と誕生したワイマール共和国につながる政府でした。

このヨチヨチ歩きの政権にとって、当時の国情は大嵐。折れそうなのは国民の心だけでなく、経済的にも大打撃を受けました。

「連合国の言いなりになりやがって。プライドがないのか！」

「政府が弱腰だから不景気なんだ。物価が上がるのに賃金は上がらない」

「そもそも仕事がない！　昔と変わらないどころか、世の中はもっと悪くなってる」

国民の不安と不満が爆発しているドイツに、1929年の世界恐慌が訪れます。失業率は上昇し、銀行はバタバタと破綻、それまで産業の中心だった重工業は従業員を解雇しても生き残れず、倒産件数も日に日に増えていく……。

「国内がダメなら海外で」と思っても世界中が経済危機ですから、「ドイツ製品を輸入しろ？何言ってんだよ、自分の国で精一杯だ」という状況。

政権交代の原因は複合的なものですが、**経済危機と外交の失敗がトリガーのツートップ**と私は考えます。それが一気に襲ってきたのですから、社会民主党が野党となるのは必然でした。

「確かに帝政ドイツは最悪だったけど、民主主義なんて信じて大丈夫なの？」

国民の気持ちの揺らぎは、そのまま政治につながります。揺籃（ようらん）期の国家には世界恐慌以前から、さまざまな政党がありました。

「これからはマルクス・レーニン主義だよ」というドイツ共産党。
「キリスト教がやっぱり大事」という中道の中央党。
「帝国主義が大切だ！　保守だ保守！」という右派のドイツ人民党。

そして言わずと知れた**国民社会主義ドイツ労働者党**。ヒトラーのナチスです。彼らは、ユダヤ人のせいで貧富の差が発生していると主張し、「反ユダヤ主義・反社会主義・植民地の再分割」を訴えました。

経済不振で混沌とした世の中では、極端な政党が誕生しがちです。なぜなら、極端なことは「わかりやすいから」「人々の不満を吸収しやすいから」。これは現在、世界で吹き荒れている**ポピュリズム**（大衆迎合）とも密接に関係します。ポピュリズムについては後述します。

たとえば、くつろいでいる午後8時、夕飯中にいきなり停電したとします。延々と暗いまま、ネットもテレビも繋がらず、電話回線もアウト。何ひとつ情報もなかったらどうでしょう？「ダメージ＋先行き不透明」という状況は、パニックが起こりかねないほど、人を不安にさせます。曖昧な状態に長く耐えられるタフな精神力の持ち主は、そう多くありません。

逆にいうと、たとえ悪い知らせであっても現状がわかればホッとします。スマホに「大きな地震を感知したため、安全状況を確認しております」と自治体から通知が来たら、とりあえず落ち着けるのです。

極端な主張をする政党の中には、白か黒かに単純化したわかりやすい主張を大声で述べ、仮想敵を「悪いのは○○だ！」とつくり出し、自分たちの権利を守ろうとするケースも珍しくない……。すると、大衆に好かれるポピュリズムの評価が上がります。

詳細は述べませんが、このようにナチスが政権を握り、ヒトラーという稀代のカリスマがドイツのトップに立ったことで、世界は大きなうねりに巻き込まれていきます。

歴史にｉｆはありませんが、ヒトラーが生まれた背景には、政権をめぐる政党間や政治家同士の激しい戦いがあり、国民の支持を集めて右派ポピュリズム政党が勝ち残った、という出来事があります。

もしも当時、ドイツの共産党にカリスマがいたら、今日のＥＵはなかったでしょうし、もしも同じ右派でも右派ポピュリズムではなく中道の右派政党が政権を握ったら、ドイツの、いや世界の歴史は変わっていたでしょう。もちろん、それら政治家を支持する人々、生み出す社会的背景があることが前提ですが。

「どんな政治的理念をもつ政党が政権を手にするか？」

つまり政党とは、その国のありようも世界の歴史も変える、大きな影響力を持っています。

政党のあり方は、その国を現す

政党を考える際に大事な概念は、**民主主義**です。つまり、**国民が政治的権力を所有し、行使**

政党の前提として重要な民主主義

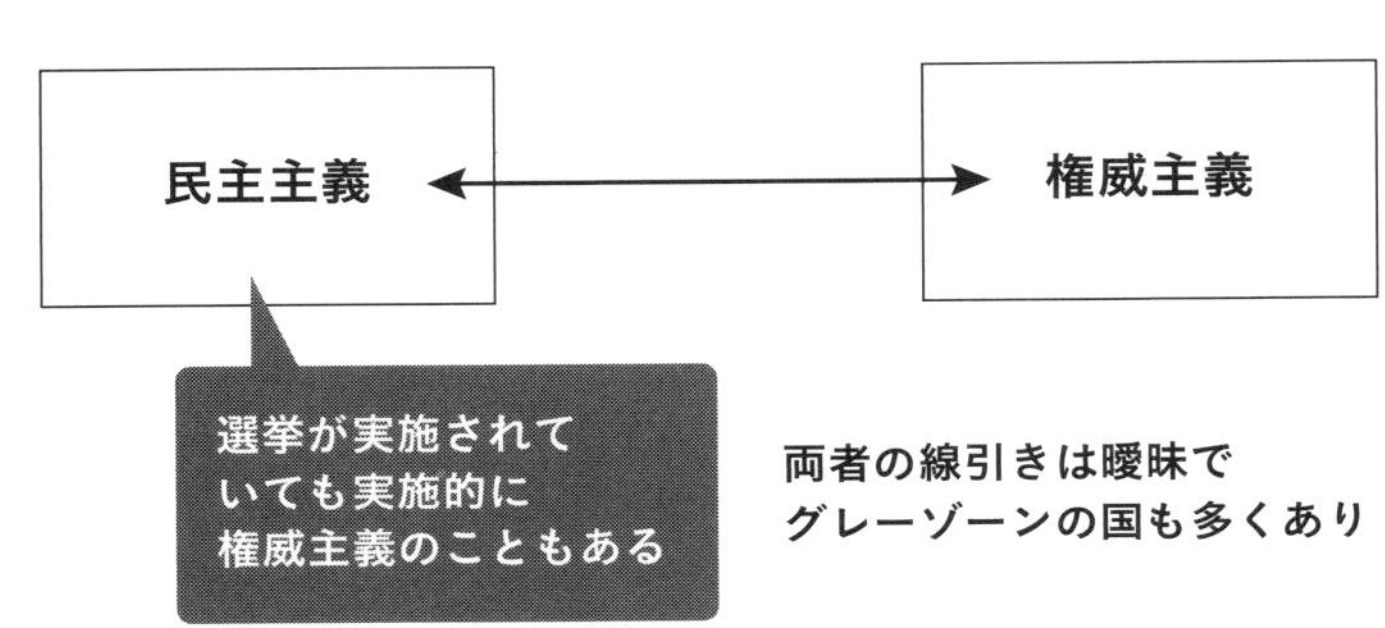

するという政治原理です。国民が政治的権力を行使する有力な手段が選挙であり、政党が選挙において大きな役割を果たします。民主主義を導入している政治体制を**民主制**と呼びます。

反対の概念として、政治学においてさまざまな概念があるのですが、本著では**権威主義**を採用したいと考えます。英語メディアでは**authoritarianism**と言われ、これは中国や北朝鮮などを指して、頻繁に登場する概念。権威主義の国では、国民の投票に基づく議院内閣制や大統領制が存在しないか、存在していても形骸化していきます。政党は一党制か実質一党制、あるいは政党すら存在しないことになります。

国民の投票に基づく**議院内閣制**、**大統領制**などを導入していても、自由な立候補が認められていない、表現の自由が認められない、政党の自由な活動が認められないなどの理由で実質的に権威主義の国もあります。ロシアがその典型でしょう。

なお、民主主義と権威主義、両者の線引きは曖昧であり、**グレーな国々も多い**ことに注意が必要でしょう。ロシアほどでなくても、野党政治家が不当に逮捕されて政治活動ができなくなる、野党の政治活動を実質的に制約する、軍が不当に介入するという国は、枚挙にいとまがありません。

政治体制を3分類

政党について理解するには、各国の政治体制の分類をざっくり理解することが必要です。ここでは、政治体制の大枠についてお話しします。

第一に、**議院内閣制**。議会と政府（内閣）が分立しているが、政府（内閣）は議会の信任によって存在する制度です。議会の多数派を占めた政党から首相が選ばれ、首相により閣僚が選ばれることが一般。政党が内閣を作っていく重要な役割を果たします。日本をはじめ、英国、カナダ、オランダ、スウェーデン、オーストラリアなどが該当します。国王や大統領が存在していても、政治的な権力が実質的にない場合には、本著では議院内閣制として分類します。

第二に、**大統領制**は、行政府の長である大統領を国民等が選び、議会から独立させる制度です。大統領を選ぶ際にも、議会の議員を選ぶ際にも、政党が大きな役割を果たすことが一般です。米国、インドネシア、ブラジル、メキシコなどがこれに該当します。

政党を考える際の3つの政治体制

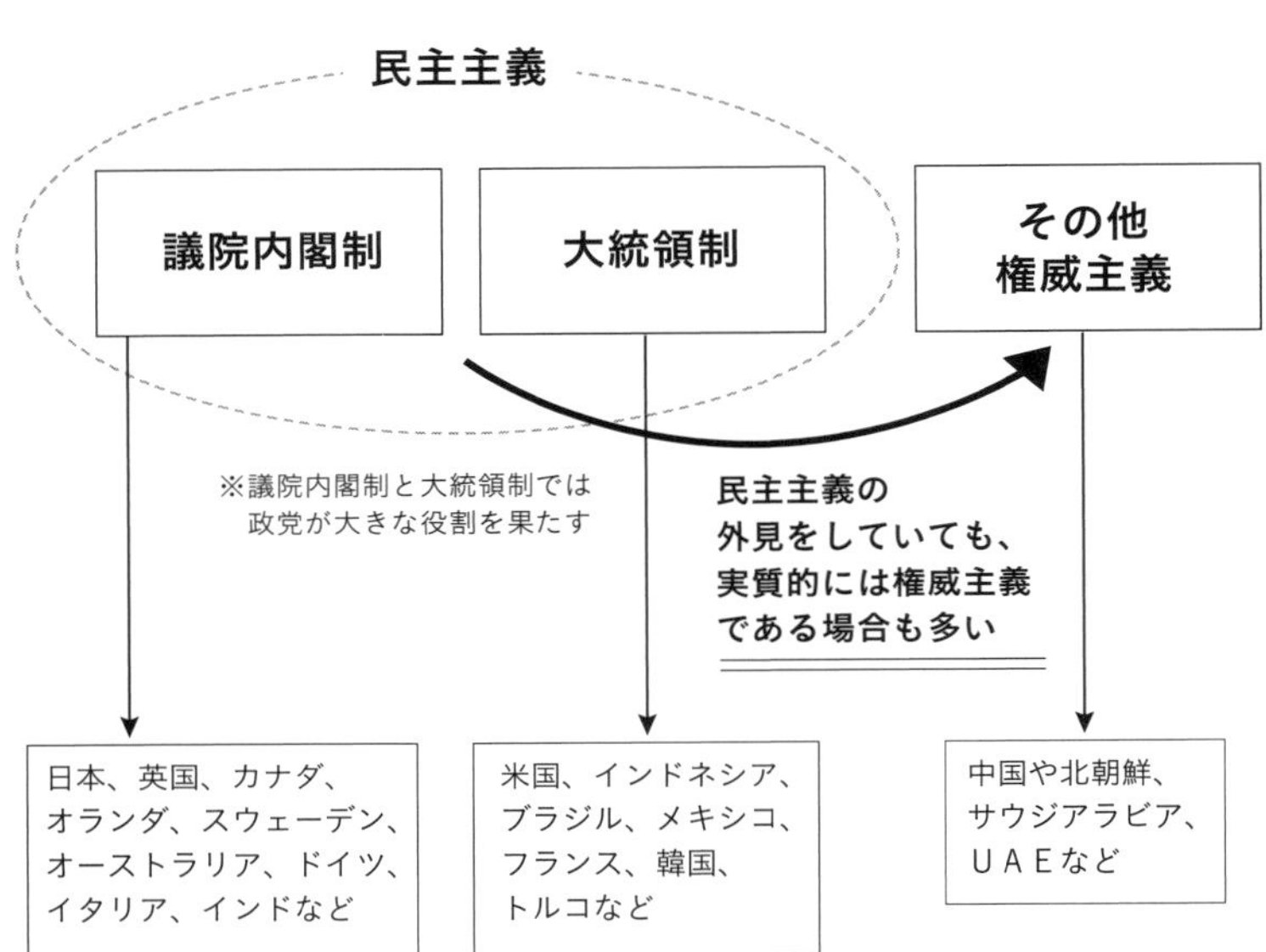

第三に、その他の**権威主義**。制度よりも特定の政党に権力が集中していたり、国王など君主が権力を有していたりする場合があります。前者には中国や北朝鮮、後者にはサウジアラビア、ＵＡＥなどがあります。これら諸国の大半は民主主義ではなく、**権威主義**的な体制です。

なお、これらの国々でも形式的な議会や政党が存在する場合がありま す。たとえば、**中国にも共産党に協力的な、形だけの野党は存在します。ロシアにも複数の政党が存在**し、大統領選挙にも候補者を出しています（もっとも大統領への立候補が制限されており、実質的に権威主義といえるでしょう）。これらをまとめたのが上の図表です。

議院内閣制、大統領制を近代以前の君主制や貴族制と対比することもあります。

なお、**現在も一部の国に君主制は残っています。**「君主に政治的権力を認めない立憲君主制」から「君主に実質的な政治的権力を認める権威主義的な君主制」があります。前者には、英国やオランダ、スウェーデンなどの立憲君主制が該当します。後者には、サウジアラビア、UAEなど中東湾岸諸国の権威主義的君主制が含まれます。

民主主義のルーツは、古代ギリシアにあり

民主主義は、古代ギリシアの都市国家で生まれた概念です。古代ギリシアでは、成人男性の市民限定ではありましたが、市民が参加した民会で多くのことが議論され決まったのです。

2000年以上も前に生まれたこの概念は、その後古代ローマでも採用されました。

「平等な立場で参加して投票する」という民主主義の原型が、古代ギリシアの都市国家に存在しました。女性や奴隷が排除されていた点は、現在の民主主義とは大きく異なります。しかし、**議論して投票することで社会の重要事項を決めるという、現在にも繋がる民主政が発生したことは、民主主義や政党を考えるうえでも重要な出来事**だと考えます。

欧州の人々にとって誇りであるとともに、同時に民主主義でない国々、たとえば家父長的な

価値観が残るアジアや、神の教えをこの世で実現しようとする考えのイスラム圏に欧州発祥の民主主義を、西欧的なやり方で押し付けている面もあるかもしれません。世界の政党を通すと、各地域の価値観なども考慮でき、もっと立体的に世界が見えてくるでしょう。

また、米国などが主導して民主主義国のためのサミットなどが開かれることがありますが、前述したグレーゾーンの国々も多数含まれています。相手国を権威主義、我々が民主主義とレッテル貼りすることは、国際政治を戦ううえでの道具となっています。

プラトンやモンテスキューは、民主主義をどう考えた?

民主主義については、発祥の地ともいえる古代ギリシアの哲学者が大いに論じています。**プラトン**は、主著『国家』において、民主主義が「衆愚政治」に陥る危険性を指摘するなど懐疑的で、政治家が哲学者になるか哲学者が政治家になる「哲人政治家」の必要性を唱えました。

一方、プラトンの弟子**アリストテレス**は、民主主義が多数の市民の参加と意見の多様性を促進し、共同体の結束を高めるとも考えていましたが、同時に無秩序や混乱に陥る危険も指摘していました。プラスの面もマイナスの面も指摘していたのです。

民主主義についての議論

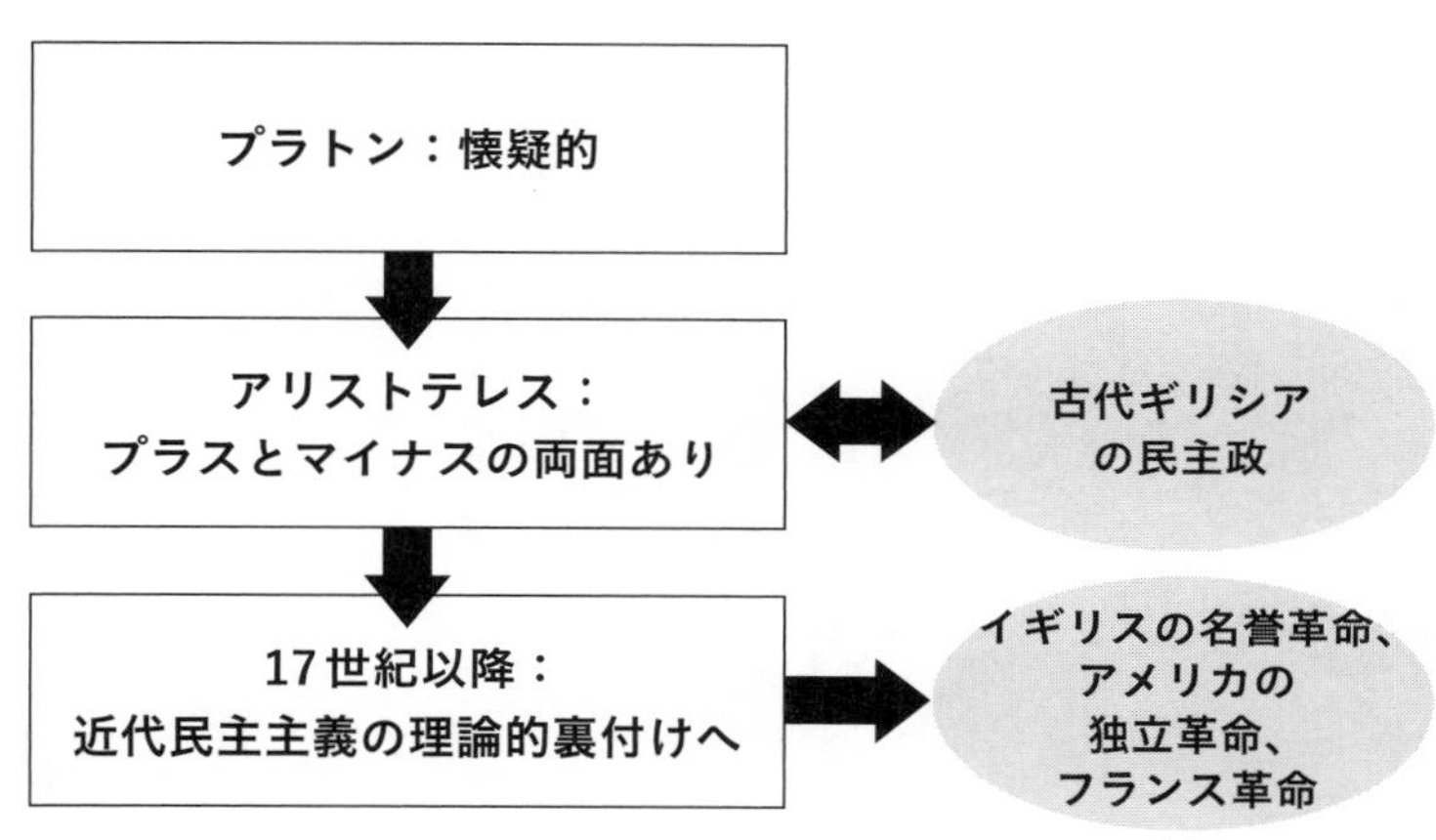

古代での民主主義の議論は、幾多の時代的変遷を経て、近代になり近代民主主義として発展しました。

近代の民主主義に影響を及ぼした英国の哲学者**ジョン・ロック**は、1689年に発表した『統治二論』で議院内閣制や立法権について述べています。

当時の英国は、君主は神から統治権を授かったという**「王権神授説」**を主張しており、「神の代理人なんだから王は神聖なんです。神様以外の人は王の治世に口出ししないで！」と主張し、ローマ・カトリックを牽制していました。

これはフランスのブルボン王朝など、教会に口出しされずに権力を掌握したい君主は皆やっていたことです。この王権神授説を、ロックは『統治二論』できっぱり否定。

「自由な個人と個人の契約が社会をつくってい

る。政府とは人々の合意によって動いていくものだ」とする**「社会契約論」**を唱え、自由主義の父と呼ばれました。

フランスで活躍したスイス生まれの思想家**ジャン＝ジャック・ルソー**は、1762年に発表した『社会契約論』で、国民一人ひとりが自由かつ平等に、直接政治に参加すべきだと述べています。また、全員に共通する「一般意思」が存在するとしました。このルソーの思想はフランス革命に大きな影響を与えました。

フランス革命以降、ヨーロッパで生まれた近代民主主義は、次第に明文化されていきます。1789年に「人権宣言」を打ち出したフランスや、英国から独立した米国の憲法もそれにあたります。

国によって違いはありますが、基本的人権や国民主権など、国家の基本が整えられ、近代民主主義の憲法の骨格となっていきます。

18世紀のフランスの哲学者**モンテスキュー**の『法の精神』は権力分立の重要性を主張しています。権力を複数の独立した機関に分割して、各機関が相互に均衡し、権力の濫用を防ぐことの必要性を述べています。

普通選挙の誕生で本格化した「政党」

民主主義の肝である選挙の起源は古代ギリシアの市民集会に遡ります。何万人も集まる集会での投票で都市国家の政治の方向性を決めていたこともありました。当時の都市国家は、現在と比べて人口が少なく、利害関係も単純だったので、市民が直接的に集まって話し合って決めていく**直接民主主義**が可能でした。

中世のヨーロッパの選挙は、選挙王制など、ごく一部で行われていました。英国では13世紀のマグナカルタ（大憲章）において国王の政治権力が制限されるようになり、それにより議会としての基盤が生まれました。

近代になり、人口も増え、政治的な利害関係が複雑になると、選挙で選ばれた議員など政治家による**間接民主主義**が一般化してきます。

今日の身分に関係のない普通選挙に繋がる選挙制度の始まりは18世紀。きっかけは、やはりありとあらゆる近代化の始まりとなったフランス革命（1789〜1799年）、そしてアメリカ独立戦争（1775年〜1783年）と合衆国憲法の誕生（1787年）です。

革命以前のフランスはアンシャン・レジーム（旧制度）の時代で、言ってみれば身分制度が政党の代わり。**第一身分**（**聖職者**）、**第二身分**（**貴族**）、**第三身分**（**平民**）の三部会が立法組織で、政治的な考えや主張は、まあ当然と言えば当然ですが、身分ごとに違っていました。

ところが「自由、平等、友愛」の革命によって身分制議会は廃止され、選挙による代表が議会に集うようになります。この頃になるとまだ政党と呼べる存在ではなかったものの、**共通の政治的理念を持つグループや派閥ができていました。**

英国の議会では、17世紀にはすでに政治グループがありました。議会にはすでに**貴族院と庶民院**があり、貴族院は然るべき貴族の家柄の世襲、庶民院は選挙制——と言っても候補者は地主や経営者など、〝お金持ちの男性限定〟です。

選挙権も当初お金持ちだけの特権でしたが、19世紀になると、都市部の労働者階級、農村部の労働者階級へと広がっていきます。学校で習った通り、この平等はあくまで男性限定で、女性の参政権はごく一部の例外を除きありませんでした。

こうして普通選挙が始まると、身分的には〝平等〟である、さまざまな考えの人たちがランダムに集うことになります。そこでグループや派閥が整備され、政党になっていきます。

1787年に制定された米国合衆国憲法には選挙制度について明記されており、「各州の選挙人団による大統領選」が行われ、議会には**「上院**（**州議会が選出**）**と下院**（**各州の選挙で選出**）**」**がありました。

「さすが新しい自由の国！」にはなっておらず、選挙権はヨーロッパ同様、「白人・男性じゃないとだめ！」というのはご存知の通りです。

この頃の米国上院や下院には、理念や政策について考えを同じくするグループ、すなわち政党の原型がすでに存在していました。

政党とは「同じ政治的理念」を持つ人の集団

そもそも、政党とはいったい何でしょうか？

米国の政治学者であるアンソニー・ダウンズ（1930～2021年）は、政治学の古典的名著とされる『民主主義の経済理論』において、政党を**「合法的な手段で政府機関を掌握しようとする人々の連合体」**と定義しています。

合法的であることが必要なので、革命を目指す組織やテロ組織は該当しません。また、政権掌握を目指さない単なる活動団体も除かれるのです。

本著も政党を次の通り定義します。

●共通する政治的信条・理念・政策を持った人の集まり

●合法的に政権の獲得を目指す

政府機関や会社と比べ、組織上の法的規則は少ないこと、あったとしても内部の体制についての法的規制は多くありません。「だから、某政党のように裏金問題が起きて……」という議論は一旦置いておきます。

国によって組織力のあるものから、市民運動的なものまでさまざまですが、この「政党」というものは、実はかなり**私的なゆるい組織**です。

私的なゆるい組織とはいえ、政府や議会において大きな力を持つ存在になり、国内のみならず世界政治を動かしていくのですから、決して見過ごすことができない存在といえるでしょう。

日本の場合、政党助成法など「政党」について規定している法律はありますが、政党について包括的に規定する政党法は、２０２４年６月現在では存在せず、日本国憲法に「政党」という言葉は一言も出てきません。もっとも、「政党の存在は一応想定しているだろう」というのが憲法学者の通説的解釈ではあります。

英国や日本の政党は組織化されており、党首がいて、強力な党執行部があって、党員がいます。党員は年会費を払い、選挙となれば候補者を支援する——**ところが米国における政党は、かなり様子が違います。**

米国の政党には英国や日本のような厳格な党員制度が存在せず、義務のない一種の登録制のような形になっています。そのため、民主党・共和党の大統領選挙の予備選挙に州によっては普段は党員として活動をしていない一般国民が登録することで参加できる場合もあるのです。

それでも国民が選挙で投票する際、政治家一人ひとりの政治的理念や信条、政策や人柄を個別に見ていても「よくわからない」でしょう。しかし政党があれば、「あの政治家はこの政党だから、そういう政策だろう」とわかりやすくなります。

「同じ政党に所属する国会議員は、意見が統一されているべきだ」という見地から、英国やオーストラリア、カナダ、そして日本では原則**「党議拘束」**が行われています。政治的理念や政策が1から10まで同じでないといけないわけではありません。しかし、臓器移植など死生観を含む特定の価値観に基づく法案などを除き、「重要と思われる特定の議案」については党内で意見を統一しておこうというのが日本の政党の党議拘束です。

一方で個人主義の米国のように、党議拘束自体が存在しない国もあり

小選挙区制	比例代表制
選挙区で候補者1名が当選 大きい政党が有利なので、 二大政党になりやすい	**得票数に比例して 当選者を決める** 小さい政党でも当選しやすく、 多党になりやすい

ます。もっとも、所属する政党の方針と同じ投票をすることが多いようです。そして党議拘束がない代わりに、**米国には根回しがあります。** 大統領や内閣メンバーが主要議員におもむろに電話をかけ、「もしもし？ 私だけど、今度の議会でこのテーマは賛成票にしてね」とやるわけです。

オバマ政権下で副大統領だったバイデン氏は、この作戦が大得意。「調整力が抜群」という党内での評価が、大統領になった一因だったと言われています。余談ながらバイデン政権の副大統領カマラ・ハリスは、それがどうも苦手という説も。

やり方はともかく、こうして政党ごとに意見はある程度統一されています。

もしも**政党が存在せず、政治家一人ひとりの意見で法案を審議したり、思うままに投票していたりしたら、収拾がつかなくなるでしょう。**

政党制には、**一党制、二党制、多党制**などがありますが、民主主義の国に一党独裁はそぐわないもの。「民主主義なのに一党がずっと独裁的に政権を保持している」ということは基本的にはありません。そのため二党制か多党制になることが一般的です。

二党制については、米国と英国のところで実際の政党の特徴を交えながら詳しく説明していくことにします。

その国の政党制が二党制になるか多党制になるかは、選挙制度にも関連しています。**比例代**

表制中心の国では多党制に、**小選挙区**中心の国では二党制になりやすい傾向にあります。前者の典型はイスラエル、後者の典型は米国、英国、オーストラリアなどです。

議院内閣制は〝政党の私的ルール〟で運用される？

これまでたびたび出てきた「議院内閣制」と「大統領制」について、もう少し詳しくお話ししましょう。なお、学校で習ったことも多いと思いますので、不要な方は読み飛ばしてください。

まず議院内閣制についていうと、議会には「立法権」があり、内閣（政府）には「行政権」、裁判所には「司法権」があります。法律を決める役割、行使する役割、裁判する役割を分けているということ。この権力分立は、国による違いはありますが、多くの民主主義国家に共通しています。18世紀のフランスの政治哲学者**モンテスキュー**（1689年～1755年）が論じ、米国の合衆国憲法に大きな思想的影響を与えました。

議会には選挙によって選ばれた「国民の代表」たる議員たちがいて（実感としてそう思えるかどうかは別として）、彼らはそれぞれ政党に属しています。議会の多数派となり、政権をとった政党つまり与党は、国民の考えを政治に反映させる役割を担っているわけです。

日本の場合、内閣のトップである首相は国会で選ばれます。衆議院と参議院の指名となっていますが、衆参の意見が分かれ両院協議会でも一致しない場合、憲法の規定から「衆議院の指名が優先」。

これは英国も同じで、下院と上院のうち「国民から直接選ばれる下院の与党党首が首相になる」というルールです。**議院内閣制は、多数を占めた党の党首が首相となることが一般的**です。

さて、新たに首相が決まると、その政権の内閣メンバー、つまり**閣僚（大臣）の選定**が始まります。

しかし閣僚が必ずしも「適材適所で１００％能力主義！」で選ばれてはいないことはご存知の通り。さらに「首相の指名で組閣されて政府ができあがる」と言っても、国にもよりますが、鶴の一声で決まるわけではありません。

「このポストの専門知識があるのはX議員だ。彼女を大臣にしよう！」

首相がそう言っても、政党内での調整が入ることがあります。

「いやいや、うちの派閥で当選を重ねたZ議員にも大臣ポストを用意しないと」

「待ってください、あの議員の意見を聞かないとまずいのでは」

閣僚は、首相の意見と政党内の意見の〝すり合わせ〟で決まると考えていいでしょう。力関係によっては、政党内の意向に首相が従うこともあり得ます。

なお、2024年6月現在、裏金問題を契機に廃止が叫ばれている日本の自民党の派閥ですが、世界的に見ても、ここまで**派閥という形で固まったグループが政党に存在することは稀**です。英語で派閥のことをfactionと言いますが、英語メディアを見ても、あまり他の国の政党を議論する場合には使われないと思います。

閣僚の任命責任は首相にありますが、組閣には政党内のルール、力関係、慣習、派閥の駆け引き、支持団体の圧力など、〝政党の思惑〟が大きく影響するということです。2つの政党が手を組んだ連立与党の場合は、2つの政党の思惑が混ざり合うことになり、より複雑化します。

こうして**立法と政策を担う議会と、行政を担当する内閣が連携プレイをするというのが、議院内閣制**です。

大統領の権限によって「政党の影響」が増す

「大統領制の国」といってまず思い浮かぶのは**米国**でしょう。韓国、ブラジル、インドネシア、トルコなども大統領制で、国ごとに異なる要素もあります。

議院内閣制の首相は、「議員から選ばれた存在」であり、多くの場合「与党の党首」であり、

議院内閣制と大統領制の主な違い

特　徴	議員内閣制	大統領制
権力の源泉	議会（とくに下院）	国民の直接選挙
行政の長	首相（議会から選出される）	大統領 （選挙で選ばれた国家の代表）
内閣メンバーの選出	通常、議会のメンバー	大統領によって 指名される
政府の責任	議会に対して責任を持ち、 信任を失うと辞任する	弾劾などを除き固定された 任期、議会の信任に 左右されない
議会との関係	議会の多数派と密接に連携	議会とは独立して行動し、 しばしば対立することもある

「行政（内閣）のトップ」。

いっぽう大統領制の大統領は、あくまで**「選挙で選ばれた国家の代表」であり、「行政（内閣）のトップ」。要するに、議会とは原則的に分かれています。**

新たな政権が誕生すると、国によりますが、大統領は閣僚を指名し、議会の承認を得ます。こう書くと議院内閣制と同様に思えますが、実態は相当に違うもの。国によって詳細は異なるので、一例として米国を見てみましょう。

大統領が指名して上院の過半数の承認で就任する米国の閣僚は、議員以外の専門家も多く、大学教授や専門機関の研究者、幅広いなかから「その分野に精通した人材」が集められます。閣僚退任後は、研究者や実業家など多様な分野で活躍します。米国政治が**「回転扉**（revolving door)」と呼ばれる所以です。

ノーベル平和賞を受賞した元国務長官ヘンリー・キッシンジャーも、もともとハーバード大学で国際政治を教えていた教授。ニクソン大統領の指名によって閣僚入りし、米国外交の〝顔〟となりました。

かように大統領の一声で、優秀な人が突如、内閣に入るわけです。「そろそろこの派閥から大臣を出しとこうか、まあ順番で」という配慮とは程遠く、「よく知らない若い人だけど、ＩＴのスペシャリストなんだって！」という人材が大臣に起用されることも珍しくありません。

議会は立法に集中し、政府（大統領＋内閣）を監視しながら予算の承認などを行う。大統領は行政のトップとして政策を進めていくというのが、米国大統領制の基本です。

米国は、上級公務員まで**政治任用（political appointee）**されます。また、大統領は連邦最高裁の裁判官の指名をします（上院の承認が必要）。権力分立の原則のもと、「立法」と「行政」を厳しく分けているとはいえ、要するに大統領は「司法」の人事権をがっちり握っているということ。詳しくは第１章で扱いますが、これは絶大なパワーです。

議院内閣制の日本の場合、「誰が首相になろうと官僚は代わらない」というのが原則。公務員は安泰というわけです。しかし**米国では、大統領が入れ替われば、約３０００人の上級公務**

員が入れ替わるとも言われます。彼らと一緒に働いてきた他の公務員やスタッフも一緒に解雇される場合もあり、政権交代は一大事です。「共和党が勝つか、民主党が勝つか」で、裁判所を含めた公務員のメンバーがチェンジとなるのですから。

日本では最高裁判事の任命についてあまり意識されないようですが、司法はその国の未来に大きな影響を与えます。**同性婚にしても、人工中絶についても、最高裁がどう判断するかによって、国の在り方に大きな影響を及ぼします。**

巨大な影響力を持つ最高裁判事の任命権を、大統領や上院の多数派、つまり政党が握っているというのは、注目すべき点です。

議院内閣制であれ大統領制であれ、政党がその国の政治に大きな影響を持つことは、おわかりいただけたと思います。

政党は首相もしくは大統領の背後にいて、政策を決めて実行を促す「公的パワー」を持っています。それなのに**議院内閣制の首相は、実質的には与党の党内選挙という「私的ルール」で決まってしまう**ことも多々あります。

また、前述した通り大統領制は所属政党の意向を反映した大統領の権限が大きく、司法の人事権まで握っていることもあります。つまり、国の先行きの決定と実行のプロセスが、政党の党内ルールや根回しなどで決まるという「私的ルール」で動いているのです。

「保守かリベラルか？」だけでは政党の主張はつかめない

政党とはわかるようでわからない、なんとも不思議な存在だと私はとらえています。だからこそ各国の特徴をよく捉え、理解を深めていきたいと考えています。

そんな政党を大まかに理解するうえで、**「保守かリベラルか」という分類は役立ちます。**

「保守」や「リベラル」は、政治学上の大きな論点で、時代により、識者により、また国により定義が異なります。このテーマだけで無数の意見が述べられているほどです。

本著では、現在のビジネスパーソンが理解すべき形に翻訳し、比較的シンプルな例で考えてみましょう。

A党「伝統を保守しながら経済的な自由を認めていく国家が理想だ」
B党「良いものはどんどん取り入れて社会的平等が良い」

A党は保守、B党はリベラルです。

どちらの党にも志を同じくする議員たちが集まっているわけで、私たち国民は自分の考えに

保守とリベラル

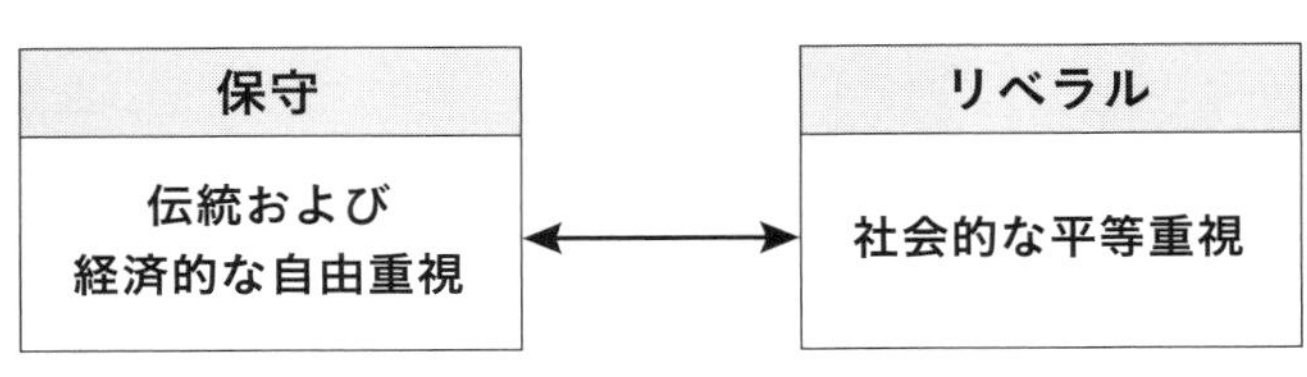

時代、識者、国によって定義は変わる

照らして、支持政党を選び、投票することができます。

一般に**保守は伝統を重んじ、安全保障や国家防衛に力を入れます。**変化を好まず、革新的ではありませんが、社会的平等よりも**経済的な自由を求め、政府の介入なしに企業が自由に活動する「市場経済」を尊重する傾向があります。**

「幸せになるかどうかは、どれだけ努力したかで決まる。うまくいかないのは自己責任だ」という考え方をする場合もしばしば。

リベラルは、一般的に伝統よりも社会的な平等を重んじるので、「格差社会は良くない。ある程度は政府が介入して、みんなが幸せになれるようにしよう」という考え方。伝統にとらわれず、多様性を重んじる方向です。したがって「家族の形はみんな違ってみんないい」「自分の国を強くするより、世界と連帯しよう」という政策を立てる傾向があります。

しかし、これらは保守とリベラルの、かなりざっくりした一般論。保守やリベラルについての定義もさまざまであることは前提のうえでの議論です。

さらに政党には政治的信条や理念のみならず、**経済格差、地域、宗教、民族など、さまざまな要因が関係していること**を忘れてはなりません。

その政党に属する議員たちがどんな地域の代表で、あらゆる宗教、業界、団体との関わりの深さによって、政党の特色は大きな影響を受けます。

例に挙げたA党は保守であり、小さい政府や企業間の自由な競争を好む「市場経済」を支持していますが、支持基盤の業界から「この法律で規制があると、我々のビジネスに有利なんだよね」という声が出てきたらどうでしょう？　彼らに忖度した法案を可決するとまでは言いませんが、「この規制をどうするべきか、今後慎重に検討する」となる可能性は大いにあります。

また、B党は「リベラルな国にしたい」という政治理念があるので、「人生とは生と死で完結する。命の終わり方も自分の意思で選べるように、安楽死を合法化しよう」という法案を検討しているとします。しかし、「そんなこと言ったら、我々を支持する団体の人たちからブーイングの嵐だ」となれば、それが政策となるまでには、クリアすべき関門が激増します。

今、世界に保守でもなくリベラルでもない **「中道」** の政党が多いのは、それだけ私たちが生きる〝今という時代〟が多様かつ複雑なことを反映している面もあるでしょう。右か左か、保守かリベラルかと迂闊に単純化してしまうと、保守であっても国民受けするために補助金給付などで、財政支出を増大させる傾向が強いことがあるなど、見落とすことがたくさんあると言えるでしょう。

なお、保守とリベラルとは別に、右派、左派という表現もあります。これは、もちろん現在も使われています。

しかし、**右派が冷戦時代の「資本主義・自由主義経済」志向、左派が「社会主義・計画経済」志向**という流れを汲んでいるため、冷戦が終わり世界的に社会主義への期待が失われている時代には、この表現はあまり適さないかもしれません。

そのため本書では、ラテンアメリカや東欧など一部を除き、全面的に使うことはせず、保守、リベラルという表現を用いています。

一方で、右派、左派を問わず既存勢力を批判して国民の人気を得ようとする**ポピュリズム**が勢力を増しているため、**右派ポピュリズム、左派ポピュリズム**という形で同表現を使います。

政党を読み解く指標1「大きな政府か、小さな政府か」

憲法や政治制など、いささか教科書的な説明が長くなりました。政党というものの定義や政府については、だいたい確認していただけたでしょうか。

これから世界の政党を紹介していくにあたり、本書では次の**「2つの軸」**で説明します。

1. 小さな政府か、大きな政府か（経済的自由権（規制や補助金）をどこまで認めるのか）
2. 国際協調的か、自国中心的か（自由貿易や移民など海外に寛容か、不寛容か）

1つ目はその政党が目指す政府が小さいか大きいかで、国内でどのような政策をとっているかがわかります。

「小さな政府」とは、**「個人の自由を尊重するから、公共サービスや福祉は最小限でいい。教育も経済活動も、実力本位で国民がそれぞれ頑張ればいい」**という考え方。**「その代わり自分で経済活動を頑張ってください。規制はどんどん緩和するし、税金は安くしておきますよ！」**という傾向にあります。

小さな政府と保守には、共通点が多くあります。

小さな政府の代表的な国は米国で、共和党でも民主党でも、原則として経済的な自由を重視します。米国では「産業政策」という言葉が、政治の経済への介入を意味するとして嫌われていました。ＩＴイノベーションの舞台となったことは自由競争の成果でしょう。もっとも、**半導体を巡る米中対立の激化で、政治による経済への介入は増えています。**米国の小さな政府、経済の自由重視のあり方は大きなターニングポイントを迎えているといえそうです。

マイナス面としては、自由競争によって経済格差が広がっていることが挙げられます。

かたや「大きな政府」は、**教育、福祉、医療、環境保護、経済活動など、国民一人ひとりの生活に補助金や規制を通じて政府が介入します。**やることがたくさんあるので、自ずと政府は大きくなります。教育費を無料にしたり、「老後は安心」という福祉政策をとったり、公共サービスを充実させたり。大きな政府はリベラルと共通点が多くあります。

大きな政府の代表的な例が、**社会民主主義的な政党が強く福祉国家で知られる北欧の国々**です（第4章にて掲載）。ワークライフバランスが取れていたり、教育の機会が均等であるといったメリットがあります。

もちろん、手厚い公共福祉の代わりに企業や個人の税金はドンと高くなりますし、少子高齢化で税収が乏しくなる時代、「本当に税金だけで福祉国家を維持していけるのか？」という課題を抱えています。

これらの点に加えて、「小さい政府志向であるが、人工中絶や性的マイノリティについてはリベラル」という場合もあり得ます。「経済のことと個人のことは別だ」と考えるのは、むしろ自然なのかもしれません。

注意が必要で、わかりやすく単純に考えすぎると、真実から遠ざかる危険があるのです。

政党を読み解く指標２「国際協調的か、自国中心的か」

２つ目の「国際協調的か、自国中心的か」は、自由貿易や移民に関して、その政党が目指す政府は、世界でどのようなスタンスをとり、他国とどう関係していくかを知る指針となります。**自由貿易や難民や移民の問題、気候変動問題への考え方、大国や周辺国との外交関係**を見ていくことで、その政党がこの指標のどのあたりにいるかがわかるのです。

僭越ながら私はかつて外務省で働き、その後は世界97カ国を訪問し、国内外でさまざまな国の人とビジネスや交流を持っています。比較的、民族や宗教が異なるいろいろな人と接する機会からたどり着いた一つの解は、**「その社会がグローバルであるかどうかは、移民などの多様性を受け入れるかで決まる」**ということです。

海外に出かけていくとき、たとえその人が排他的であってもなんとかなるものです。短期間であれば〝お客様〟としての滞在で、自分の流儀で押し通すことも可能です。

しかし移民や難民を自国に受け入れ、同じ国民として一緒に生活していくには、さまざまな違いを認め、包括的に受け止めなければなりません。米国では移民が増加して、社会的コスト

保守とリベラルのマトリクス

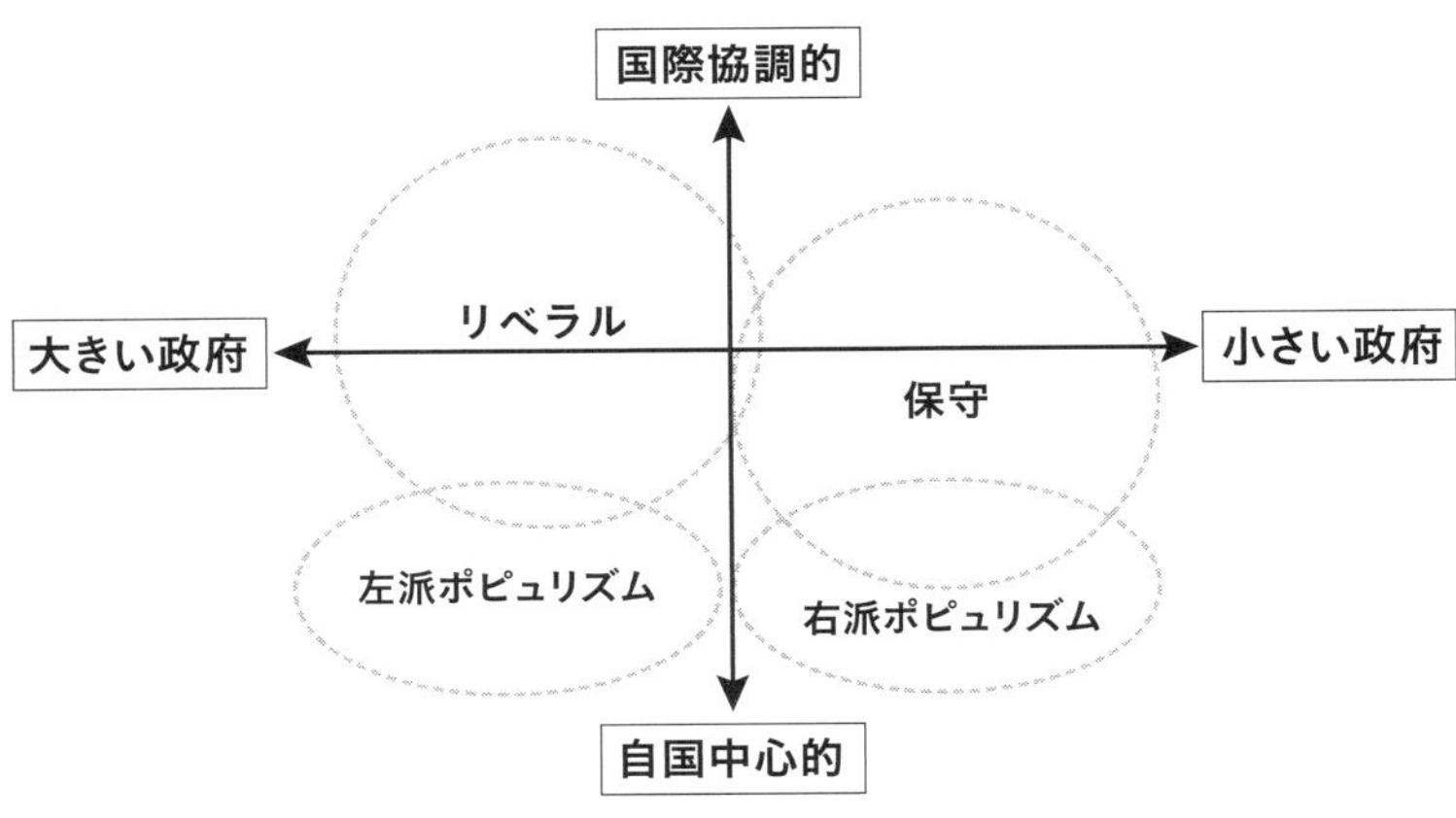

※定義は識者により、政治的立場により大きく違うことがあることに注意する

が上昇しています。

それができるかどうかが、国際協調的であるかどうかの分かれ目となります。難民も移民も21世紀に入りますます増加傾向。今後の政党の政策、国家の政策を知るうえでも大きなマイルストーンとなります。

多様性を受け入れて社会的平等を目指すリベラルは国際協調的に、伝統を重視する保守は自国中心に傾くことも多いでしょう。

さらに**他国に寛容か不寛容かで、その政党が地球環境問題についてどのような姿勢を取っているかも見えてきます。**

地球は一つの星であり、空にも海にも物理的な境界線は存在しないのですから、環境問題は「うちの国のやり方！」「我が国ファースト！」と、ナショナリズムの立場で言っていても解決しません。外交と地球環境問題は、分かち難く結びついているのです。

宗教と政治の話の「半分」はタブーではない

「海外に行ったら、宗教と政治の話はタブーですよね？」

かつて多くのビジネスパーソンがこの〝世界の常識〟を教えられ、今でも守っている人が少なくありません。しかし、私が研修などでこの説について申し上げるのは、**「半分正しくて半分正しくない」**です。

もちろん、日本だろうと世界のどの国だろうと、「自分の宗教や自分の政治的意見が正しい、あなたは間違っている」と議論をぶち上げるのは、政治家同士のディベートなどを除き、NGです。ただし、宗教と政治を会話からすべて排除したら、**「いったい、何の話をするんですか？」**となりかねない――従って「半分正しくて半分正しくない」となるのです。

あるビジネスパーソンがインドネシアに行き、現地法人のイスラム教徒の人と一緒に仕事をする。「ちょうど今日はラマダンだ」という時、日没後の食事の話に触れないのは不自然です。「日没まで断食だからランチはご一緒できませんね。じゃあ日が暮れたら何を食べるんですか？」という話題の流れから、イスラム教の話になっても不思議はありません。

ビジネスパーソン向けの研修で、反論が出ることもあります。「山中さんは宗教の理解が大事だと言いますけど、海外出張の時、全然そんな話題は出ませんでしたよ」と。

この点について少しシニカルな言い方をすれば、宗教の話ができるほど深くつき合っていないからかもしれません。最初の挨拶は交わすものの、あとは通訳任せで仕事の話しかしない――これでは情報量も関係性も全く異なってしまいます。通訳を使ったとしても、一歩踏み込む会話は必ずできる。知識を持って一言を発するかどうかの違いです。

政治についても同様です。たとえばあるビジネスパーソンが出張でシカゴに行き、ニュースは大統領選の話題で持ちきりだったとします。ミーティングを終えて現地の取引先と「ランチでも」となった時、大統領選挙の話題に触れないのは不自然なことではないでしょうか。

「半分正しい」というのは、不毛な論争を招くような挑発的な主張をすべきではないということ。その人が敬虔なキリスト教福音派で、民主党と共和党がバチバチに争っているような状況だったら、あえてその話はしない。これは当然の配慮です。

気をつけておきたいのは、**ネイティブアメリカンなどマイノリティ、人種問題に触れること。**かなりセンシティブかつパーソナルな部分に踏み込むことになるので、よほど親しくない限り、避けたほうがいいでしょう。

宗教・民族・環境・地政学による分析に「政党」を加える

2つの軸から生まれる4象限（70ページ参照）を用いて、政党を大まかに捉えたうえで、民族、宗教、人権意識、地政学、経済、ビジネス、地球環境問題などを考慮する。

こうして国の主要政党が、「今は図のどのあたりに位置しているか？」を考えると、世界経済や社会をとらえる解像度がグッと上がります。**どの政党が政権を握るかによって国の行く末が大きく異なってくるので、ビジネス上にも必ず役に立ちます。**

「はじめに」で述べた通り、政党は変数で、常に変化しています。

ロシアによるウクライナ侵攻やイスラエル・ハマスの紛争なども視野に入れなければなりません。2024年は史上最大級の選挙の年とも言われ、選挙結果によって世界情勢の行く末が大きく変わってきます。

しかし、各国の政党の特徴を知ることで、国や地域の動向はもちろんのこと、世界全体の動きが見えてくることがあることは間違いありません。

第1章

North America

北米
キリスト教の理想郷の模索と個人主義

「日本以外の政治家の名前を挙げてください」

この質問にどう答えますか?

日本のビジネスパーソンからいちばん多く名前が挙がる国はおそらく米国でしょう。

大統領選挙が近づいてくると特番で詳しく報じられ、政策によって日本も世界も大きな影響を受ける。

選挙の仕組みや政党については知っているけれど「じゃあ説明してみて」と聞くとうまく答えられない……。

第1章では、米国とカナダの政党と政治システムを説明します。要件を満たせば誰でも米大統領候補になりうる選挙に、二大政党がどうかかわっているのか? 政党の背景にある銃やIT業界、そしてユダヤ人のロビー活動とは? キリスト教福音派と人種問題に政党がどのような政策を講じているのか?

最先端のイノベーションを起こし続け、ダイバーシティ先進国に見える一方、分断を抱えているのが米国です。ビジネスパーソンにも大きな影響のある国を政党を通して模索しましょう。

「米国と似て、広くて新しい国」というイメージがあるカナダは、多文化共生主義の国。人種差別の歴史を超えて〝北米の北欧〟という独自の存在感をもちます。地域政党を含めたカナダの政党も解説します。

米国

自由競争社会の二大政党

個人主義でアマチュア志向の米二大政党

4年に一度の米国大統領選は日本でも大きなニュースとなり、なかでも注目されるのは、民主党・共和党それぞれの代表候補によるテレビ討論です。

1960年に行われたケネディvs.ニクソンが、本格的にテレビ放映された討論としては第一回。国民がテレビの向こうで見守るなか各候補者が登場しますが、俯(うつむ)きながら政策が書かれた原稿を読み上げるのではありません。経済政策や環境問題などのテーマについて自由討論したり、司会者からいきなり難しい話題を振られたり、会場に観客を入れて質問を募ったり。いくつかのパターンに対応するため、想定通りにはいかないのです。

政党マトリクス（米国）

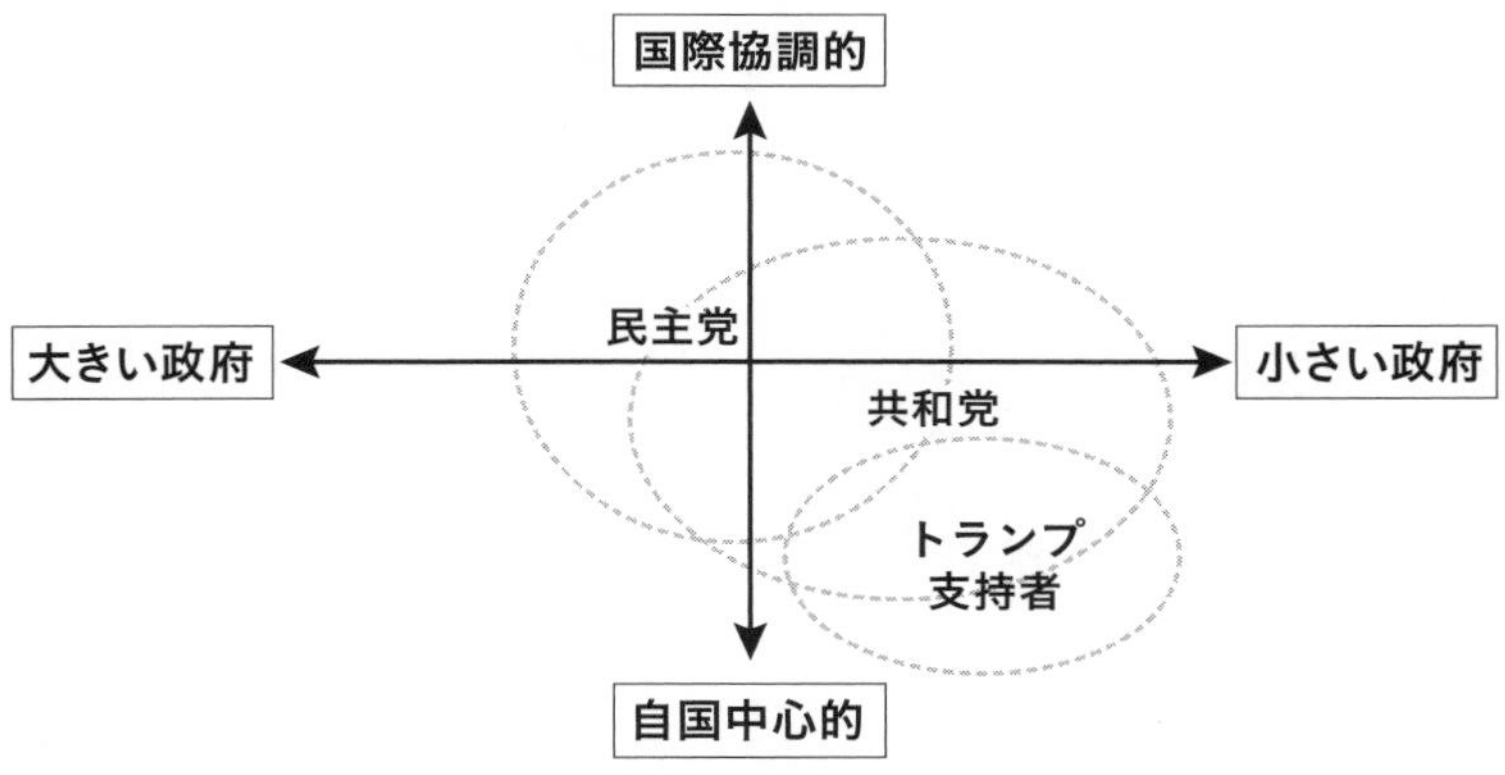

※各党内の権力構造や指導的政治家の主張によって政党の立ち位置は変動しうる（他国のマトリクスも同様）。
※米国の二大政党は重なりも比較的多い。
※欧州の政党に比べ、全体的に小さい政府に寄っている。

米国　DATA	
人口	約3億4196万人
面積	約983万3000㎢
言語	英語のみ78.2％、スペイン語13.4％、中国語1.1％、その他7.3％
民族	白人61.6％、黒人またはアフリカ系アメリカ人12.4％、アジア系6％、先住民およびアラスカ先住民1.1％他
宗教	プロテスタント46.5％、ローマ・カトリック20.8％、ユダヤ教1.9％、末日聖徒イエス・キリスト教会1.6％、その他のキリスト教0.9％、イスラム教0.9％他

（出典）The World Factbook、2024年6月現在

不意に痛いところを突かれて感情的になってしまったら？「論破！」とばかりに、圧倒的に議論で打ち負かしたら？思わず心を揺さぶる巧みさで、エピソードを絡めて政策を述べたら？

政策や理念だけではなく、論理的思考力や対応力、コミュニケーション能力、人間性まで視聴者に丸見えですから、投票への影響は大きい。長い選挙活動で積み重ねてきたものがこのテレビ討論でひっくり返ることもあるくらいで、だからこそ政党も候補者も必死です。

２０２４年６月のバイデンvs.トランプのテレビ討論では、バイデン氏が言葉に詰まるなど大きな不安を露呈しました。ニューヨーク・タイムズが同氏の大統領選撤退を提言するなど、大きな論争を巻き起こしました。

私は「米国の選挙は、**人気投票制度だ**」と感じることがしばしばあります。政治経験がなくても**「人気・知名度・お金」があり、言葉巧みにディベートを乗り切れば政治経験のない政治素人でも当選しうる**ためです。２０１６年のトランプ氏の当選がまさに証拠です。ただしその背後に、絶大な政党の影響力があるのも事実です。

共和党と民主党、二大政党はこう生まれた

連邦制の米国では州ごとに法律も異なりますが、外交における連邦政府の力は強大です。共和党と民主党の二大政党制であることはご存知の通り。4年ごとの大統領選挙で2つの政党が交代する可能性を作ることで、**「政策の偏りや権力の集中を避ける」**というのが、二党制の大まかな特徴です。

2つの政党にはそれぞれの特徴があります。そして、他国の政党と比較して「米国の政党」自体にも特徴があります——批判を恐れずにあえて言えば、それは**個人主義とアマチュア志向**です。なぜ個人主義でアマチュア志向なのか、米国建国当初の政党の成り立ちから見ていきましょう。

「もっと信仰に忠実に、正しいプロテスタントとして生きたい」

16世紀の英国で、こんなことを言い出したのはピューリタン（清教徒）たち。「なに青臭いこと言ってるんだよ。こっちが伝統ある正しい信仰だよ」と英国国教会から抑圧された彼らは、「自分たちの自由な国をつくる！」と、新天地を目指しました。これが言わずと知れた米国建国の始まりです。イギリスとの独立戦争を経てようやく建国の運びとなったとき、すぐに政党

もできたかといえばさにあらず。「我々は皆、ピューリタンとしての理想を求める自由な国を全員で目指している。ちまちまグループに分かれて徒党を組むなどけしからん！」

カトリックはローマ教皇を頂点とする〝教会経由〟で神とつながりますが、プロテスタントは個人が聖書に基づく信仰を通じて〝神と直通〟というのが特徴です。英国国教会もプロテスタントですが、ピューリタンは言ってみれば〝ゴリゴリのプロテスタント〟。従って米国は、それぞれが独立した信者という個人主義が強いのです。基本的に米国で政治家を目指す人は**「個人として自分の考えを政治に反映させよう」**というタイプ。個人主義で自由が大好きな考え方のピューリタンに、政党という〝グループ活動〟はある意味そぐわなかった面があると私は考えます。

しかし全員がバラバラのまま理想に燃えていても、いや、燃えていればいるほど、収拾がつかなくなるのはよくある話。

合衆国憲法が制定されて以来「大統領選挙は4年に一度」というのは変わりませんが、無所属なのは初代大統領ジョージ・ワシントンだけです。その後は「連邦政府の役割を重視する連邦党」「州の自治を重んじる民主共和党」などができていきます。この民主共和党が今日の2大政党の源流で、19世紀の初めにまずは今の民主党が、続いて19世紀半ばに反奴隷制を旗印に共和党が誕生します。

民主党をつくったとも言われる第7代大統領の**アンドリュー・ジャクソン**（任期：1829～1837年）は、とにかく大衆に人気がありました。

「選挙権をいろんな人に広げよう！」

「連邦政府の中央集権は州の自治制が妨げられてよくない。国にコントロールされるんじゃなく、各州が自分のことは自分でやれるようにしよう」

「他の国と貿易をして、経済を発展させて強い国にしよう」

こんな政策を次々に繰り出す彼を支持した〝大衆〟とは、〝エリート〟と対比した場合の大衆であり、そこにマイノリティや黒人、貧困層、女性は明確な形では含まれていませんでした。

「ゴーウエスト！　米国を西へ広げてでっかい国にしよう」というのは大衆に大歓迎されましたが、ジャクソン大統領は「……というわけで先住民はさっさと引っ越してね。えっ、先祖代々の聖なる土地だからイヤ？　そんなのこっちは知らないもんね！」と、ネイティブアメリカンの強制移住を断行。絶望した先住民が居住区に向かうルートは「チェロキー涙の道」と呼ばれ多数の死者が出ました。

ジャクソン大統領は自身も奴隷所有者であり、奴隷制にも賛成でした。
「みんなのための国をつくりたいけど、そもそも黒人は〝みんな〟じゃないよね？」
今も昔も、**〝みんな〟の定義はかなり主観的なもの**のようです。

いまの共和党にそっくりだった初期民主党

ジャクソンも当初は民主共和党所属でしたが、党内は彼のような奴隷制賛成派と、奴隷制反対派で対立構造がありました。党代表として大統領選に出馬できなかったジャクソンは、「大統領になるんだ！」と独立し、**「民主党」**を結成。その後、念願を達成して第7代大統領になった経緯があります。ジャクソンらが民主党として独立した後、奴隷制反対派などが源流となり**「共和党」**となりました。

理想は小さな政府で、個人が自由に競争して強い国を目指したい。黒人やマイノリティに冷たく、大衆に人気――やや誇張してジャクソン政権について書くと「うーん、最近大統領をやった、共和党の誰かに似ている気が……」と思われるかもしれません。

今はトランプ元大統領に象徴される共和党が保守、民主党がリベラルと言われますが、もともとは反対です。小さな政府志向で奴隷制賛成の民主党が保守で、奴隷制などに反対したリベラルは共和党でした。

その象徴とも言える共和党の第16代大統領**エイブラハム・リンカーン**が南部の奴隷を解放し、南北戦争で分裂していた米国の統一に尽力しました。

ローズヴェルトが今日の「リベラル」をつくった

「保守＝共和党、リベラル＝民主党」というのが今日の大まかな理解ですが、初期の米国ではこれが逆。いったい、どうして入れ替わったのか？　米国政治は紆余曲折を経験しますが、ビジネスパーソンとして知っておきたいのは、現在の米国のリベラルな議論に繋がる第32代大統領の**フランクリン・D・ローズヴェルト**（任期：1933年〜1945年）の政策です。

ローズヴェルトといえば、米国のみならず世界史の重要人物。在任時に世界恐慌と第二次世界大戦があったのですから、並の政治力では務まりません。

ジャクソンがつくった〝保守〟の民主党から選ばれたローズヴェルトが「世界恐慌で経済はどん底、国力激減状態」となった米国のために打ち出したのが、ニューディール政策です。

1929年10月、証券取引所で株価が大暴落。国として成長期にあった米国は工業生産に力を入れていましたが、いくらモノをつくっても株価の暴落で景気が冷え込み、低賃金どころか失業も危ぶまれる状況ではみんなが倹約。お金を使いません。

銀行は破綻、企業は倒産、失業者が激増。デフレーションに陥ったアメリカの大恐慌は世界中に波及します。

「自由に競争して頑張ろう。実力のある者がお金持ちになるチャンスだ！」

これは昔も今も米国らしさなのですが、世界恐慌のようなパニックに陥った時、セイフティネットがありません。「自己責任だよ」で片付けるには、あまりにも困窮する人が多すぎました。

そこでローズヴェルト大統領が打った手が、**ニューディール政策**。

まずは連邦預金保険公社（FDIC：Federal Deposit Insurance Corporation）を作り、仮に銀行が破綻しても個人の預金が保護されるシステムをつくりました。

かつては「政府がコントロールする銀行なんてけしからん！」と言っていた米国ですが、「助かった、政府の支援に感謝！」という声が上がったのは、世界恐慌のときばかりでなく、リーマンショックの時も同じでしょう。


次に着手したのが雇用の創出と保護。国に介入されることなく自由に競争していた企業がバタバタ倒産したかわりに、道路や橋の建設などの公共事業を行ったり、農産物の生産量や価格に介入したりして、経済の安定を試みました。

その際、「みんな自由にやりたいよね！」の〝みんな〟に入っていなかった労働者のために労働基準法をつくったのもローズヴェルト。最低賃金を設定し、長時間労働を禁じ――と書くと今となっては当たり前ですが、それだけ当時の労働環境は劣悪でした。「子どもとか働かせちゃダメなんだよ」と、児童労働が禁じられたのもニューディール政策です。

社会保障制度もこの時に作られ、年金や失業保険が保障されました。

国が市場に介入し、労働者の権利を守り、社会保障制度を整える。これは今日でいう大きな政府、北欧の国々のようなリベラルそのものです。全員が喜んだかといえば、そんなことはありません。既得権益がある大企業からはブーイングの嵐。「小さい政府が国是」とも言えた米国の政治では特異なことでした。

「今までは自由にビジネスだけしていればよかったのに、『労働者の権利を守れ』とかうるさいし、社会保障のために税金は上がるし……金儲けの邪魔！　迷惑！」

そう思ったかどうかは別として、政府が企業に口出しして権限を持つのは、自由な経済活動を保証する憲法に違反すると経営者が訴えました。連邦最高裁がニューディール政策に関連する法律に対して違憲判断をすることもありました。

19世紀の米国は、あくまでも個人主義が支配的でした。実力本位で弱肉強食の世界は、切磋琢磨して産業やテクノロジーを発展させてきました。しかし貧乏人はますます貧しくなり、金持ちはますます裕富になる格差社会を生む原因とも言えます。

ローズヴェルトの打ち出した〝シン・リベラル〟は、「国が介入しながら個人の自由を守る」というものです。もちろんローズヴェルトは〝シン〟などと言わず、「これこそ本当の政策だ」と主張し、人々にもそれが浸透します。

こうして民主党はローズヴェルトの理念を基盤とした「大きな政府」が基本政策となります。もっとも、当時の民主党政権でも、企業の経済活動に本格的・恒久的に介入する産業政策には否定的でした。あくまで米国版の「大きい政府」と考えた方がよさそうです。

これ以降20世紀の公民権運動など、黒人の権利向上に積極的だったのも民主党です。

一方、かつてリンカーンを産んだ反奴隷制の共和党は、個人主義で自由競争を良しとする「小さな政府」の党となりました。弱肉強食的な19世紀の価値観をある意味受け継いで今日に至り、トランプ大統領を輩出しています。

「ゆるい政党」なら、誰でも大統領になるチャンスあり

序章55ページで述べた通り、米国の政党には党員についての厳格な規則もありませんし、義務的な党費も党の活動をする義務も原則的にない。日本の自民党のような公認権（選挙で政党として公認を与える権限のこと）や資金を持つ強力な党執行部も存在しません。重要な政策については全員の意見を一致させるという、日本の政党では当たり前である「党議拘束」も原則なし。

議院内閣制で政党や派閥が非常にかっちりしている日本人からすると「与党の党首が大統領では？」という感覚があり、「大統領候補と党首は別だ」という米国は摩訶不思議に思えるかもしれません。

政党がとてもゆるやかな構造をもっているうえに米国の「個人主義と自由競争」が加わると、大統領として権力を振るいたい人にとっては**権力志向が非常に強くなります**。党内では「支持基盤をどれだけ取るか！」で激しい自由競争が生まれ、政治経験のない一般市民でも、資金力や知名度さえあれば予備選挙を有利に展開できることがあります。

まるで高校の生徒会と言ったら言い過ぎですが、素人っぽい。トランプ元大統領が当選したのは、**米国の政党に内在しているこのアマチュア志向ゆえ**と言えるでしょう。

人気投票は予備選挙から始まっている

大統領選は4年に一度、「11月の第1月曜日の翌日」と決まっています。選挙の年、街には候補者たちのポスターが貼られ、チラシも配られます。一般家庭の庭に「共和党の○○を応援しています！」などと立て看板が置かれ、街ゆく車にも「民主党の▲▲支持者」というステッカー。選挙チームは人海戦術で「うちの候補をよろしく」と電話やＳＮＳで有権者にアピールするので、ボランティアを含めて相当な人数が必要です。

米国は「政治家との距離が近い国」だと言えます。地方議員なら尚更で、平日の夜にこぢんまりした市議会が開かれ、そこに市民が参加して意見を言うというのも珍しくありません。市議会だと人数も少なく、ごくわずかな手当で議員活動をしつつ昼間は普通に働いている〝兼業政治家〟もいます。市議会は簡単に入れるので私も傍聴したことがありますが、市議会議員と市民が活発に議論をしており、民主主義が文字通り〝草の根〟として根付いていると実感しました。

さて、大統領選の候補者たちが目指すのは、まず**予備選挙**。政党の代表候補を選ぶためのもので、登録者限定の「閉鎖型」と、有権者なら誰でも投票できる「開放型」があります（ただし、両方の政党で投票することはできません）。民主党も共和党も、まずは党内で戦うわけです。各候補者はメディアを使って大々的にアピールするので、注目度は非常に高いと言えるでしょう。

限られた時間のなか、広く一般に顔を売ろうとする大統領候補者は多忙です。テレビＣＭ、ＳＮＳ、主要都市での遊説、テレビ討論会、有力な団体でチャリティーをして寄付を募るなど、あらゆることをやります。「田舎の党員集会に行くのはスケジュール的に無理」という場合も多いのですが、党員集会には一般の人やメディアも来ています。つまり取り上げられて話題になるチャンスもありますし、直接会うことで「ぜひこの候補者を当選させよう！」という熱心な支持者を得ることも可能なのです。ちなみに人口が少ない州など、予備選挙ではなく**「党員集会」**で党の代表候補を決める場合も少数ですがあります。地域のコミュニティに候補者とその政党の党員が集まり、直接対話をして「こんな政策なのでぜひよろしく」とやりとりするというものです。

こうして二大政党それぞれの候補者たちは、予備選挙や党員集会を通して各州の議員のうち自分の支持者、**「代議員」**を獲得します。各党の党大会で代議員が投票して、我が党の大統領候補を決定します。

民主党の代議員には国会議員や党の大物などで構成される「スーパーエリート」もいたりして、すべての代議員が予備選挙と党員集会で決まるわけではありませんが、もちろん多いほうが有利。ここまでは同じ党内で候補者が激しく戦うわけですが、戦いがオープンにされているのが、米国の政党の特徴と言っていいでしょう。

この後に行われるのが**全国大会**。「予備選挙でその党の代表はもう決まっているのに、何をするの？」と言えば、候補者を全国の国民に広くお披露目するためです。

注目度は非常に高く、たとえば２００８年６月の全国大会では、民主党代表選でオバマに敗れたヒラリー・クリントンが敗戦スピーチをしたことはご承知の通りです。

米国選挙をややこしくしている「選挙人団」

11月の大統領選一般投票で、人々は「トランプ」「バイデン」など、二大政党から出馬している大統領候補を直接選びます——と、ここで終わればシンプルな直接選挙なのですが、米国には**「選挙人団」**があります。

選挙人とは、最終的な投票を行う人たち。人数は州ごとに「上院議員2人と下院議員の議席数を足したもの。ただしワシントンDC（コロンビア特別州）は3人」と定められており、全国でトータル538人。選挙人が一番多いのは最大人口のカリフォルニア州で55人。アラスカやモンタナなど人口が少ない国は3人しかいません。

各党はあらかじめ選挙人候補538人をそれぞれ選んでいますが、憲法で「現役の連邦議会議員や政府の公職者を選挙人にしてはいけない」と定められているため、顔ぶれは元有名政治家、地元の活動家、有力党員などさまざま。軍関係者やビジネスパーソンもいます。

正式な選挙人は、直接投票による大統領選の結果で決まります。たとえばX州の一般選挙で共和党の大統領候補者が勝てば、共和党の選んだ選挙人が、最終的に投票する「X州の選挙人

2020年の大統領選挙の結果と各州の選挙人配分数

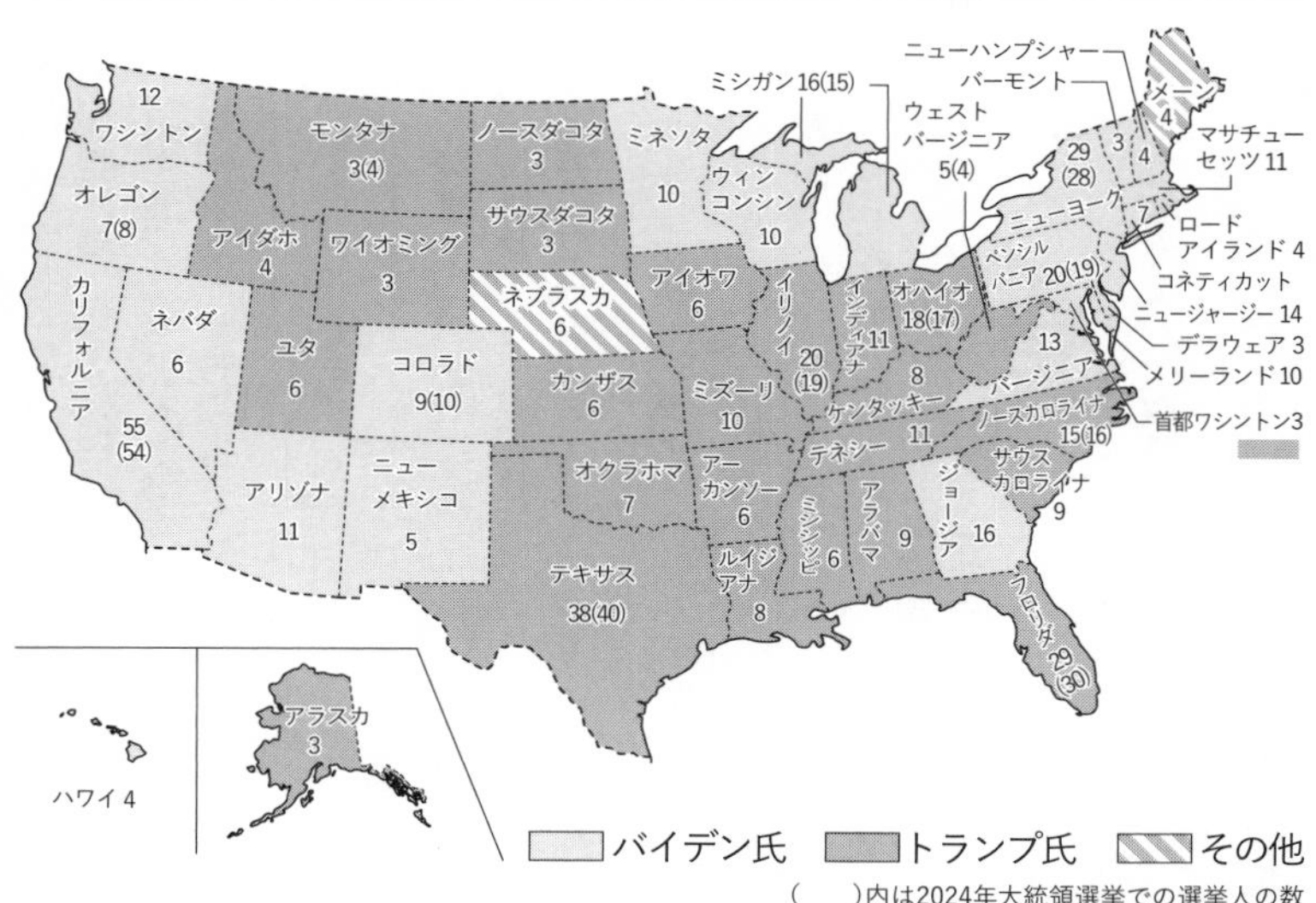

団」となります。

「えっ、X州は共和党と民主党が6：4で接戦なんだけど？」という場合でも、「じゃあ、選挙人も共和と民主の6：4で」とはならない州が多数です。一般に**「勝者総取り」**というルールのもと、6割で勝利した共和党がX州の選挙人を独占するのです（州によって方法が異なります）。日本でもよく取り上げられる各州の接戦は、このプロセスを指しています。

直接選挙は国民投票ゆえに凄まじい数なので、人口が多い州では集計違いも起こりますし、僅差の接戦の場合は再投票ということもありえます。ここでまた「集計がおかしい！」と揉めることも少なからずあるのは、米国選挙戦のニュースの風物詩です。

米大統領選挙の流れ

1月〜●
各党による各州における
予備選挙・党員集会

夏頃●
全国大会で
各党の候補者決定

11月●
大統領選において
国民による投票

12月●選挙人団投票
1月●上下院決定

選挙人は自分の州の選挙結果に基づいて12月に投票。州の結果に関係なく自分の意向で勝手に投票する「不誠実な選挙人」もゼロとは言えませんが、いてもごく少数でしょう。**選挙人票を多く獲得した候補者が、最終的に米国大統領となります。**

手続きとしては、1月の上下院の合同会議で正式確定となります。その上下院の正式確定に対して異議を申し立てたトランプ大統領の支持者が、２０２１年１月に議会に乱入した事件は世界に衝撃を与えました。

選挙人団の性質上、二大政党以外の政党が選挙人団を持つことは難しい。したがって大統領選が〝民主と共和の一騎打ち〟になり、無所属や小さな第三の政党から大統領が誕生するのは難しくなります。米国大統領選挙は「直接投票に見えて間接投票でもある」という、日本人から見るとややこしいシステムです。

いずれが強いかが決まっています。

また、米国の多くの州では、大統領選において共和党と民主党のいずれが強いかが決まっています。

たとえば、**ニューヨーク州やカリフォルニア州は民主党の鉄板の基盤**です。一方で、**テキサス州は共和党が圧倒的に強い地盤**です。

いずれが勝利するのかが不明の州が**スウィング・ステート**（接戦州）と呼ばれ、それらの州の選挙人団の獲得が、大統領選では特に焦点になります。

二大政党のせいで「マルコムX党」は生まれない

選挙プロセスが完全に「二大政党ありき」でできていることは、おわかりいただけたでしょうか。たとえ無所属の政治経験が少ない人でも、資金力と知名度、人気さえあれば「各党の予備選挙をすっ飛ばして、大統領候補になることができる」というシステムですが、各州における選挙人団の登録などに阻まれて一般投票までなかなかたどり着けません。

かつて無所属の大統領候補として一般投票まで食い込んだ稀有な例が、テキサス州のヘンリー・ロス・ペロー。1960年代に創業したエレクトロニック・データ・システムズを成功させてGMに売却、ハイテク業界の大物として巨万の富を得た彼は、慈善事業や退役軍人のサポートで人気を得ます。92年の民主党（クリントン）vs.共和党（ブッシュ）の大統領選で第3の候補となり、テレビ討論にも顔を出しました。

二大政党からの候補者でない政治家が一般投票で19％もの支持を得たのは画期的なことですが、やはり「選挙人制度」の前に敗退。96年に再び立候補しますが、あっけなく敗れています。

今後、ペローのような人は出てくるのでしょうか？　あるいは熱狂的支持を集めたマルコムXのような人物が現れたら？

マルコムXは政治家ではありません。彼は公民権運動が盛り上がる中、獄中でムスリム（イスラム教徒）となり、暴力も辞さないほどの激しさで人種不平等の是正とイスラム教による黒人連帯を訴えた人物ですが、志なかばで暗殺されてしまいました。

今後、第二、第三のマルコムXのようなカリスマが登場しても、「二大政党と戦う第三勢力となるのは、残念ながら難しい」というのが私の見解です。

現在も小さな政党はいくつかありますが、二大政党が強大すぎて、存在感は限りなく小さい。米国市民は、仮に現政権が民主党で不満があれば「次は共和党にしよう」と思うし、その逆も然り……というパターンが繰り返され、変わらないままです。これは私見ですが、競争社会ゆえに **〝勝ち目のない第3政党〟から政治家になろうという人もいない**のではないでしょうか。

また、大統領制の米国に限らず、選挙には多大な手間とお金がかかります。たとえばポスターを貼り、チラシを配りというアナログなキャンペーンは未だ健在で、これには人手と資金力、すなわち政党のような団体が不可欠なのです。

逆に言えば、「お金も人手もいらないデジタルな選挙システム」が構築されれば、政党のあり方は大きく変わる、私はそう考えています。

貧困層が共和党に期待する「古き良き強いアメリカ」

さて、国内の政策について共和党と民主党の相違点を見ていきましょう。77ページのマトリクスを併せてご参照ください。

先述した通り、共和党は個人主義で自由競争を良しとする「小さな政府」。今日でいう保守です。南部や中西部で比較的支持が強く、最近は従来の保守的な富裕層に加え、白人労働者層からの支持が厚くなっています。よく知られる通り、ゾウがトレードマークです。

民主党は「大きな政府」で、現代のリベラル。国がある程度市場に介入し、福祉や社会保障制度を整え、「マイノリティの権利を保護しよう」という理念があります。ニューヨークなど東海岸、ロサンゼルスやサンフランシスコなどの西海岸のリベラルな富裕層や高学歴者、人種や性のマイノリティからの支持を集めています。ロバのシンボルは19世紀からです。

米国が抱えている経済格差と人種間の分断をなくすために、各党はそれぞれ違うアプローチを試みています。

共和党は「個人にも企業にも税金は安くするから、自由競争で頑張って豊かになってください」という方針で、これは経済的な強者に有利な政策です。なぜなら自由競争を通じて富める者はますます富むのが資本主義というもの。また、法人税が抑えられるのは、大企業の経営者や富裕層であるほど都合が良く、願ってもない話です。

「中西部や南部、特に高卒の白人労働者に共和党支持者が多い」と言われるのは、彼らも大企業と同じく恩恵を受けられた時代がかつてあったから。「我が家はあの伝統的大企業の一員なんだぞ！」と胸を張り、給料は上がり続け、ブルーカラーワーカーとして安定した一生を送ることができたのです。

しかし今更述べるまでもなく、彼らが「我が家もこの会社の一員だ！」と自負していた大企業は、悲しいことに彼らを「ただの労働力」と見なしていました。工場の海外移転、ＩＴの進展などで仕事を奪われ、人生のシナリオが狂ってしまったのです。

〝今まで通り〟が通じなくなった彼らは、いまや経済的には中間層から下層へと没落。〝新しい貧困層〟の誕生です。実際に白人労働者が多い地域では、薬物依存者やアルコール依存者が増えていると言われています。

民主党と共和党の支持者

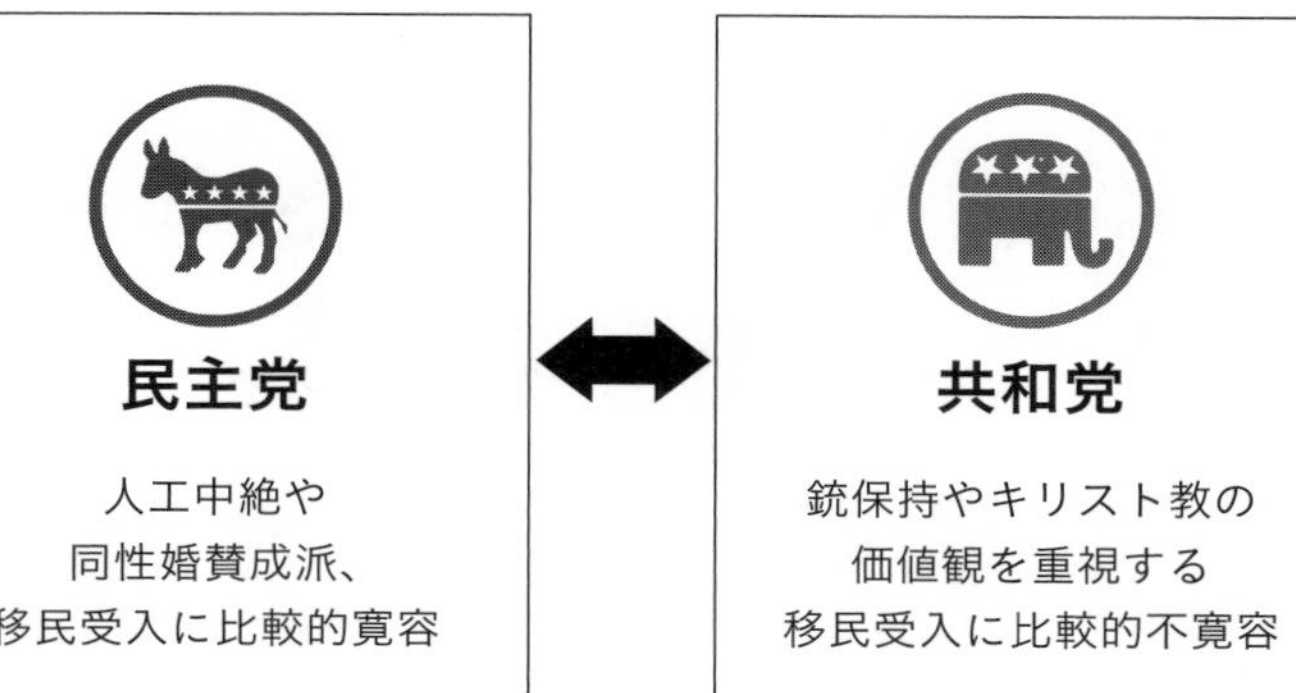

※時の国際情勢や大統領候補の主張によって変動する点に注意

それでも**新しい貧困層は「古き良き強いアメリカ」を打ち出す共和党を支持します。**

「民主党にはうんざり。人種差別はだめとか、環境に優しくとか、移民にも理解をとか、きれいごとばっかり。昔のアメリカに戻してほしい」

経済的に不遇な人は社会に対して不満を持ちやすく、反対分子となりやすい。不満の矛先は社会や政府に向かいますが、同時に「犯人探し」も始まります。

そんな中、手っ取り早く〝犯人〟に仕立て上げられる者は、自分たちと異なる誰か——たとえば人種や民族が異なる者、宗教が違う者、性的志向が異なる者です。「彼らが自分たちの仕事を奪い、古き良きアメリカを変えてしまった」と憎むのです。

インターネット社会になり、ソーシャルメディアで自分に政治的な立場の近い人の発信や、自分に都合のいい情報にしか触れない状況も出てきました。偏った情報だけに触れていると、思い込みがその人の中では真実になってしまう。巧妙なフェイクニュースを信じ込む事件も増加し、ますます分断は深まりつつあります。

「人種問題の克服」は党を超えた米国の課題

日本人の視点からすると、米国は移民国家であり、他人種・他民族に対して相対的に寛容な「ダイバーシティ先進国」と見えることが多いでしょう。

そのような面も確かにありますが、別の側面も知っておかなくてはなりません。２０２０年、ジョージ・フロイドさんが白人警官に殺害されたことで大きな運動となった「ブラックライブズマター」を見てもわかる通り、人種差別問題は深刻ですし、もっと遡れば建国当時からの〝ザ・分断社会〟。

白人と黒人奴隷という深刻な差別・分断を抱えていたばかりか、白人の中にも民族的分断がありました。アイルランドやイタリアなどのカトリック系白人は、長らく差別され、職業なども制限されてきたのです。

もっとも、だからこそ米国には**「人種差別問題を克服していこう」というダイナミズムがある**というのが私の解釈です。その証左に、米国が黒人大統領まで生んでいるのに比べて、欧州はまだ「同じ国の中に黒人やアジア系が大量にいて、そこから大統領や首相も誕生するのが当たり前」という段階ではない国が多数と思われます。

二大政党のうち、**「人種問題を克服しよう」という意思を強く打ち出しているのが民主党。**バイデン政権は閣僚の中に有色人種を増やそうと意識し、その象徴たるハリス副大統領は黒人(ジャマイカ系)系とインド系のルーツを持ちます。

同様の試みはもちろん共和党にもあり、あのトランプ政権にも閣僚に黒人はいましたし、2024年の大統領選に向けて共和党から名乗りをあげていた政治家の中には黒人もインド系もいました。つまりどちらの政党にとっても「人種差別問題克服」は、積極的に取り組むべき大きな課題ということです。

ヒスパニック系の移民が〝民主党のニューヨーク〟にバスで着く

今日の米国の人種の対立は、白人vs.黒人の構造を残したまま、さらに複雑化しています。**ラテンアメリカからの移民**が増加し、出生率の高さや親類縁者も呼び寄せるという家族主義から、彼らが米国の一部地域のマジョリティとなりつつあります。

社会に不満を持つ白人貧困層の中には、前述の通り「あいつらのせいで職が奪われた！」と、彼らを〝犯人〟に仕立て上げる人もいます。「民主党は、どんな人種も平等にとかきれいごとを言っているけど、こっちは現実に生活が苦しいんだよ！」と。

彼らはトランプ大統領のような極端なもの言いで「古き強きアメリカ」を訴える人物に惹かれて共和党の支持者となるわけです。逆に移民としてやってきたラテンアメリカ系の人は、移民に比較的寛容な民主党を支持する傾向にあります（もっとも、2024年の大統領選挙では変化もみられるようです）。

民主党はもともと黒人の支持率が高く、西海岸や東の〝エスタブリッシュメント〟にも民主党支持者が多くいます。地域と所得、人種によって支持政党が分かれるのは、米国の分断を表しているようです。

国際協調的か自国中心的かという軸で見ると、民主党が移民に寛容で共和党が不寛容です（77ページ、マトリクス参照）。やってくる移民が多く、移民に厳しい共和党が優勢のテキサス州では、到着した移民をバスに乗せ、民主党の知事のいるニューヨーク州に送り込んだりしています。「あなたの州は移民に寛容なんでしょ？　うちはイヤなんで受け入れよろしく！」というわけですが、次々とそんなバスが到着したら、いかに移民に寛容な州でも困ってしまいます。

メキシコ国境を超えて徒歩でやってくる貧しいラテンアメリカの人々を、どこまで受け入れるのか。これは非常に大きな政治的課題であり、民主党のバイデン政権も「どんどん自由に入れればいい」とまでは決して言っていません。

日本のメディアではあまり取り上げられないので見えにくいものの、ニューヨーク・タイムズでもＣＮＮでも**移民問題は米国の最大級の論点**です。

もちろん、共和党の政治家がみな、トランプ氏のような自国中心的な主張をしているわけではありません。２０２４年の共和党の予備選挙でトランプ氏と戦ったヘイリー元国連大使は、比較的国際協調路線でした。

個別政治家の主張をよく見ることです。米国が個人主義的な国であることを忘れてはなりません。

「人種差別是正」はダイバーシティの先端か、時代遅れか？

人種問題は米国にとって重要な「公平さの問題」でもあります。その一端に、ハーバードなど米国の多くの大学には、１９６０年代の公民権運動で導入された**「アファーマティブ・アクション（積極的差別是正措置）」**があります。

簡単に言えば大学入試などにおける〝黒人やラテンアメリカ系の優先入学枠〟で、「放っておくと名門大学の学生は、豊かな家庭に育った白人エリート学生や試験に強いアジア系ばかりになってしまう。人種や民族の多様性が必要だ」という意図があります。日本のような一斉ペーパーテストが一般的でなく、いわば内申書と推薦で入学が決まる、米国の大学らしいシステムと言えるでしょう。

2023年6月、連邦最高裁判所はアファーマティブ・アクションに違憲の判決。「生徒は人種でなく個人の経験で選考されるべきだ」としました。バイデン大統領はすぐに強い反対を表明しています。

NHKが紹介している英国の大手調査会社ユーガブと米国のCBSテレビの世論調査によると、「アファーマティブ・アクションは容認されるべきでない」とした共和党支持者は82%。個人主義で自由競争を好む共和党らしい答えといえばその通りです。

しかし注目したいのは民主党支持者の意見で、同じく反対とする人が55%もいました。つまり人種の平等と多様性の尊重を理念とするはずの民主党支持者でも、半分は「自由に競争するのが平等だ」と考えている……。政府の過度な介入を嫌い、小さい政府を志向する米国の特性が現われているように感じます。

「白人だから有利なんて過去の話だ。今は黒人だってアジア人だって金持ちがいるじゃないか。

みんな生活がキツくてギリギリなんだ。もう、不利な人種だからって上げ底してやる余裕なんてない。みんなで競争しようよ！」

これを新しい時代の公平さでありダイバーシティとするのか？　各党内でも意見が分かれるところでしょう。

余談ながら、複雑な米国大学の入試システムでは〝レガシー〟という特別枠もあります。親や家族がその大学の卒業生であれば優先的に入学できるというエリート優遇措置とも言えるもので、「先に撤廃すべきは、そっちじゃないの？」という声も上がっています。

いやはやまったく、公平は難しい。公平性の追求から生まれたのがかつての社会主義ですが、**自由主義を重視する米国では「自由競争こそ公平だ。社会主義はその対極にある、とんでもない仕組みだ」というのが一般的な感覚。**第二次世界大戦後、諜報活動が凄まじかった冷戦下、「政権に共産党のスパイが潜り込んでいる！」と忌み嫌われた時代ほどではないにせよ、社会全体としては〝社会主義アレルギー〟がまだ強くあります。

そんなか「民主党左派」と言われるバーニー・サンダースのような社会主義に近い政策を訴える人もいて、知識層や若い人たちを惹きつけています。

本当の自由、真の公平さとは何か――**単純に答えが出ない時代に、共和党も民主党も改めて政策を問われるようになるでしょう。**

民主党の人権意識は、宗教を超えられるのか

米国に赴任したことのある日本人の多くは、「現地の人とも付き合いましたけど、トランプ支持者にはあまり会ったことがない」と口を揃えます。確かにニューヨークやサンフランシスコ、ロサンゼルスなど日本人がよく赴任する地域は民主党が強いエリアです。

ダイバーシティが進み、移民の増加と出生率の高さからラテンアメリカ系が増え、白人の比重がどんどん減っています。今後の方向性としては、人種差別をなくす政策の民主党に有利と言えば有利——とは言い切れません。

その理由は宗教、キリスト教**福音派の存在**にあります。

建国の動機となったキリスト教プロテスタントのうち、福音派の人たちは「進化の過程で海から陸へ上がった生物が哺乳類になり、その延長で人類が誕生した」という進化論よりも、そのような進化論とは対極にある天地創造の**聖書の言葉を信じています**。もちろん人によってグラデーションがあるので、「本当にアダムとイブがいたと思ってるんだよ！」と揶揄されるほどの敬虔な信者もいれば、「さすがにそれはないよね」という信者もいます。

しかし福音派の信者であれば、聖書の記述から解釈されうる「同性婚や人工中絶についての

否定」については、「やはりその通りだ」「できれば避けるべきだ」と厳しい意見を持っている可能性は高いのです。

同性婚を法制度として認めている国は20世紀までありませんでしたが、21世紀に入り、オランダを皮切りに次々と合法化。米国でも２０１３年に連邦最高裁判決で同性婚が容認され、２０２２年に法制化されています。これを「あり得ない！」と感じた福音派の人たちが、共和党を支持する可能性も出てきます。

たとえばトランプ前大統領の共和党内での数少ないライバルであったデサンティス・フロリダ州知事は、州内でのＬＧＢＴＱに関する学校教育に対して新たに規制を加えて物議を醸しています。通称Don't say gay（「ゲイです」って言っちゃだめ法案）と呼ばれるもので、同性に恋をする物語などは教育の場で取り上げるべきではないという考えです。自社の映画を批判されたフロリダ州にテーマパークを有するディズニーなどから反発の声も高いものの、「ＬＧＢＴＱの権利拡大を食い止めなくちゃ」と思う人たちが、彼を支持しています。

福音派の信者の数は、一説によると1億人近く。政治的な動向を左右するに十分なボリュームです。そして宗教については、信仰を持っていてもあからさまに語らない人も多くいます。たとえば西海岸にも福音派は存在しますが、「神についてどう思う?」などと大っぴらに話さなかったりします。

確かに米国は個人主義で、意見をはっきり言う国です。日本の俳優だと政治的発言は避けることもあります。**米国ではアーティストやスポーツ選手、俳優といった著名人が政治信条を表明し、若者に影響を与えています。**

ただし彼らが〝表現者〟だからという面も見落としてはなりません。一般論としてアート系の人はリベラルが多く、たとえば現代アートは「アートを通じて社会への問題提起をする」という性質があるため、人種問題やＬＧＢＴＱについて明言するのは自然なのです。アカデミー賞も人種問題を意識しており、比較的リベラル寄りだと思います。

しかし、一般の人となれば事情は変わります。「経済や環境問題についてはリベラルだけれど、自分の宗教観から言って同性婚や人工中絶は許せない」と思っている人も確実にいるでしょうし、それを明言するとは限りません。

また、「経営者としては環境保全よりも規制緩和と自由競争がいいけど、そんなこと言ったら〝社会的配慮ができない企業〟となって消費者に嫌われる」と考える財界の大物は、バリバリの共和党員でも表向きはリベラルな発言をしかねない。

「女性の権利を尊重する」と口では言いながら、「中絶なんて神への冒涜だ。あり得ない」と胸の内では思っている人も大勢いるのです。

どちらの政党が有利と簡単に言い切れない理由には、宗教が大きく関係しています。

「競争社会」が女性大統領を阻むガラスの天井？

二つの政党のジェンダー平等についての見解も見ていきましょう。「もし女性大統領が誕生するなら共和党か、民主党か？」と聞かれたら、あなたはどう答えるでしょうか。

ありがちな予想をすれば、ダイバーシティ推進の民主党と答える人が多いでしょう。〝女性代表〟となったヒラリー・クリントンは前述のように同じ民主党内で〝黒人代表〟のオバマと争い、敗れました。今後「高齢で保守的な白人男性候補」と「若くてリベラルな女性大統領候補」が戦ったらどうなるのか？　そんな政治談義をする人もいます。

米国に女性大統領が誕生していないのは不思議といえば不思議ですが、**ジェンダーギャップ指数を見ればわかる通り、米国のジェンダーの平等は欧州先進国に比べてやや遅れています。**日本よりははるかにマシとはいえ、G7（主要国首脳会議）のメンバーでは低いほうです。

その背景には米国の過度な競争のため、休暇を取りにくい実情などがジェンダー平等を妨げている面があるというのが、今の時点での私の仮説です。

ヨーロッパ人に比べてアメリカ人は休みを取りません。実際付き合ってみるとわかりますが、経営者層など高給を稼ぐエリートの労働時間はあり得ないほど長い。働かないと負けてしまう

ジェンダー・ギャップ指数（2023年）

順位	国名
1	アイスランド
2	ノルウェー
3	フィンランド
4	ニュージーランド
5	スウェーデン
6	ドイツ
15	英国
30	カナダ
40	フランス
43	米国
79	イタリア
102	マレーシア
105	韓国
107	中国
124	モルディブ
125	日本
126	ヨルダン
127	インド

（出典）世界経済フォーラム

し、いつクビになるかわからないという**ワーカーホリック的な競争社会**です。金融業界のエリートにアーリーリタイアを選ぶ人が多いのは、「若くして大金持ちになったから」という理由の他に、「もう限界。これ以上無理」という理由もあるのではないでしょうか。

ＣＮＮの「家族医療休暇制度の後進国のアメリカ」というニュースでは、米国には出産後の有給休暇が皆無、もしくはとても少ないと報じられています。

シンクタンク、ピュー・リサーチ・センターが２０２３年３月１日に発表した調査結果によれば、米国では社会的状況などにより、過去20年で男女の賃金格差の縮小ペースは遅くなっていると言われています。大統領や副大統領に女性が就任するかどうかだけでなく、社会全般にジェンダー平等が行き渡るために必要な政策は何かといった視点で政党を見ていくことが重要だと思います。

強力なロビー団体・銃規制反対の全米ライフル協会

ここまで共和党・民主党における人種、移民、ＬＧＢＴＱ、ジェンダーについての考えの相違を見てきました。では、政党と支持団体の関係はどうかといえば、両党それぞれ業界との関わりが密接であり**ロビー活動も盛ん**です。

ロビー活動、つまり〝特定の主張を持つ組織による私的な政治活動〟は、決して怪しいものではありません。日本の大企業もロビー活動というかどうかはともかく、永田町でもワシントンでも議会に働きかける活動をしていますし、「法で規制されたら事業が一発アウトになりかねない！」というテクノロジー企業が、政党とつながりを持とうとするのは当然の企業活動の一環です。

日本であれば「議員に陳情」「役所に相談」あるいは「政党と業界団体の付き合い」となりますが、米国は**個人主義であるがゆえにロビイストが活躍します**。政党の結束力が緩やかで党議拘束もほとんどない。つまり個人主義だからこそ、さまざまな団体のロビイストは連邦議会議員に個別に働きかける。そうやってつながりを持ち、政治献金を行い、**自分の団体に有利な政策や予算案に賛成票を投じさせようとするのです。**

そんな米国のロビー活動の一つの象徴とも言えるのが、銃規制をめぐるロビー団体、**全米ライフル協会**（ＮＲＡ）です。

世界で銃乱射事件が頻発しているのは報じられる通りで、米国でも社会問題です。「多くの州では、18歳になればたった数万円もあれば銃が買えてしまう。この現状が銃犯罪を引き起こしているから法律で規制すべきだ」

頻繁に起こる銃規制派の全国デモでは、学校での事件も多いことから「子どもの命を守れ！」との声が大きくなっています。「今は優れたセキュリティシステムもあるのだから、防犯対策はテクノロジーに任せよう」という考えです。

一方、銃規制反対派にもれっきとした根拠があり、それは憲法修正第2条で明文で認められている**「武器を保有し携行する権利」**。

「リスクを取ってヨーロッパを出て米国を建国したのは、自己責任の自由な国をつくるためだ。自分の家に強盗が入ってきたらどうする？　自分の身は自分で守る権利がある。銃は米国人のアイデンティティだ！」

確かにアメリカは広大な領土で、西部開拓時代も現在も不審者が侵入してきたら自衛せざるを得ない〝ぽつんと一軒家〟が存在しています。

全米ライフル協会は米国で有数の政治力を持つ非営利団体で、「全米最強のロビー団体」と言われます。一説によれば会員数500万人。日本にいるとあまりピンときませんが、過激な自然環境保護で有名なグリーンピースよりも大きな組織です。

「銃を持つのは米国人の権利」と主張する人は多く、彼らは発言力の強い兵器製造会社や退役軍人の組織とも重なります。そうした人々から集めた莫大なマネーを、全米ライフル協会は政治献金してきました。

連邦議会議員のうち同協会から献金を受けたトップ100中98人が共和党員という調査もありますから、両者の関係は「ズブズブ」などと下品なことは申しませんが、「すごく深い」とわかるというもの。オバマと戦ったロムニー、トランプ前大統領も全米ライフル協会と近しい政治家です。ちなみに伝統的に共和党が強い**フロリダ州は銃規制がゆるく**、民主党支持者が多い**カリフォルニア州は銃規制に厳しいのも、全米ライフル協会が共和党を通じて政治を動かしている表れ**とも言えます（91ページの地図を参照）。

全米ライフル協会自体は、近年財政破綻や移転問題と弱体化が指摘されていますが、仮にこの組織が消えたとしても、銃規制反対派のロビー活動が米国から消えることはおそらくないでしょう。

トランプ大統領がパリ条約から離脱してしまったように、「**内向きの共和党は、気候変動問題のようなグローバルな政策に後ろ向きだ**」と言われます。しかし、ここにもロビイストの影があることを忘れてはなりません。共和党には全体的に石油関係の企業や組織の献金が多い――つまり「温暖化ガスを気にしてばかりいたら、うちの会社が潰れちゃうよ！」という企業の意向に忖度することもあり得ます。

グローバルな政策は、国を超えた産業とも関連があります。生成ＡＩ「ChatGPT」で知られるOpenAIのＣＥＯサム・アルトマンの解任と復帰が話題を呼びましたが、ＥＵはＡＩの自由な活用に対して慎重であり、世界的には「巨大ＩＴ産業には規制が必要」という方向です。

米国全体は世界の中ではテクノロジー推進派であり、ワシントンにいるロビイストの中には巨大ＩＴ企業から来た人がかなりいますし、献金も相当額に上ります。たとえば、アマゾンの２０２２年のロビー活動金額は２１００万米ドルを超えて、民間企業で第1位。回転扉が普通の米国では、ロビイストに転じた元政府高官も少なくありません。

「ユダヤ人票」が世界を動かす？

米国はイスラエルに次いでユダヤ人が多い国です。７５０万人とも言われる有権者数を誇り、米国政治に大きな影響力を持ちます。ロビー活動はもちろんのこと、経済界、エンターテインメントやメディア、そしてアカデミックな世界と、あらゆる場面でそのパワーは強大です。

トランプ元大統領は「対イスラエル政策でやや前のめりだった」との印象が私にはあるのですが、これは共和党というよりも「義理の息子がユダヤ人」というトランプ氏の個人的な理由もあるでしょう。また、トランプ氏の支持基盤である福音派は、聖書の記述通り「カナン（パレスチナ）の地はイスラエルの土地」と考えていることも影響しているにちがいありません。

そして政党という見地から言うと、民主党も共和党も対イスラエル政策では歩調を合わせてきました。背景には、それぞれの理由があります。

ユダヤ人は、伝統的に人種・民族の多様性に寛大な民主党支持者が多いとされてきました（ただし、支持政党は常に流動的）。バイデン大統領のイスラエル支持の背景には、ハマスの背後にいるイランへの警戒感も大きいものの、再選に向けてユダヤ人支持者層をつなぎとめる意味もあります。

2023年、イスラエルとハマスの武力紛争が勃発し、その1年後に選挙を控えた両党の動きは注目すべきものです。

戦闘開始直後、米国をはじめとする世界は、最初に攻撃を仕掛けたハマスを批判。再選をかけるバイデン政権は、ユダヤ人支持者をつなぎとめるためにイスラエル支持を鮮明にしています。

ところがイスラエルのガザ地区への攻撃で国際社会の潮目が変わりました。無惨に爆撃された病院、子どもを含む多数の死傷者――残忍さを目の当たりにした世界各地でイスラエル批判のデモが沸き起こり、もちろん米国も例外ではありませんでした。

その結果、イスラエル支持のバイデン政権の支持率は下降気味で大統領選に影響がありそうです。

米国与党が変わることによる世界への影響は？

この戦争によって、民主党は雪崩のように支持者を失う可能性が出てきました。主なポイントは2つ。

第一に、民主党内の人権重視派、リベラル派の支持を失う可能性があります。

バイデン政権は「人種間の融和、女性の権利拡張」に努め、多くのマイノリティを政権高官に登用してきました。それゆえ、かつて政権の岩盤支持層だった彼らは、ガザ地区でのイスラエルの凄惨な行為によって離脱していくでしょう。

第二に、アラブ人やイスラム教徒の支持が急落する可能性があります。

米国のアラブ人有権者は300万人程度と言われ、人口の1％程度に過ぎません。しかし、選挙の逆転劇の舞台は接戦州（スイングステート）です。そこで数万人単位でアラブ人・イスラム教徒の支持離れが起きたら？　トランプ氏には投票しないとしても、彼らが白紙投票か第三の候補者に流れれば、オセロゲームのような逆転劇が起きるかもしれません。

「世界の警察、やめました」という米国は、民主党も共和党もかなり似た外交政策をとってきました。**外交政策の基本ラインは両党とも同じ**です。

しかし2024年にトランプ氏を擁する共和党が勝利を収めたら、世界の政治が激変する可能性もあります。

欧州（ウクライナ）、中東（ハマス・イスラエル）、中国の三方面への対応が、絶大な力を持つ大統領によって変わるかもしれません。

中国に対しては関税など貿易政策においてはより強硬策に打って出ることは間違いなく、脱炭素やダイバーシティ・人種差別への対応についても退行するでしょう。

また、「アメリカ、ファースト！」でウクライナへの軍事支援が大幅削減されたら、ロシアが軍事的に優位になり、ウクライナ領土での侵略・支配が拡大し、欧州がますます不安定に。

対中東（ハマス・イスラエル）では、「よその国の人道支援とか興味ないよ！」とイスラエルへの一方的支持が強まり、アラブ諸国・イスラム諸国だけでなく、国際社会全体が混迷に。

トランプ氏の属人的な政策もありますが、共和党自体も同じ傾向があります。たとえば

2023年11月、共和党が多数を占める下院ではイスラエル支援として140億ドル（約2兆円）もの予算を可決。ところがウクライナへの支援については慎重です。

ハマスの行動は、トランプ氏当選を引き起こし、国際社会を未曽有の混乱に陥れる危険がある――政党はそもそも**〝変数〟**ですが、トランプ元大統領はその影響力をさらに強めるXです。

国際社会はもっと留意して対応していかなければならないでしょう。

知っておきたい政治家❶

ジョン・F・ケネディ

敵視するだけでない外交路線を提示したリベラル政治家

米国第35代大統領として1961年に大統領に就任し、1963年に暗殺されたジョン・F・ケネディは、1917年に米マサチューセッツ州に、アイルランド系移民の子孫として生まれました。日本の政治家との比較では1918年生まれの中曽根康弘元首相や田中角栄元首相とほぼ同世代です。ケネディがいかに若くして大統領になり、かつ暗殺されたかがわかります。

曽祖父が、19世紀半ばのアイルランドのジャガイモ飢饉を機に米国に渡ってきました。アイルランドはカトリックの国。プロテスタントが多数派であった米国では異端であり、差別されていました。

曽祖父も移民として厳しい差別の現実に直面しますが、その息子の祖父の代からケネディ家はビジネスで成功を収め、社会的地位を上昇させていきます。「差別されているのでビジネスで成功するしかない」という状況に追い込まれたことが功を奏しました。

祖父は会社経営の傍ら州議会議員になります。父はビジネスで大きく成功して、駐英大使にもなりました。ボストンだけでなく全米でも知られる存在にまでなったのです。

ケネディは、ナチスが欧州で勢力を拡大しつつある中で成人しました。ナチスと戦うために軍に志願して、日本軍と戦います。海に放り出され、長時間におよぶ漂流ののち生還した際には、英雄として大きく報道されました。

フランスのド・ゴール（167P参照）も然りですが、この時代の政治家には従軍経験があり、生死の境をさまよっています。日本の同世代の政治家の多くも従軍体験があり、この点が戦争を経験していない政治家と違うすごみになっているのでしょう。

終戦後、若くして民主党の下院議員に。父親をはじめケネディ家の全面的支援のもと当選し、ローズヴェルト大統領以降リベラルになった民主党の政策を体現していこうとします。

その後上院議員を経て大統領に当選。立候補に際しては、カトリックであることがネックになりました。カトリックは、米国ではなくローマ教皇に忠誠を誓うのではないかという理由です。

テレビ討論で、優勢とされた共和党のニクソンが疲れた表情であったのに対して、若くはつらつとした印象を与えて当選しました。テレビ討論当日、ケネディはゆっくりと休養をとって討論に備えたと言われます。一方のニクソンは多忙な選挙活動の間を縫って駆け付けたのでした。ケネディはテレビ映りの重要性を理解し、時代を先取りした政治家と言えるでしょう。

ケネディの功績は、当時冷戦で対立していたソ連と渡り合い、キューバ危機という第二次世界大戦後最大の核戦争の危機を未然に防いだこと。一方でソ連に宥和的な態度をとったことが批判されました。

外交政策において「強硬路線のみでは解決できない」という教訓を示してくれているようです。

また、ケネディは人種差別問題にも取り組み、公民権運動を推進しました。１９６３年に、人種差別を禁止する法律を提案し、後任のジョンソン大統領の時代の１９６３年に公民権法が成立しました。

ケネディの尽力がなければ、黒人大統領の誕生は、もっと遅れていたかもしれません。

カナダ
多文化共生・穏健な中道政党

米国の隣なのに穏健でリベラルな風土

北米でG7のメンバーでもあるカナダは米国と隣接しており、同じ連邦制の国ですが、個人主義で自由競争の米国とは違う風土の国です。歴史的に言うと、先住民が住む土地に英国とフランスが入植し、フランスとの戦いに勝った英国が主に植民地化。現在は**フランス語圏も抱えるイギリス連邦の「多文化共生の国」**として独自の道を歩んでいます。

英国と同じく立憲君主制で国家元首は英国国王です。

実際の政治体制は上院と下院の二院による議院内閣制です。選挙は**単純小選挙区**で、下院選挙で最多を取った政党が与党となり、一般的にその党のトップが首相となります。

保守とリベラルのマトリクス（カナダ）

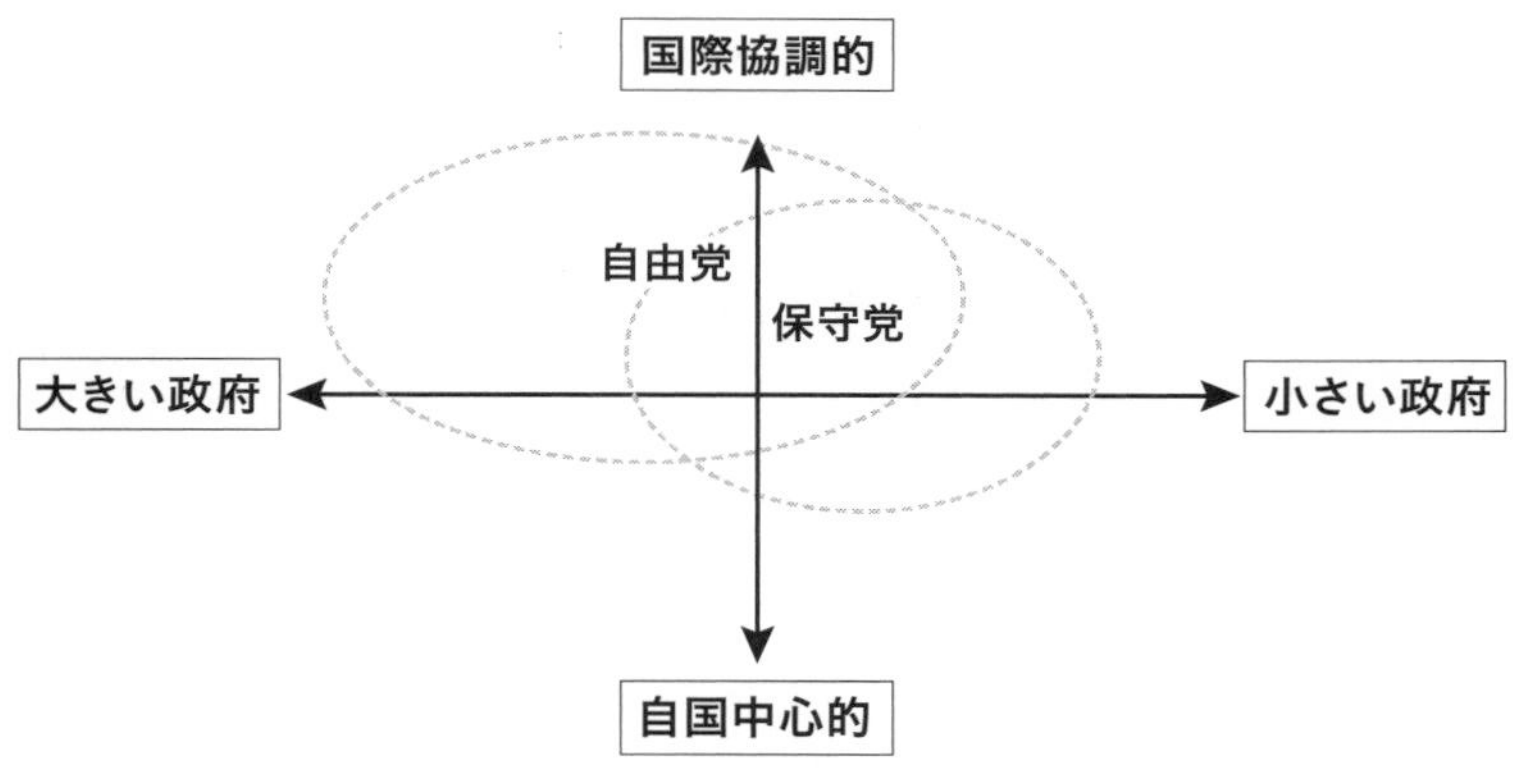

※カナダは、多文化主義を掲げており、他国と比べ、国際協調的に寄っている。

カナダ　DATA	
人口	約3879万5000人
面積	約998万4000k㎡
言語	英語（公式）87.1％、フランス語（公式）29.1％、中国語4.2％、スペイン語3.2％
民族	カナダ人15.6％、イングランド人14.7％、スコットランド人12.1％、フランス人11％、アイルランド人12.1％、ドイツ人8.1％、中国人4.7％、イタリア人4.3％、ファースト・ネーション1.7％、インド系3.7％、ウクライナ人3.5％、メティス1.5％他
宗教	キリスト教53.3％、イスラム教4.9％、ヒンドゥー教2.3％、シーク教2.1％、仏教1％、ユダヤ教0.9％、伝統宗教（北米先住民）0.2％他

（出典）The World Factbook、2024年6月現在

本書執筆時点での与党はトルドー首相の**自由党**。**伝統的に、リベラルな自由党と保守党が競い合いつつ、全体的には「穏健でリベラル」というのが特徴**です。二つの主要政党は競い合いながらも双方が中道寄りなので、どちらが政権を取っても極端な政策とはなりません。

……というのが教科書的な説明ですが、ビジネスパーソンの押さえておきたいポイントは別にあります。**「多文化共生」と「地域色」**です。どのようなものか、さっそく見ていきましょう。

フランス文化がつくった多文化共生の土壌

多文化共生の土壌の大きな要因は、**ケベック州を中心としたフランス文化の存在にある**――これが私の仮説その1です。

フランス語は英語と並ぶ公用語で、公的機関は英語とフランス語によるアクセスを保障しなければなりません。2つの言語が併存していることは、いろいろな文化を取り入れていく大きなきっかけになります。

さらにフランス文化と切り離せないのが**カトリック**。プロテスタントの多い英国の影響も大きいのですが、フランスの影響があるからこそ、米国のような「プロテスタントの国です！」という主張にはならず、2つの宗派が均衡しています。

社会的な礎は白人のキリスト教文化ですが、それ自体が言語的、宗教的に2つに分かれているので、多文化共生を育む土壌となったと言えます。

さまざまな価値観を認める多文化共生であれば、「うちの国が一番！」というナショナリズムは育ちにくい。したがって右派ポピュリズム政党は生まれにくいようです。

「先住民同化政策」の過ちをプラスに転じる

カナダが多文化共生となった要因はフランス文化だけではありません。私の仮説その2は、先住民に対する非道な振る舞いへの反省です。

カナダには米国同様に先住民が暮らしていましたが、その扱いはひどいものでした。「キリスト教も知らないし、英語も話せない？　動物と同じ下等な人間じゃないか」

キリスト教文化を中心に国家としてまとまろうとしていた19世紀のカナダにとって、独自の文化、宗教をもつ先住民は邪魔者だったのでしょう。

差別や暴力事件も多く、なかでも特筆すべきは国家主導の「子ども同化政策」。先住民の子どもを親から引き離し、キリスト教徒として教育し直すために強制的に寄宿舎学校に入れました。その数は15万人以上とも言われています。

民族独自の言葉や風習を禁じ、彼らの信じる精霊や神を否定し、英語でキリスト教教育を施す。人間のアイデンティティを根こそぎ奪う仕打ちは、これだけでも人権蹂躙そのものですが、子どもたちは精神的、肉体的、そして性的に虐待されていました。

先住民への人権侵害は、カナダ建国の19世紀末に始まり1980年代（諸説あり）まで続きました。

この負の歴史は語られることも少なく、半ば封印された事実でした。しかし衝撃的なニュースが報じられたのは2021年。ブリティッシュコロンビア州、オリンピック開催地として日本人にも馴染み深いバンクーバーとカルガリーの間にある「カムループス寄宿学校跡地」で、215人もの先住民の遺骨が発見されたのです。

「立派なカナダ人に教育し直す」として連れ去られた先住民の子どもたちは、実は殺害されていた――一番幼い遺骨は3歳だったというニュースに、人々は震撼しました。

先住民への残虐行為。これはカナダ全体にとって大きな社会的衝撃でした。その強い反省が、多文化共生を目指す、もう一つの原動力になったと私は捉えています。

現在のカナダは一国主義路線と国際協調路線の軸で言えば、**明らかに国際協調路線**。アジア系の移民をどんどん受け入れ、相当程度同化しています。ここ数年、私は仕事でカナダ西海岸を訪れていますが、街ゆく人もビジネスで会う人もアジア系の比率は高く、だから特別ということもありません。

「香港生まれのカナダ人です」「両親は中国系ですが、私はカナダ生まれのカナダ人です」などと、民族の文化を継承しつつカナダ人としてのアイデンティティを持っているようです。自由のなくなった香港からの移住者も多数です。長く住んでいる日本人は、「いつカナダの市民権を取得するのか」と聞かれるほど。

アジア系が多いのはカリフォルニアと似たところがありますが、国全体として比較すれば、米国よりカナダのほうがより〝アジア系の多文化共生〟の雰囲気を感じます。

多文化共生が法律化されている今、さまざまな文化を受け入れ、尊重するというリベラルな姿勢が、自由党と保守党、程度の差はありますが、どちらにも表れていると感じます。

地域政党、ケベック党

国全体としてリベラルなカナダ。その素養を政治的に体現しているのが**地域政党の存在**です。全国政党は国のために、地域政党はその地域の利益を実現するために政治活動をするということ。カナダには州が10あり（準州は3）、全国区の自由党と保守党の他に地域政党がいくつもあります。なかでも地域政党と言いながら全国第3位の議席数を持ち、発言権を持っているのが、ケベック州の**ケベック党**（Parti Québécois）。ケベック州はフランス語が公用語でフランス文化を重んじ、独立運動が起きた過去もあります。ただし現在は「カナダの一員として独自の文

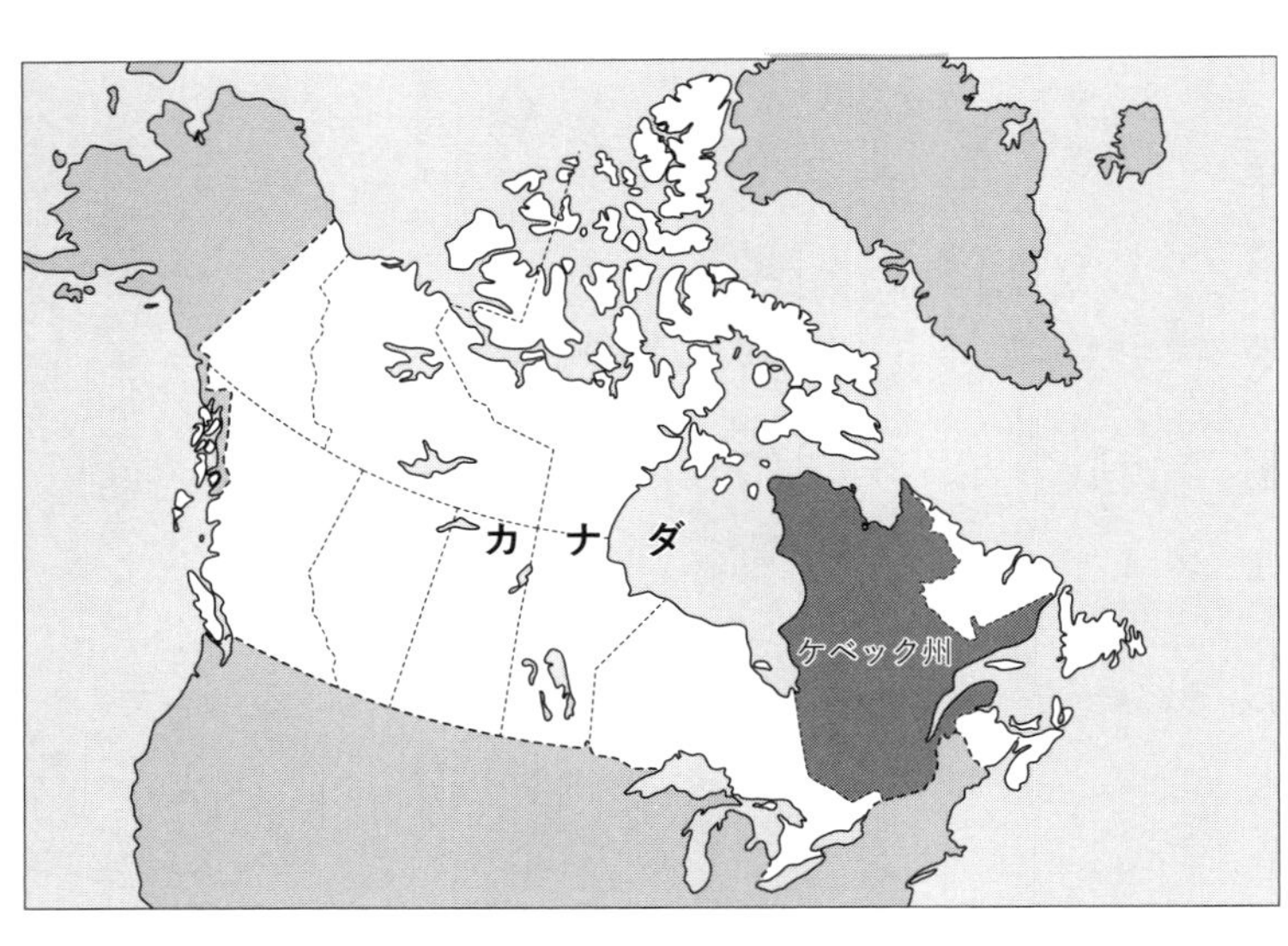

化を守る」という立場で、これも多文化共生につながっています。

米国もまた広大な領土と50もの州をもつ国ですが、あれだけさまざまな民族や人種がいるのに、特に勢力のある地域政党はありません。「カリフォルニアにヒスパニック系の政党、ニューヨークにユダヤ人の政党」

そうなっても不思議はないのに、文字通り〝ユナイテッド（統合）〟されているのかもしれません。

大国から距離を置く「北米の北欧」

多文化共生で移民に門戸を開く国際協調路線で、苛烈な自由競争よりも、国民生活にある程度、政府が介入しながら協調を選ぶ……。

「自由党にしても保守党にしても、米国よりもヨーロッパ、なかでも北欧に似ている」

カナダの政党に詳しい専門家と議論していると、私はそう感じます。それは**すぐ隣の超大国から距離を置く**という、ある種の知恵ではないかと思うのです。

カナダの場合、米国という超大国がすぐ南にあります。国内は競争社会、国外でも〝世界の警察〟もしくは〝利害の対立〟で、常に争いの渦中にいる、ドラえもんで言うならジャイアン的なお隣さんです。

北欧諸国の場合、〝南側のお隣さん〟はドイツ、フランス、イタリア。どの国も中世には領土の奪い合い、18世紀から第二次世界大戦には植民地を取り合いと、激しい戦争を繰り返してきました。そこで**距離を置いていたのが北欧**です。

「南のほうの人って激しすぎるよね。ちょっと一歩引いておこうか」

さらに北欧の場合、東にはロシアという〝ジャイアン的なご近所さん〟もいます。北欧、特にフィンランドは歴史的にロシアに巻き込まれていますし、ロシアのウクライナ軍事侵攻を受けた北欧諸国は「いやいやいや、私たち近所なだけで関係ないので！」とＮＡＴＯ寄りになっています。

このように見ていくと、**北欧とカナダは似ていると感じます**。カナダのリベラルとは、強大なお隣さんとは違う、独自の多文化共生の道を模索した結果なのかもしれません。

第2章

Western Europe

西欧

戦争と合従連衡の歴史が生んだ連立政党

「欧米」という言葉がある通り、両者は一括りにされてしまいます。しかし移民によって成立した米国と古代ローマ以来の文化圏を引き継ぐ欧州は、大きく異なる世界です。歴史も違いますし、欧州は多様な文化・言語・民族を持つ国々の集まり。キリスト教が多いとはいえ、西欧だけでもカトリック、プロテスタントに分かれています。

そんなヨーロッパは長年、国境を接する国同士が国取り合戦と勢力争いを繰り広げてきました。それゆえに政治としてはかなり〝マチュア（大人）〟。「物事は白か黒ではない」「勝ち負けでなく、妥協しながら自分に有利な落としどころを考える」このようなしたたかな政治力を蓄えていると言っていいでしょう。

ＥＵという、古代ローマ帝国につながる共同体を持ちながら、決して一枚岩でなく、独自性がある。欧州のリアルを知るために、まずは西欧の政党を見ていきましょう。

本章では、Ｇ７加盟の主要国、英国、フランス、ドイツ、イタリアを中心に、スペインやオランダなどの政党も説明します。

議会制民主主義の〝母国〟であり、ブレグジットで独自路線を歩む英国の政党とは？ 近代民主主義の〝母国〟であり、政教分離のジレンマを抱えるフランスの政党は？ 欧州共有の禍根、ナチスの傷が残るドイツは、人道支援と環境保全のリーダーになるのか？ 汚職とポピュリズム政治に揺れるイタリアの政党の今後は？

そして何より、日本企業にも影響が大きいヨーロッパを悩ませる移民と、反移民を唱える右派ポピュリズムの台頭を解説します。

西欧の政党

諍いの歴史が生んだ中道と台頭する右派ポピュリズム

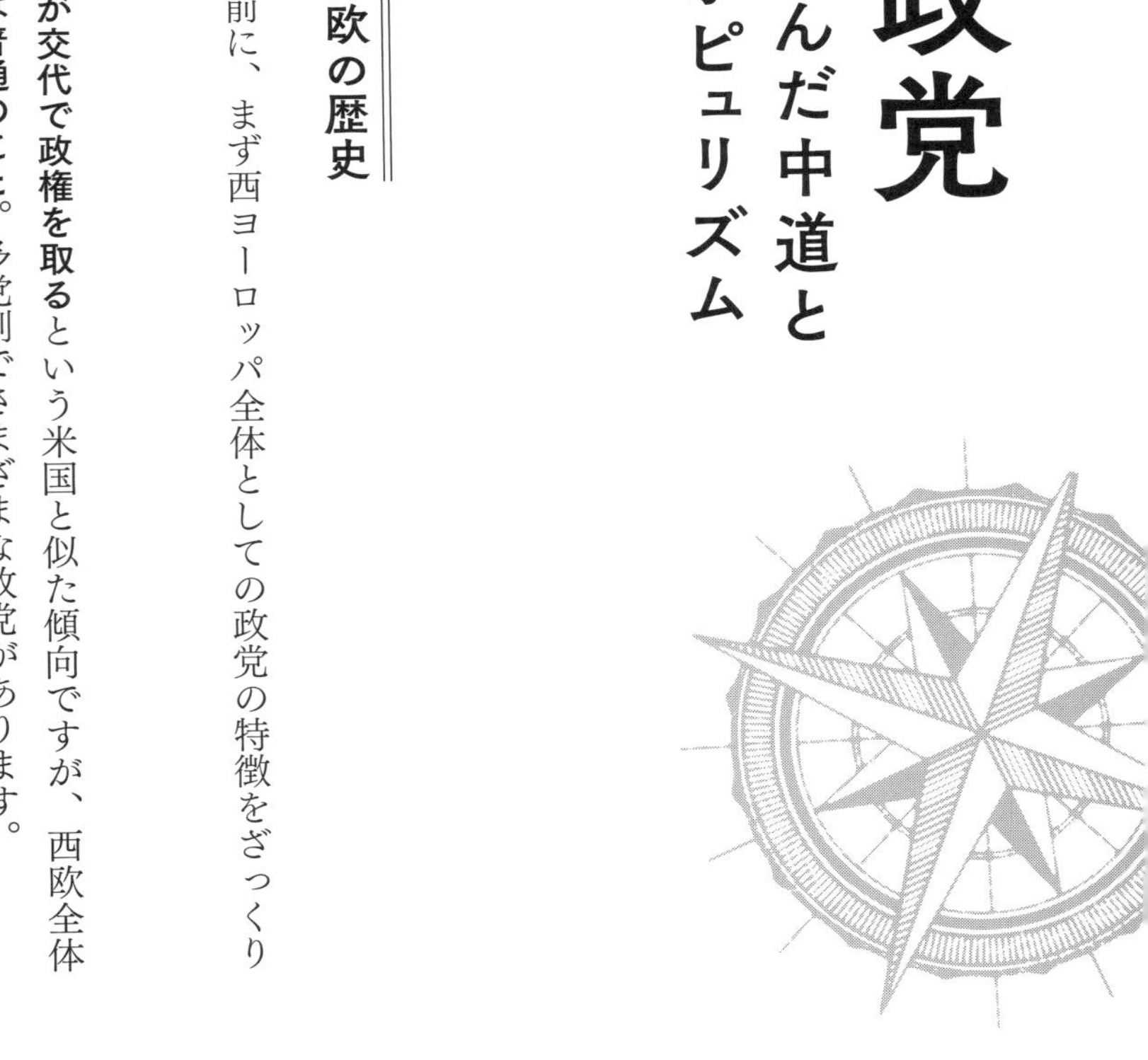

米国とは対照的な西欧の歴史

西欧諸国の政党について述べる前に、まず西ヨーロッパ全体としての政党の特徴をざっくりとレビューしておきましょう。

西欧でも英国は**保守党と労働党が交代で政権を取る**という米国と似た傾向ですが、西欧全体として見れば、**連立政党を組むのは普通のこと。**多党制でさまざまな政党があります。

時勢や利害関係に応じて、くっついたり離れたり——西ヨーロッパの政党に**合従連衡が多いのは、ずっと戦争続き、外交交渉を経ての合従連衡続きだった歴史の影響である**と思います。お互いに交渉して同盟を組み、でもまた風向きが変われば戦って、ある時は別のところと手を組む。これは**ヨーロッパ人のマインドそのものといえるかもしれません。**

その点、米国は戦争の経験が少ない。

「えっ、戦争ばっかりしているじゃないか」というイメージは、ベトナム戦争やイラク戦争への介入などから生まれたもの。それらは米国を離れて遠くで起きたものばかりですし、独立戦争を除くと、第二次世界大戦も真珠湾は別にして米国本土は攻撃されていません。敵対と和解の繰り返しを経て〝マチュア（大人）でしたたかな政治力〟を持つヨーロッパに比べると、米国は、自国がまきこまれた戦争の経験値が低い。

ナポレオン時代の末期に駐仏大使を務めたオーストリアの外相メッテルニヒ（1773年〜1859年）は、混乱の最中にあった西欧に国際秩序をもたらそうと、1814年から1815年にかけてウィーン会議を開きました。

三月革命で失脚してしまいましたが、外交の達人と言われた百戦錬磨のメッテルニヒのDNAは、今もヨーロッパ人らしさとして受け継がれているように感じます。

大人の交渉をするなら、白か黒か、極端にはいきにくい。従って保守もリベラルもある意味中道寄りになるわけです。

新しい社会主義？「緑の党」の台頭

欧州全体は**多党化しており、政党としては政権担当能力がある主要政党には中道的な政党が多い（少なくともこれまでは多かった）**。この傾向が長く続いた中、21世紀に入って欧州各国で存在感を増しているのが「緑の党」です。

その名の通り**環境保全を重視する政党を指し、政治理念は脱炭素エネルギー、反原発。人権意識が高いので、人種差別撤廃やジェンダーの平等を重視し、同性婚を認めるなどＬＧＢＴＱへの理解もあります。移民にも比較的寛容なことが多い国際協調路線であることが一般です。**

さらに格差を広げる過競争の資本主義には反対で、福祉政策を重視する――こうして緑の党の特徴を書いていくと、かつての社会民主主義政党と似ています。

１９６０年代から70年代、ベトナム戦争を背景に「ラブ・アンド・ピース」を口にするフラワーチルドレンが世界には溢れていました。

「もう、戦争も核もいらない。自然を大切にしよう、自分自身も自然でいよう、平和と愛で生きようよ！」

若者を中心に、フラワーチルドレンやヒッピームーブメントなど、成長と利益を追求するだけの資本主義に否定的な社会運動のうねりがありました。

そんな時代を背景に西ドイツでは1970年代の終わりに緑の党ができました。当時は国土保全を目指す政党で、ナショナリスト的でやや排外主義、いわゆる右寄りだったようです。しかし環境と平和、人権意識は世界的に高まっていきます。

「大量生産、大量消費を良しとする産業のために、海も空も汚染されている。核エネルギーは産業に使われ、原爆の被害があったのに兵器としても存在している。戦争が終わったのにこの状況のままでいいのか？　誰かがストップをかけなければ！」

旧西ドイツの緑の党では、「路線闘争」があった結果、大企業との対立も辞さない〝左寄り〟のグループが勝利。現在の緑の党となったわけですが、市民運動がルーツですから、重要政策には労働者や女性の権利の向上なども加わっています。

90年代の終わりには連立与党になるほど、**今日のドイツで緑の党は確固たる存在と言えます。**

同盟90/緑の党の党旗

第二次世界大戦後、戦禍に苦しんだ西欧諸国は、かつての対立の時代から協調の時代へと変わっていきます。なぜなら彼らが「東のはじっこにある辺境の国？　興味ないし」と半ば見下していたロシアや、「しょせん、英国から出ていった清教徒が作った新しい国だよね」と弟分扱いしていた米国が、世界を牛耳る二大強国となったのです。

大戦後に続いた冷戦下で生き延びるために、欧州は団結しなければいけない、ナチスを復活させてはならない——こうして国境を越えた国際機関が誕生しました。

１９４９年に「人権と民主主義を守る！」という欧州評議会（ＣＥ）が発足。１９５８年には「産業や経済で協力していこう！」という欧州経済共同体（ＥＥＣ）が発足しました。ＥＥＣが母体の一つである欧州共同体（ＥＣ）を経て、１９９３年に成立したのが欧州連合（ＥＵ）です。

ＥＵは政治、経済、法的な欧州の連合を目指す国際機関。欧州各国の緑の党が加わった「欧州緑の党」は、「欧州自由連盟」と会派を組み、ＥＵの議会に参加しています。

グリーンの部分だけクローズアップされがちですが、「環境、平和、人権」が緑の党の目指すところというのは、このような成り立ちからきています。

欧州全体、そして欧州議会での**緑の党の勢力は、２０２４年６月の欧州議会選挙では議席を減らしましたが、長期的には強くなる**と私は見ています。

なぜなら気候変動や地球温暖化は深刻で、夏の気温は毎年最高レベルに達しているからです。もともと蒸し暑いアジアや酷暑のアフリカに比べて、欧州の人たちは暑さに慣れていません。私の経験でも90年代のパリやロンドンは夏でも汗を拭うことは稀で、ジャケットを羽織ってちょうど良い気候でした。ところが今日では日本と同じ、空調の効いた車で過ごしているタクシー運転手も「40度なんて生きていられない」とぼやいています。

「欧州では、**熱波が多く来た地域ほど環境保護型政党が伸びている」との指摘もあります**。常ならぬ暑さから「地球が壊れかけている、なんとかしないと」と体感した結果、緑の党を支持するのでしょう。

社会主義なきあとの「大きな政府」を目指すリベラル政党

多党であるとは、それだけさまざまな政党があるということ。欧州全体として、緑の党も保守党もあれば、「大きな政府」を目指すリベラル政党も存在しています。

また、ソビエト連邦崩壊に伴う東西冷戦の終了で、共産党は衰退しましたが、**左翼党などと名前を変えて残っていることが多々あります**。

20世紀半ば、ソ連と厳しい対立関係にあった米国では、マッカーシズムや赤狩りといった反社会主義運動が巻き起こり、「あいつは社会主義者だ！」と疑われる人は摘発され、職を奪われました。ハリウッドの俳優にはブラックならぬレッドリストもあったくらいですから、自由の国を謳いながら徹底的に思想弾圧の時代があったということです。米国にも米国共産党という政党が今も存在はしますが、ほとんど影響を持っていません。

ちなみに第二次世界大戦前の日本も、社会主義者は危険思想の持ち主「アカ」として、摘発の対象になっていました。こうした歴史を経て、現在「共産党」と名がつく政党が残っている西側の国はごく僅か。共産党支配の国・中国などを除けば**日本とフランスくらい**で、戦前に強かったイタリアの共産党は**「オリーブの木」**と名前を変えています。

いわゆる左寄りの政党としては、フランスの「不服従のフランス」、ドイツはその名もずばり「左翼党」です。西ヨーロッパは**労働組合の力が強いため、より穏健かつ伝統的である社会主義的な政党の継続政党を支持しているケースが多くあります。**

西ヨーロッパにおける〝現代の社会主義〟的な政党は、ある意味資本主義と社会主義のハイブリッドともいえるでしょう。資本主義の「市場での自由競争」を維持しつつ大きな政府を目指し、「市民や企業から税金を多く国が集めて、社会福祉などで分配しながら平等な社会を目指す」という傾向にあります。

〝右派ポピュリズム政党〟がナチスと似て非なる理由

極右（ファーライト）という言葉はよく耳にしますが、**極左（ファーレフト）という言葉は、過激な左翼運動が盛んだった60年代ならともかく、今はたまに英語メディアで登場する程度です。**一般には聞き慣れない——これは世界的な傾向と言っていいでしょう。

「極右は過激だ、危険だ」「極左はテロ行為をする」などと誇張した〝レッテル張り〟がなされる傾向は、日本のメディアに限りません。思想について誇張して伝えられるために、極端な主張をした政党のほうが目立つとも言えます。

もっとも、「極」右、「極」左というように「極」がつくと、一般には受け入れられない極端な主張とのイメージも与えます。そのため、本著では、**右派ポピュリズム、左派ポピュリズムという表現を用いています**（序章参照）。

ポピュリズムとは、国や地域によって受け取られ方に違いがありますが、既存勢力を攻撃するなど国民受けの良い政策を掲げることで国民の人気を得ようとする大衆迎合的な政治運動のことです。

では、なぜ「右派ポピュリズム（極右）は怖い」というレッテル貼りがなされたかといえば、特に欧州では、ナチスの影響が指摘できるでしょう。

国によって異なる右派ポピュリズム政党の性質をあえて乱暴にまとめると、**「民族意識が非常に強いナショナリズムで排外主義」。したがって移民政策も反対**ですし、グローバル経済やEUのような国際的な経済協力にも消極的。自分たちの宗教や伝統文化を重んじ、家族を大切にします。この「民族主義で排他的」というところでナチスとの共通点が生まれ、特にナチスの悲惨な経験が色濃く残る欧州では〝悪いレッテル〟がぺたりと貼られてしまうのです。

現代の右派ポピュリズムとも言われる政党は、議院内閣制や大統領制を前提としており、戦闘的で人権蹂躙を行ったナチスとは大きく違います。環境問題に消極的で内向きではありますが、ある程度の多様性を認めている党もあります。個別に政策を見ていく必要があるでしょう。

移民が西欧を右傾化させる？

「それでも右派ポピュリズム政党が台頭している」

これは西ヨーロッパ、そして世界のホットなテーマです。ポピュリズム（大衆迎合型）とも言える政党が世界中で急激に影響力を増しているさまは、エコノミスト、ガーディアンやル・モンド、ニューヨーク・タイムズやワシントンポストなどで盛んに報道されています。2024年6月の欧州議会選挙では、右派ポピュリズムの「アイデンティティと民主主義」と「欧州保守改革」が議席を伸ばしました。

右派ポピュリズムの特徴

既得権を持つ富裕層やエリートへの反発	反移民	反国際機関	反LGBTQ

ポピュリズムには、「現状に不満を持つ大衆 vs. 既得権のある富裕層」という対立構造があり、左派にも右派にも見られます。「改革を目指す政治家が、庶民の代弁者として既存の権力体制や既得権益を攻撃する政治手法」というのが、一般的な政治学の定義です。

ポピュリストは物事を単純化して〝仮想敵〟をつくるなど、大衆ウケするわかりやすい論理で人々を魅了し、熱狂させ、扇動するのが大得意。ヒトラーはポピュリズム政治の天才でしたし、これまでポピュリストが政権を取ることも多いと言われてきたラテンアメリカ諸国で盛んに用いられていました。

今、世界で盛り上がるポピュリズムは、従来の「大衆 vs. 既得権のある富裕層」に加えて、**「大衆 vs. 移民」の対立構造**です。大衆はエリートや富裕層を憎んでいますが、「グローバル経済で格差が拡大したのも、自分の職が奪われるのも、全部移民のせいだ」とわかりやすい敵に飛びつき、排外的になっています。

それが「国の伝統と誇りを取り戻そう。グローバルとかもういらない。移民を追い出して、昔ながらの国になろう」という**右派ポピュリズムの主張と結びついてしまいました**。

さらに、国際機関に対する懐疑的な姿勢も顕著です。西欧では、反ＥＵという形で多くの国民の支持を集めています。右派ポピュリズムに位置づけられるトランプ氏は、ＮＡＴＯからの脱退すら主張しそうです。

冷戦期の右派、たとえばサッチャー英首相（在任期間、１９７９年～１９９０年）やレーガン米大統領（任期、１９８１年～１９８９年）が、国際機関に協力的であったこととは対照的です。

また、ＬＧＢＴＱの権利保護にも後ろ向きである点も、特徴として挙げておいてよいでしょう。

このような右派ポピュリズムは、たとえば、ハンガリーの**オルバーン首相**がトランプ氏を訪問するなど政治家同士が相互訪問・会談をして、連帯の動きすら見せています。世界各地に展開するグローバル企業にとっては、看過できない動きでしょう。

ポピュリズムは揶揄され、アンチ・トランプ派を見ればわかる通り、リベラルには特に嫌われています。「そういう政治家が好きか？」と問われたら、私もあまり好きではありません。

しかし〝一般大衆の思いの代弁者〟という観点で言えば、**「実は民主主義のあるべき姿の一つかもしれない」**という気がしなくもないのです。

そんな気がしてくるのは、あまりにも激しい〝ポピュリズム旋風〟のせいでしょう。

西欧を闊歩するのは、右派ポピュリズム。

フランスの国民連合、ドイツの**「ドイツのための選択肢」**など右派ポピュリズム政党はいくつもありますが、政権をとっているのはイタリアの**「イタリアの同胞」**くらいでした。

2023年11月、オランダの右派ポピュリズム政党、**自由党（PVV）**が躍進。世界で初めて同性婚や安楽死を認めた人権先進国の選挙結果は、世界に衝撃を与えました。これほど多くの人が右派ポピュリズム的な思想に結びついた政党を支持するのはなぜか、どのように対応すべきか、その理由を誰もが探しているのかもしれません。


さまざまな政党が存在し、交代に政権をとったり連立したりというのが〝白黒つけない大人な西ヨーロッパ〟でした。**政権交代が可能な国というのは中道的な政党が強いことも多く**、極端に振れると持続しないというのが〝大人の知恵〟でもあります。

また、どの国も官僚制度は政党が右でも左でもさほど変わらず、どちらにも対応できるような仕組みで動いています。こうした事情を含めて、西欧は中道的だったのです。

しかし、爆発的に増加する移民や難民を受け入れる余裕がなくなり、格差が拡大するなか、**西欧は大きな転換点を迎えています**。ますます目が離せなくなっている西欧各国の政党を見ていきましょう。

英国
君主制・階級制と二大政党

階級と地域がつくりだす英国の政党

18世紀末のフランスは革命を起こし、国王の命をギロチンで絶つという苛烈さで身分制度を破壊し、新たなレジーム（政治体制）を築きました。

それに比較すると英国は、今日も立憲君主制のもと王や貴族という存在を残しており、議院内閣制の上院と下院は**「貴族院と庶民院」**。同じく象徴としての天皇がいる日本が第二次世界大戦を経て華族などの身分制度を廃止したことと比較すれば、英国はまだ階級制度の影響が残っている国だと言えます。

今なお「貴族でものすごいお金持ち」という家柄はありますし、そのトップたる王室は不動

保守とリベラルのマトリクス（英国）

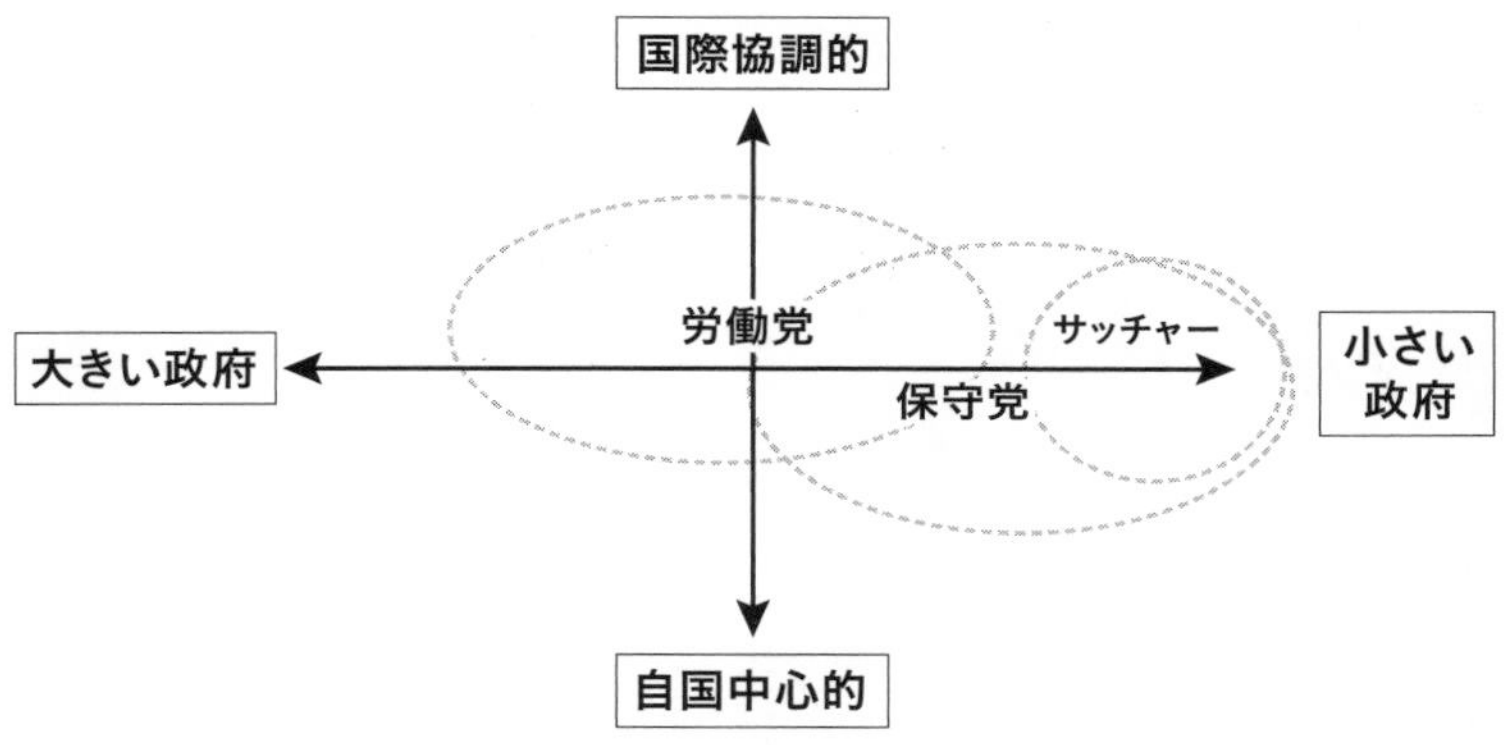

※労働党はブレア首相以降中道的な立場になっている。
サッチャー元首相は、小さい政府を目指したが、国際協調にも軸を置いており、その点は現在の右派ポピュリズムと大きく異なる。

英国　DATA	
人口	約6845万9000人
面積	約24万3000㎢
言語	英語
民族	白人87.2%、アフリカ系／カリブ系等3%、インド系2.3%、パキスタン人1.9%他
宗教	キリスト教（英国国教会、ローマ・カトリック、長老派、メソジストを含む）59.5%、イスラム教4.4%、ヒンドゥー教1.3%他

（出典）The World Factbook 2024年6月現在

産王。ロンドンのリージェント・ストリートにビルを所有しています。

「庶民はハロッズでなんか買い物をしない。あそこはクラスが上の人が行くところ」

そう言われたのは過去の話で、状況はだいぶ変わっています。私は90年代に英国の大学院で学びましたが、当時でも外国人からすると「この人は貴族だ！」などと一見しての区別は、外国人であるが故もあるでしょうが、明確には、つきませんでした。

それでも伝統を重んじる社会ですから、王族やトップクラスの貴族がいきなり転落ということは考えにくい。また、選挙で選ばれない貴族院には法律家の他に、世襲の貴族出身の議員、聖職者がいて、ここも階級的と言えば階級的です。

政党についても、支持基盤には**「保守党は富裕層、労働党は労働者」**という階級の影響が少しは残っており、それぞれが住む地域でも概ね支持政党が分かれています。

「ここは保守党の地盤、そちらの選挙区は労働党から出れば当選はまず確実」といった英国の状況は、共和党や民主党の地盤がある程度固まっている米国と近いと言えるでしょう。

日本で「○○党が強い地域」ということはありますが、「富裕層が住む、A党が強い市」あるいは「労働者層が多い県だからB党が選挙に有利」というのはあまり聞きませんので、やはり英国のほうが強く地域的な支持基盤が残っていると言えます。

王室が政権に及ぼす影響はどのくらい？

英国の王は象徴とはいえ、**毎週のように首相と意見交換する唯一の存在です。**２０２２年に96歳で崩御したエリザベス２世の在位期間は**70年７カ月。戦後まもなくから世界のリーダーと付き合いがあった彼女**は、歴史の体験者であり生き字引でした。

チャーチル首相（在任期間：１９４０年〜１９４５年、および１９５１年〜１９５５年）から始まって歴代14人もの首相と毎週面談し、時には食事を共にしてきたわけです。25歳で即位した若き女王は、傑出した政治家チャーチルを前にした時、学ぶことのほうが多かったでしょう。彼はあらゆる面に才能があり、ノーベル文学賞も獲っている一種の天才でした。

しかし経験を重ねるにつれて、女王のほうから首相に対して「50年前にこういうことがあったから参考にしてみたら」などとアドバイスする場面もあったはずです。

女王に限らず、どんな人でも頻繁に会っていたら何かしら影響を受けるもの。「王が権力を行使する」という話ではなく、自然な人間関係として誰にでもあることです。

「チャールズ国王は環境問題に関心が高い」と言われていますが、もしも彼が、地球温暖化対策について首相に意見を毎週述べたとしたら？　何かしら影響はあって当然だと思います。立憲君主制の民主主義国であり、政権の舵取りは首相とはいえ、それだけではない部分があるでしょう。階級社会は消えたのではなく、形を変えて残っているのが英国の現実かもしれません。

保守党のサッチャリズムが起こした民営化の嵐

英国は議院内閣制で、下院議員は小選挙区制で選ばれ、議会最大数となった党の党首が首相となると言われます。基本的に、保守党と労働党が二大政党として交代で政権をとってきました。両党の力は拮抗しており、「常に政権交代する可能性がある」という前提で選挙を迎えるので緊張感があります。それぞれの政党の特徴をざっくりと見てみましょう。

保守党は歴史が古い政党の一つで、**自由競争と伝統を重んじつつ、「小さな政府」を目指しています。**

英国にとってかつての大きな政策テーマの一つが、**国営企業の民営化**でした。

80年代、保守党のサッチャー政権は「小さな政府」政策を推し進めました。

「企業はどんどん競争して自由市場経済を活性化させてください」

鉄道、通信、電気などのインフラを次々と民営化し、「自力で頑張って！」と規制緩和し、代わりに企業への補助金も削減した結果、小さい工場はバタバタと倒産。生き残った企業でもリストラで失業者が多出し、労働組合は猛反発。米国同様、高卒で地元の工場に勤めていた人たちが、いきなり〝普通に働いていれば一生安泰〟という切符を失ったのです。特に閉鎖された鉱山労働組合によるストライキは、歴史に残る事件でした。

グローバル化によって工場は海外に移転し、また「これからは製造業よりサービスなどの第三次産業だ」と経済は変化し、この〝サッチャリズム〟に倣う企業や国も多くありました。

しかし小さな政府による激しい自由競争は格差を拡大し、労働者を貧困層に転落させ、福祉や公共サービスの質は低下していく可能性もあります。本書を執筆中も『エコノミスト』に英国水道局の民営化の功罪に関して記事が出ていました。新型コロナウイルスへの対応では、公的機関が担うべき公衆衛生の社会的役割に改めて焦点が当たりました。

「どこまで民営化していくのか」は、英国だけでなく世界にとって大きなテーマです。

労働党を支持する〝普通のビジネスパーソン〟

「ここは労働党が強いよね」という選挙区は**リバプールやマンチェスター、つまり工業地帯です。どちらかと言うと「大きな政府」を目指しており、**公共サービスや福祉政策、比較的寛大な移民政策のため、支持者には移民、そして都市部の若者も多いとされていました。ただしこれは一般論。いわゆる中流階級や普通のビジネスパーソンも支持しています。「労働党」という名前を聞くと、非常に社会主義的な政党というイメージがあるかもしれませんが実際は中道的であり、特にブレア首相以降は特にその傾向だと言われています。

保守党と労働党は「小さな政府か、大きな政府か」という点で国内政策の違いはありますが、保守もリベラルも中道になっていくにつれ、違いは小さくなっていくものです。

また、国際協調路線か一国主義路線かどうかについては、二つの党の政策にさほど違いは見られません。

また、ＥＵ離脱に関しては「二つの党で意見が割れている」というより、各党内でさまざまな意見がありそれぞれ錯綜していた、というのが実際のところです。

二大政党の他に、中道の中道という政党が１９８８年にできた**自由民主党**で、かつてあった自由党と労働党から分裂した社会民主党が合併したもの。

かつては「保守党vs.自由党」という二大政党でしたが、１００年ほど前から労働党が台頭してポジションが入れ替わった経緯があります。

国際協調路線が特徴の一つで、「ＥＵとつながりたい！」という主張ですから、ブレグジットには大反対しました。

自由民主党は政権が取れない党ではありますが、2010年のキャメロン政権では保守党と組んで連立与党となりました。さらに遡ると、世界恐慌と第二次世界大戦という国の緊急事態では、保守党、労働党、そして自由民主党の前身である自由党の三党が連合政権になりました。

ユナイテッドキングダムゆえの地域政党

事実上は二大政党でも、英国には地域政党も存在しています。それは英国がユナイテッドキングダムであるがゆえ。**イングランドだけを見ていては英国を理解することはできません。**イングランド、スコットランド、ウェールズ、北アイルランド。もとは別の国だったため独自性があり、イングランド以外の3地方にも独立した議会がつくられています。

ウェールズは個性的ながら16世紀にはイングランドに統合されたこともあり、文化的にはイングランドと同化が比較的進んでいます。

「我が道を行きたい！」という意向が強いのがスコットランドと北アイルランドです。

スコットランド国民党はスコットランド拠点の政党。スコットランドとイングランドが統一されて300年以上経っていますが、「自分はイングランド人ではない」と考えている人々が住んでいます。英国連邦からの独立を問う2014年の住民投票では、独立反対が55％、賛成

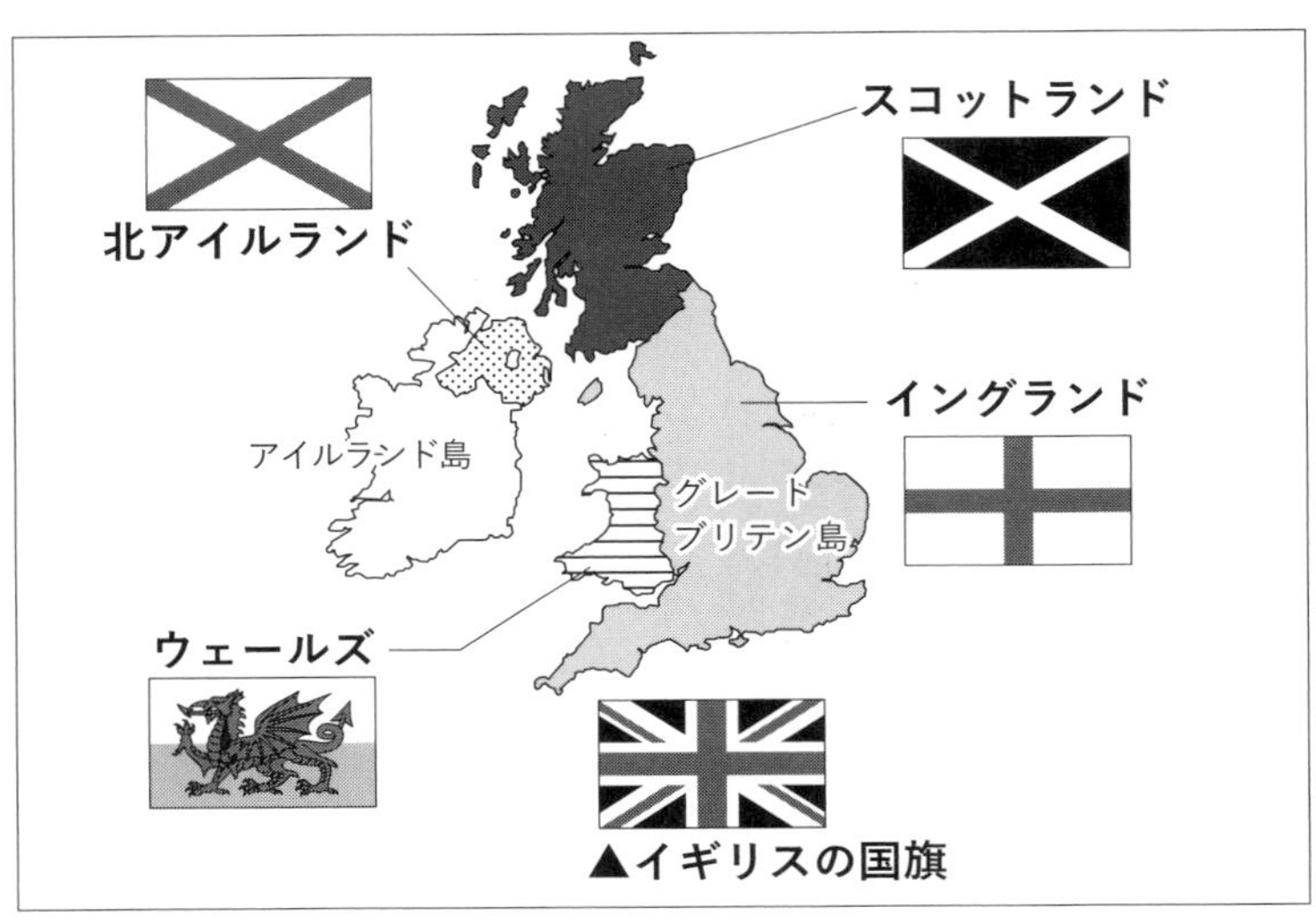

が45％と僅差でした。今後も揺れる心が収まることはないでしょう。

心の揺れどころか激震状態なのが北アイルランドで、過激な独立を目指す政党が、よく新聞を賑わせる**シンフェイン党**。「連邦から離れて独立して、アイルランド共和国と統合したい」という、英国政府からみると「過激でとんでもない連中」ということになります。宗教的にはカトリックで、かつてはゲール語を話し、民族として独自のアイデンティティも強かったアイルランド。しかし、南北に分断され、北は英国の一部になったのですから、その思いは複雑でしょう。

北アイルランドには、「英国政府との連合を維持したい」という政治理念の**ユニオニスト党**もあります。北アイルランドにとって「英国に行くか、アイルランド共和国に行くか」は大きな政治的判断であり、その主張の違いが２つの政党をかたちづくる論理になっています。

地方ごとの政党があるという点は、同じユナイテッドでも米国とはずいぶん違うところです。

アンチ世襲！　政党が多様な政治家を育てる

２０２２年、保守党からリシ・スナク首相が誕生しました。英国初のインド系首相です。

「保守党は昔ながらの保守的なお金持ちの支持者が多いのに意外」

そんな感想を抱く人がいるかもしれませんが、党首選でのスナク氏のライバル候補は多様な顔ぶれでバックグラウンドもさまざま。言うまでもなく女性候補もいました。

保守党内部にはエスタブリッシュメントが集うサロンがあって、力を持っている重鎮がおり、「ふふん！　僕は貴族の家柄だし二世議員だからね」という人が登用される――そんなことはありません。保守党の顔と言われたサッチャー元首相も雑貨屋の子どもであり、決して豊かな家に育っていません。

こうした政治家の**流動性があるところが、英国政治の活性化にも繋がっている**と私は捉えています。

保守党も労働党も、さまざまな出自の多様な人材を政治家にしようと考えており、オックスフォードなどの政治サークルには、未来の政治家の卵をスカウトしようと政治家も足を運びます。プロ野球のスカウトが強豪高校に行くようなものでしょうか。

歴代首相は上流階級出身ばかりではありません。確かにブレア、キャメロン、ジョンソン元首相のように富裕層や上流階級の子息はいますが、その他の出身の首相もいます。

党には「優秀な政治家を育てる」という意識があります。**たとえば労働党の若手候補を、あえて保守党が有利な選挙区から出馬させてみる。そこそこ頑張って戦ったら、仮に負けても「見込みがある」と判断し、次回は労働党が確実に勝てる選挙区を与えることがあります。**ブレア首相もこの手法を用いていています。

あるいは「この人は優秀で、すぐにでも政策を考えさせたい」という人材は、確実に勝てる選挙区から出馬させ、議員にしてから勉強させる。このような〝政治家育成コース〟で、政党が人を育てていくのです。

人材を幅広く探し、リクルートして党員にし、**政党の中でしっかりと競争させて育てる。これが英国の政党の特徴です。**

米国も、いろいろな人が党内で自由に競争するという点では同じですが、〝実力＋お金＋知名度〟を武器にする競争ですし、なにしろゆるいアマチュアリズムですから、党が人を育てるという意識はあまりありません。

ちなみに議員の世襲が懸念される日本では、**1990年までの戦後の45年は政治家二世の首相はたった二人。それなのに以降の首相は大半が政治家二世か三世で、世界的に見ても非常に珍しい〝高世襲率〟を誇ります**。奇しくも「失われた30年」と合致するのが興味深いところです。

「政治家の流動性が英国の特徴」と述べましたが、「政治家の世襲性が我が国の特徴」……というせつない分析は、余談となりますのでやめておきましょう。

フランス
あらゆる政治的意見を反映した多党制

右翼と左翼を産んだ共和制の国

君主制を倒して共和制の国をつくった初めての国がフランスです。共和制とは、**「君主を持たない政体」**のこと。米国も共和制ですがもともと君主制ではなかったので、君主制を倒した共和制の創始国といえばフランスでしょう。

共和制国家は現在約１５０カ国あります。君主がいても民主制と言える立憲君主制もあれば、

保守とリベラルのマトリクス（フランス）

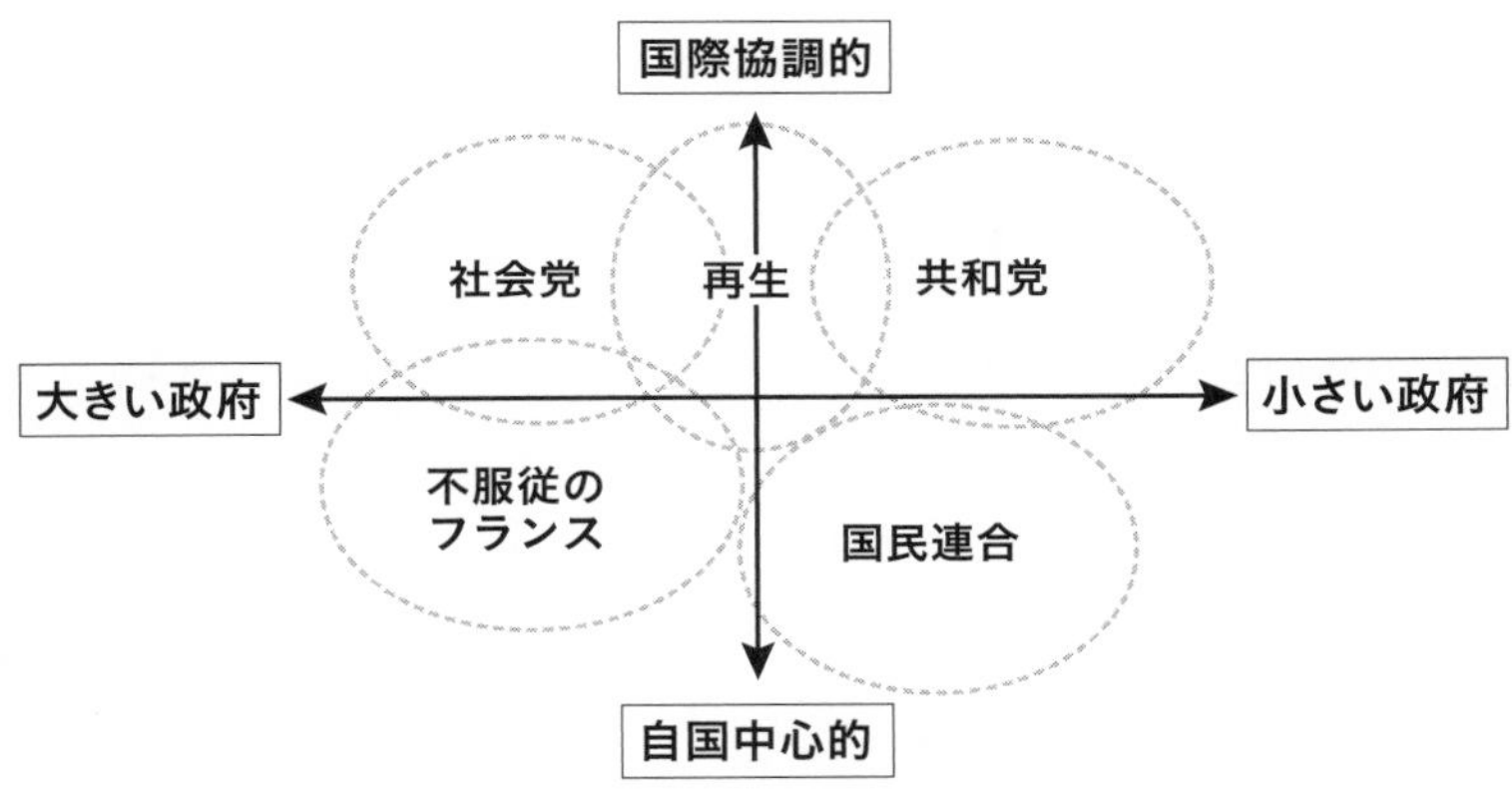

※不服従のフランスと社会党は左派の「新人民戦線」を形成している。

フランス　DATA	
人口	約6837万
面積	約64万3800㎢
言語	フランス語（公用語）100%、地方方言・言語（プロヴァンス語、アルザス語、コルシカ語、カタルーニャ語、バスク語、フラマン語、オック語）他
民族	ケルト、ラテン他
宗教	ローマ・カトリック47%、イスラム教4%、プロテスタント2%、仏教2%、正教会1%、ユダヤ教1%他

（出典）The World Factbook　2024年6月現在

君主制と共和制

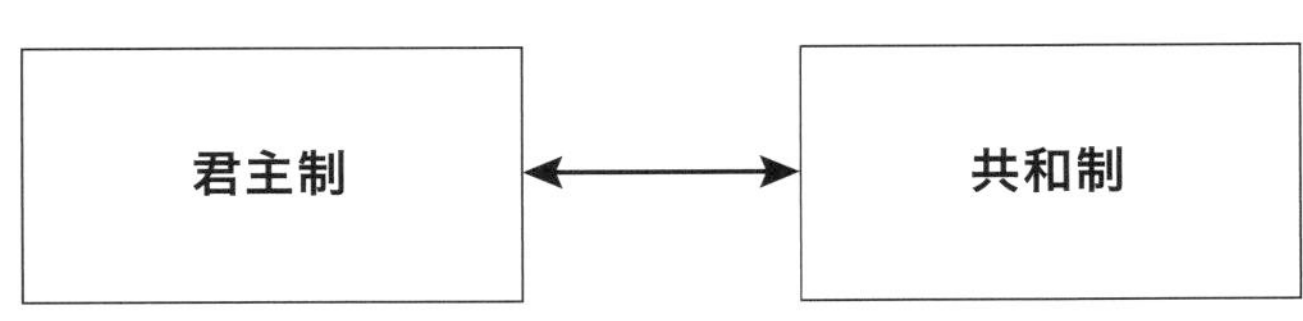

※共和制は君主（国王や首長）を持たない政体のこと、ただし民主的とは限らない

共和制と言っても民主的とは言えない国もあります。たとえば、**中国も北朝鮮も「人民共和国」なので共和国に含まれます。**「民主主義ではないのになぜ？」と思うかもしれませんが、共和制の条件はあくまで君主でない国民の代表が権力を行使すること。その代表が国民に選挙で選ばれた大統領だとしても、独裁者一族の世襲だとしても、「私は君主じゃないし、君たちが選んだ代表だ」という形式になっていれば共和制です。

フランスが生んだのは共和制だけではありません。政策や政治理念が保守かリベラルかで「右派、左派」と呼ばれることがありますが、**「右翼、左翼」**という言葉もフランス発祥。革命当時に議会を招集した際、ホールの右に座ったか左に座ったかでできた言葉というのは、有名なのでご存じの方も多いでしょう。

左に座ったのは、当時の急進的な「国王なんてけしからん！」という人たち。

右に座ったのは、「今までの伝統もあるんだし、国王を擁護してあげてもいいんじゃないの」という穏健な共和主義の人たち。

ここから改革派が左翼、現状維持派が右翼となりました。

「共和制＝改革派」だったのはフランス革命当時の話で、現在は変わってきています。たとえば米国の共和党が保守と言われるように、時代の変遷を経た今、フランスにおいても**「共和党＝左派政党」とは位置づけられていない点は、押さえておきましょう。**

フランスの政党の特徴は、なんと言っても多党であること。世界で初めて革命を起こして国家体制の大転換を実現した国だけに、個人レベルでも政治的な意見をはっきり持つ人が多く、**「自分はこう思う」と主張します。**

政治に限った話ではありませんが、フランス人の自分の意見をはっきり言う傾向は、ヨーロッパ人の中でも比較的強いと感じます。いろいろな意見が分かれていると〝擦り合わせ〟が行われるのが日本的、〝どっちが正しいかの白黒勝負〟が行われるのが米国流だとするのなら、**「意見が違ったら、とことん議論し続けたらいい」というのがフランス流。**これが多党につながっている一因だと思います。

多党なうえに連立する複雑な政党地図

第二次世界大戦後、「フランスこそ素晴らしい、外国の影響を受けず、フランス独自の道を

進みたい！」という、いわゆる**ド・ゴール主義を主張した政党がフランス国民連合でした。**かなりの右寄りであり、今日のＥＵのような他国との連携よりも、あくまで「強いフランス」を目指す政治姿勢です。ド・ゴールは軍人出身で、第二次大戦時にはナチスに攻められてロンドンで自由フランス委員会を作ってドイツへの抗戦を主導した人。戦後に影響力を増した米国や、長年のライバルの英国に与したくない思いも強かったのでしょう。

中道右派の**共和党**系の政党からはシラクとサルコジ、中道左派の**社会党**はミッテランとオランドの大統領が出ており、それぞれ伝統的に強い政党です。

２０２４年現在、フランスの与党は新しい政党**再生**で、規制緩和や構造改革などを重視する中道政党と位置付けられます。２０１７年に大統領に当選したマクロン氏によって設立された比較的新しい政党で、２０１７年当時の名称は共和国前進でした。新しい政党を作って１年ほどで大統領まで生んでしまうので、フランスは改革の国だと改めて思います。

再生は、国際協調路線を掲げ、ＥＵを重視しています。脱炭素を重視していますが、そのために原発を重視しているのがドイツとは違うところ。脱炭素を巡るフランスとドイツの

ドナルド・トランプ、カナダの首相ジャスティン・トルドーとマクロン氏（2018年）

方法論の違いは、ＥＵでも大激論のテーマです。

そして右派ポピュリズムと言われる**国民連合**は、２０１７年のマクロン対ル・ペンの大統領選でよく知られる通りです。移民受け入れに反対する有権者の支持を集めています。その他の有力政党としては、反資本主義でバリバリの左派・**不服従のフランス**があります。

他にも右派ポピュリズムの再征服党、極左のフランス共産党もあるといった具合に、フランスの政党は本当にたくさんあります。そのうえ議会においては連立や連合も盛んで、ある政策についてだけ連合することも。一つひとつの政党を細かく把握する必要はありませんので「多党で連合も多い」とだけ押さえておけばいいでしょう。

地域ごとに支持政党の違いがあるかどうかでいうと、英国や米国ほど顕著ではありません。フランスは首都集中型であり、**首都圏はどちらかというとリベラルです**。これはどちらかと言うと都会の人はリベラルを好むという、他国と同様の傾向でしょう。

移民問題で国民連合が躍進

フランスの政党で注目すべきは、第二党として確実に影響力を増している国民連合。

マリーヌ・ル・ペン。スペインのサンティアゴ・アバスカル下院議員と（2022年）

「フランス第一の自国中心主義。移民も反対だし、ユダヤ人は排斥すべき！」

1970年代、マリーヌ・ル・ペン元党首の父ジャン＝マリーが創立した小さな政党の主張は、このような過激なもので、リベラルが強かった当時のフランスでは「ナチの再来か？」と眉を顰める人もいました。ところが移民の増加や多国籍企業の影響力が強まるなどグローバリズムの波が高まるにつれ、人々の見方は少しずつ変わっていきます。

まずは「これ以上、移民が来たら仕事がなくなってしまう」と、格差社会の拡大に不満を持つ労働者階級が支持。これは米国などにも見られる〝現象〟です。現実に仕事の奪い合いになれば、「移民は反対！」となるのは避けられない。

しかし2017年の大統領選で娘のマリー

ヌが獲得した21%もの支持率は、労働者たちの票だけではなかったはずです。米国の白人至上主義者にも当てはまりますが、自国第一主義を支持するのは、貧しく学歴のない人ばかりとは限りません。

「このまま移民たちが好き勝手にやっていたら、フランスの伝統が失われてしまう」

こう嘆く保守派の人たちは富裕層にも知識層にも存在します。排外主義までいかず、「移民も受け入れていいし貧困層に支援は必要だけど、共存して暮らすのは難しい。社会として分けたほうがいい」と考える人たちもいて、グラデーションはあるでしょう。いずれにせよ、「まったく文化が違う人たちと一緒にいたら、軋轢が生まれるだけだから排除しよう」と考える人もいて、彼らが国民連合の密かな支持者だったりします。

右派ポピュリズムの躍進の陰に「フランス語至上主義」?

ヨーロッパに吹き荒れる右傾の嵐は、グローバル化に伴う移民増加が大きな要因です。もともとフランスは旧植民地からの移民に比較的寛容で、**国民の10%ぐらいを占めると言われています**。旧植民地だった西アフリカの**マグレブと言われるアラブの国々**と、サブサハラアフリカの国から来る人が多く、イスラム教徒も多く含まれます。

宗教的にはイスラムでも、旧植民地の人たちはフランス語を流暢に話します。国としてフランス語で国家統合を目指し、強制的に定着させたためです。

フランス語にそれほどこだわったのは、それが誇りでありコンプレックスだからでしょう。かつて**貴族や上流階級にとって権威がある言葉はフランス語**でした。

ヨーロッパはフランス語中心の世界で、たとえば19世紀のロシア貴族は、「フランス社交界に遊学し、フランス語をマスターする」というのが一種のステータス。ドイツの大本プロイセンの王室もフランス語を用いていたことがあり、ヨーロッパ最高レベルの言葉だったのです。

こうして「世界の中心はここ！」という自負でやってきたのに、この１００年で英語に負け続けてきたことが、フランスとしては悔しくてたまらない。

歴史的に見ると、フランスは重要ポイントで英国に負けています。たとえば米国にはルイジアナなど、かつてのフランスの植民地があり、英国との戦いで勝っていれば、米国はフランス語の国になっていた——つまり、世界の共用語になった可能性もあります。

また、インドの覇権をめぐるプラッシーの戦いで英国に負けていなかったら、大英帝国ではなく〝大仏帝国〟が台頭し、今頃インド人はインド訛りのフランス語を話しながらプログラミングをしていたかもしれません。

指先まで触れていたのに叶わなかった夢だからこそ執着するのか、フランス語へのこだわりと誇りはただならぬものがあります。

もちろん現実を見れば、マクロン大統領のように英語に堪能な人は多く、国際会議やグローバルビジネスの現場では流暢な英語を話しますし、パリの街中で通りすがりの人に英語で話しかけても普通に英語で答えてくれます。

しかし、人間のアイデンティティへの想いはそれほど単純なものではなく、英語を話すからといって、フランスの伝統にこだわっていないわけではないのです。

カナダのような、〝多文化共生〟と異なり、フランスは移民に対して**「フランス語を話してフランス文化を受け入れ、フランス人になって!」という〝同化・統合〟を求めてきました。**

ところが移民一世や二世でイスラム教徒だったりすると、たとえ言葉ができても、キリスト教文化は受け入れにくい。ムスリムは生活習慣も食生活も宗教が中心ですから、完全にフランスに同化するのは無理があります。

このような移民は経済的に貧しいこともあり、特定の地域にかたまって居住するため、フランス生まれの2世、3世になっても〝よそ者の移民〟のままのことがあります。これが米国であったら、人種差別を受けたとしても〝アメリカ人〟になっているはずです。この点は国土の広さや社会の大きさ、そして**移民国家である米国という国の包容力**だと思います。

2022年から国民連合の新党首となったジョルダン・バルデラは、EU議会議員出身で2024年現在まだ20代。ル・ペン父娘の世襲から離れ、過激な主張は減ってきているようです。右派ポピュリズムが右派ポピュリズムのまま突き進むことなく、中道路線の穏健派に近づいている現れなのか、ル・ペンの〝院政〟なのか議論を呼ぶところですが、**右も左も大きくなるにつれて中道になるのは、〝政党の法則〟**と言っていいのかもしれません。

しかしなんといっても議論好きで多党制のフランス。いつでも新たな右派ポピュリズムが登場する可能性があります。

政教分離のフランスにおけるLGBTQ

移民にまつわるフランスの懸案といえば、政教分離です。

フランスは君主制を廃止した際、**聖職と特権も廃止し、政教分離を徹底しています。**キリスト教カトリックの国家ですから本音ではいろいろあると思いますが、「政治に宗教色は絶対に許さない」という立場をあくまで貫くのは、どの政党も同じです。**公の場でイスラム教のスカーフをすると、宗教的な行為だとみなされるのは、実にフランス的な解釈**だと私は理解しています。

髪を覆(おお)わないことがタブーとされるムスリムの女子生徒が、公立の学校でスカーフをかぶることを禁じられる。これは政教分離としては正しくても、信仰の自由など人権としてどうなのか議論を呼んだことはご存知の通り。それはもう何年も続いています。1日五度の祈りやラマダンでの断食、ハラル食など、宗教からくる文化の違いは随所に見られます。

こうした移民が中心の政党は、私の知る限り**国政レベルでは存在しません**。移民同士のまとまりもさほどではありませんし、生まれも育ちもフランスの移民2世3世は、「全面的にイスラム教の権利を認めろ」という主張は今後しなくなっていくでしょう。

フランスでは、宗教が政党の軸になる可能性は低いでしょう。しかし、さまざまな宗教のバックグラウンドを持つ移民への政策については、今後とも大きな軸になると思います。

事実婚は、脱・少子化の鍵を握るのか

多くの先進国が少子高齢化に悩むなか、先進国の中で高い出生率を誇るフランスの政策は注目を集めています。私が考えるところ、フランスが出生率を向上させた要因は3つあります。

一つ目の要因は**政府の手厚い支援**。フランスの少子化対策は1980年代にはもうスタートしています。当時はミッテラン大統領が長く政権をとり、社会党の時代でした。福祉に予算を投じようという基本姿勢がフランスにあるのは、長く続いたリベラル政党による「大きな政府」の政策が影響していると言えるでしょう。

たとえば、子どもの数が増えるにつれて親の所得税負担が軽くなる課税方法がとられています。また、子どもを3人以上養育すれば、年金が10％加算されます。

私が考える二つ目の要因は、**フランスに多いカトリック**。宗教は出生率に如実に影響し、「子どもを多く持とう」というカトリックの考えがあるとないとではずいぶん違いますし、ユダヤ教も「子沢山はいいことだ！」という教えです。

そんなフランスであっても経済効率や女性の社会進出によって少子化が進んできた頃、やってきた移民たちは**ムスリム。これまた子どもを多く持ちなさいというイスラム教の申し子です。**

三つ目の要因は、**ＰＡＣＳと呼ばれる事実婚の制度が社会的に広く容認されていることです。**

ＰＡＣＳ制度ができたのは１９９９年。当時の大統領は中道右派の共和国連合のシラク氏でした。ＰＡＣＳは、同性婚を認める制度としても存在しています。

私は、日本の自治体の各種委員や顧問として呼ばれることがあり、その際に少子高齢化が議題に挙げられることがあります。自治体側は法律婚を増やそうとする議論をする傾向があり、私が事実婚も推進して良いと言ってもあまりヒットしません。もっとフランスに学んだらと思うのですが……。

知っておきたい政治家❷

ド・ゴール

母国を心より愛する一方、アルジェリア独立を容認するバランス感覚

フランス革命で生まれた共和制ですが、革命やクーデター、戦争などで変遷を繰り返しています。

現在まで続く第五共和制では、大統領の権限が強化されました。

その第五共和制で最初の大統領を務めたシャルル・ド・ゴールは、1890年にフランスのリールで生まれました。シャルル・ド・ゴールの名前は、フランスを訪れたことがある人ならば、パリの空港、シャルル・ド・ゴール空港として、その名を知っているかもしれません。

ド・ゴールのキャリアは軍人としてスタートします。

第二次大戦時の敵国ドイツ軍につかまっても何度も脱走を繰り返すなど、時の情勢を見て即断即行をすることに長けていました。後の政治家としての決断力はこの段階で生まれ

たようにも感じます。

ド・ゴールの名を上げたのは、ナチスがフランスを占領して、ドイツの傀儡であるヴィシー政権が誕生した時に、ロンドンに亡命して自由フランスという対ドイツ抵抗組織を立ち上げたこと。ロンドンでＢＢＣラジオを通じてドイツへの抗戦とヴィシー政権への不服従をフランス国民に語りかけた演説は有名です。

ド・ゴールは、アフリカ植民地であったチャド、カメルーンなどを奪い返すことに成功して、ドイツの傀儡政権に対抗します。

１９４４年８月にはパリを解放して、ド・ゴールはパリに凱旋します。凱旋門からノートルダム寺院まで行進したド・ゴールの姿は、フランス史上に残る英雄として喝さいを浴びたのでした。制憲議会は満場一致でド・ゴールを臨時政府の主席（共和制の大統領相当）に推薦します。しかし、当時フランスで勢力を増していた共産党や社会党の反発などもあり、ド・ゴールの政策は実行できない状態でした。

いったん公的な生活からの引退を宣言した後に、フランスを震撼させたのが１９５８年に起きた「アルジェ動乱」。これは、アルジェリアの植民者が現地のアルジェリア人と結託してフランス本土まで進軍するというフランスの国家的危機でした。これを収束させたのが、当時の大統領・首相から協力の要請を受けた軍人のレジェンドであるド・ゴールだったのです。

フランスの安定とアルジェリアの独立の動きの強さを見たド・ゴールは、アルジェリアの独立に舵を切ります。アルジェリア情勢を沈静化させフランスに安定をもたらしたド・ゴールは１９５９年に大統領に就任。就任前に憲法を改正して大統領選挙の仕組みを変えて、政党から超然とした高い地位の大統領制を作り上げます。

ド・ゴールには、ナチスに抵抗しフランスを救ったフランス第一主義的な保守政治家というイメージが強くあります。しかし、アルジェリアの独立を認め、フランスに安定をもたらしました。

当時のフランスでは、アルジェリアの独立に反対する排外主義的な勢力も強くありました。ド・ゴールはこれらの反対を押し切って独立を認めたのです。その結果、反対勢力からテロ行為に遭い、命の危険が身に及びます。

保守であり、フランス第一主義でありつつ、排外主義でなく国際協調路線を取る……。現在世界で吹き荒れる右派ポピュリズムの動きとは一線を画しています。

ド・ゴールの作り上げた議会や政党から超然とした大統領制は、21世紀になり、若く旧来の政党に属さないマクロン大統領を生むバックボーンになったとも言えるでしょう。

ドイツ
ナチスへの反省から生まれた政党制

アンチ中央集権

各州に自治権を持たせる連邦制を採用している国は、これまで見てきた米国とカナダの他に、ロシア、オーストラリア、スイス、インドなどがあります。ドイツも連邦制ですが、領邦国家の伝統があるドイツでは、州政府の権限が大きく強いのが特徴です。

私の見たところその理由は、ドイツにとって**ナチスへの反省**は非常に大きく、国全体的に影響を及ぼしているためでしょう。権力を一つに集約して巨大化させてはいけない――中央集権的な権力を徹頭徹尾、避けているのです。

ドイツでは法律により、ナチスを連想させるような言動は厳しく規制しています。ナチス式

保守とリベラルのマトリクス（ドイツ）

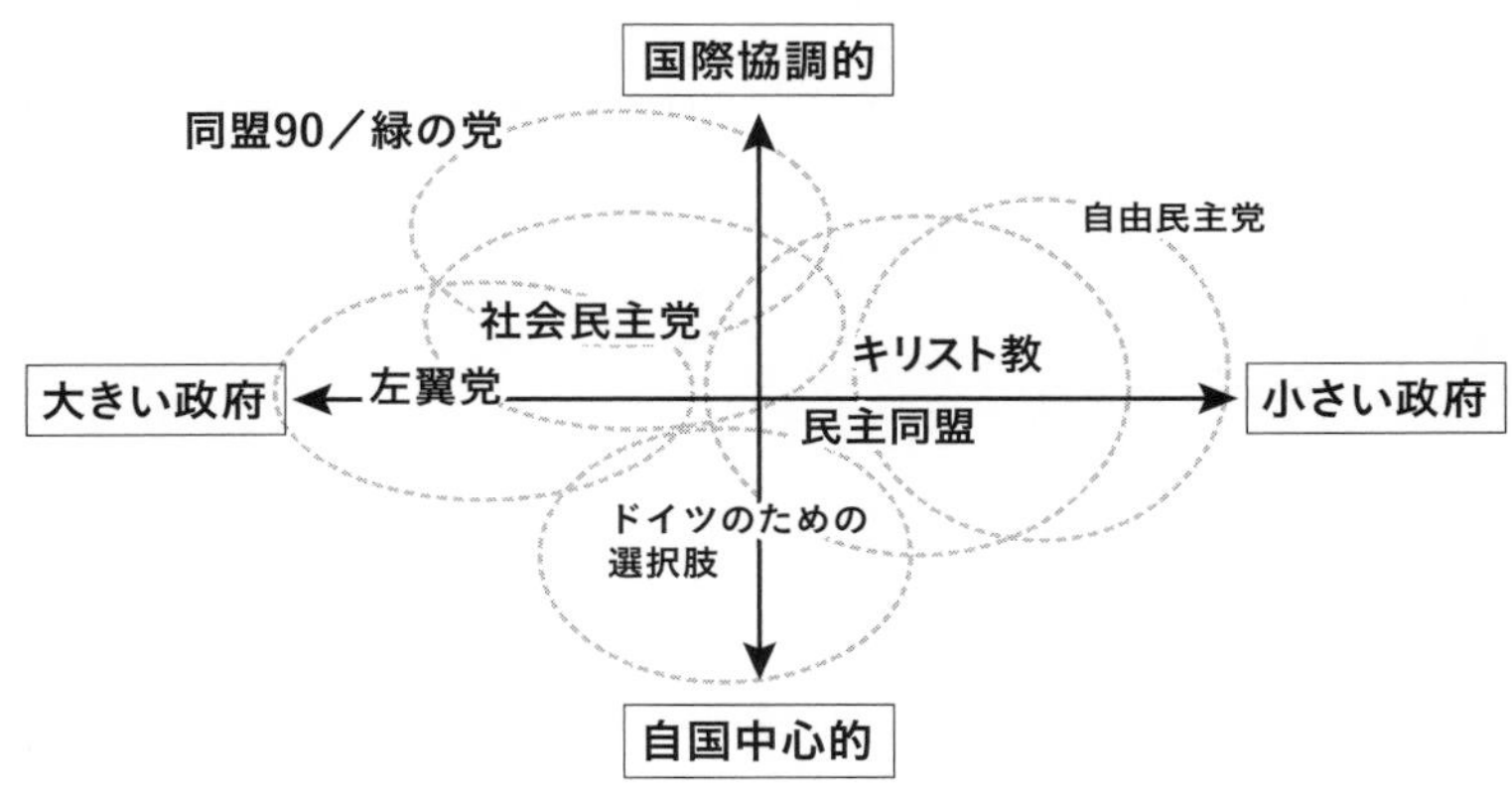

※社会民主党と同盟90／緑の党は、重なりは大きいが、
環境問題へのウェイトの置き方が違う。
※政策の重なりも大きく連立政権が形成されている。

ドイツ　DATA	
人口	約8412万人
面積	約35万7000k㎡
言語	ドイツ語（公用語）
民族	ドイツ人85.4％、トルコ人1.8％、ウクライナ人1.4％、シリア人1.1％、ルーマニア人1％、ポーランド人1％他
宗教	ローマ・カトリック24.8％、プロテスタント22.6％、イスラム教3.7％他

（出典）The World Factbook　2024年6月現在

敬礼が罪に問われるニュースを、見たことがある人もいると思います。

さらにドイツ連邦共和国基本法、すなわち実質的な憲法の21条には、**「自由と民主主義に反する、或いは国の存亡を脅かす政党は違憲」という旨が制定されています。**

日本国憲法には「政党」というものが明示的に定義されていないと前述しましたが、ドイツではちゃんと規定されているのです。政治活動の自由を制限することは、人権の見地からいえばそぐわないものです。しかし、だからと言って「表現の自由だ、言論の自由だ」となんでもかんでも許していたら、再び国が暴走機関車に繋がれてしまうかもしれない……。そんな深い懸念が表れています。

そんなドイツにもヨーロッパ全体の傾向が現れています。右派ポピュリズム政党が登場し、支持者が増えているのは、移民への反発からでしょう。また「ネオナチ」と呼ばれる若者たちも戦後まもなくから現在まで、消えることなく存在しています。

私の著作権エージェントの元担当者は、10年ほど前、ドイツのメクレンブルク＝フォアポンメルン州に住んでいました。移民や外国人が少ないとされる地域だそうですが、それでもネオナチと呼ばれる集団を日常的に見かけていたと言いますから、ベルリンなどの都心ではなおのことでしょう。

「反ナチス」という国の決意や危機感がありつつも、消えない悪の残滓(ざんし)。

ナチスという〝過去への贖罪〟と、今、移民に仕事が奪われるという〝目の前にある危機〟の綱引き。この勝負は拮抗関係というより、現実味を帯びているぶん、後者に有利なのかもしれません。「ナチスの悪夢は歴史の授業で学んだけど、すごく昔のことだよね?」と。

旧東ドイツ出身の人の中には、**統一ドイツになったにもかかわらず〝安い労働力〟として使われ、やがて移民に仕事を奪われて失業した鬱屈の中で、ポピュリズムに向かう人たちもいます。**「同じドイツ人なのに不公平だ」という人たちが、右派ポピュリズムと言われる政党**「ドイツのための選択肢」**を支持することもおおいにあるのです。

もちろん過ちの風化を食い止めようと国も対策を講じており、それが小選挙区比例代表併用の選挙制度。仮に過激な政党が出てきても、議席を得ることは容易ではありません。全体としては中道で多党、そんなドイツの政党を見ていきましょう。

大連立政権から誕生したメルケル首相

議院内閣制のドイツ連邦議会には、連邦参議院（上院に相当）と連邦議会（下院に相当）があります。

連邦参議院の議員は、各連邦州の代表。

連邦議会は小選挙区比例代表併用制。小選挙区では個人に投票して最多票を集めた候補者が当選。連邦議会の全体の議席数は政党名への投票で決まります。

この際、議席を取れる政党には「小選挙区で3名以上の当選もしくは**比例代表で5％以上の票を獲得している**」という条件があります。この条件付けによって、ナチスのような過激政党の登場を防ぐとともに、やたらと小さな政党が増えない工夫をしているのです。

また、「Wahl-O-Mat」（ヴァールオーマット）というオンラインの支援システムが提供されており、有権者は各政党の政策・立場を知ることができるようになっています。

ドイツの国家元首は大統領ですが形式的なもので、実権は行政権をもつ連邦首相にあります。議会の過半数を得れば首相に――しかしドイツではこれがなかなか難しい。一強という政党がないため、連立政権が多くなっています。

群雄割拠の政党のなか、二強と言えるのが**保守のキリスト教民主同盟と、リベラルの社会民主党**。どちらも政権を担った経験のある有力政党ですが、メルケル政権ではこの二強の大連立政権だった時期が長くありました。日本の自民党と民主党が連立するようなもので、この2つの党が初めて連立した時は、かなりの話題になりました。

あえて右派政党を選んだメルケルは中道の申し子?

キリスト教民主同盟と、社会民主党を中心に、ドイツの政党を見ていきましょう。

キリスト教民主同盟は、ドイツ帝国時代（1871年〜1918年）の中央党がルーツです。「小さな政府」を目指す伝統を重んじる内向きな政策、〝昔ながらの保守〟という趣でした。現在は中道右派と見なされており、キリスト教的な価値観を重視はしているもののキリスト教を必ずしも前面に押し出しているわけではありません。

しかし、保守的な政党の名前にキリスト教という宗教名がついているのは、伝統的な主張にはキリスト教的な価値観が結果として反映されていることが多いためであろうと私は考えています。欧州におけるキリスト教という存在の大きさを象徴しているようです。なお、政教分離を重視するフランスの国民議会には、宗教名がついた議席を持つ政党はありません。

社会民主党は19世紀に誕生した伝統ある政党で、どちらかというと「大きな政府」を目指しています。福祉に力を入れるリベラルで、対外的な経済政策としては国際協調路線です。

私はこの2つの連立政党から、長くドイツの顔となったメルケル首相が出たことを〝中道ドイツの象徴〟のように捉えています。

アンゲラ・メルケルは旧東ドイツの出身の牧師の娘です。東西が壁で分断されていた冷戦時代に育っていますから、**社会主義的な影響を受けている**ことは間違いありません。ベルリンの壁が崩れる35歳までは物理学者でしたが、政治思想は**社会主義的であっても不思議はないでしょう。**

ところが政治活動を始めた彼女が入った政党は、キリスト教民主同盟。これは東ドイツにあった別の政党ですが、統一ドイツでも同じ名の保守政党を選びました。

彼女自身の卓越した能力を考えれば、どの政党でも政治家として名をなしたでしょうし、社会民主党に入ることも簡単だったでしょう。〝ドイツ左翼の期待の新星〟にもなれたはずです。ただし、**東ドイツ出身で左派の政治家となれば、色がつきすぎて警戒する人も大勢います。**右も左も両方とも、ずっと広いドイツの支持を集めて頭角を表すことは、左の政党にいては難

会談するカマラ・ハリス副大統領とアンゲラ・メルケル連邦首相（2021年）

しかったはずです。

そこで**あえて右寄りの政党に入り、コール首相やさまざまな人に才能を見出されていった。**もしかしたらなかば〝自分の本音〟を隠しながら、ドイツ初の女性首相となり、16年間も国の代表を務めた――これはある政治学者の分析で、いささか飛躍しすぎかもしれませんが、私は頷ける気がしています。

メルケル首相は移民にも寛容でしたし、東日本大震災の後、いち早く原発廃止を宣言するなど環境問題にも敏感。リベラルに見える決定でした。右派らしいところは安全保障政策で、トータルで〝ザ・中道〟になるのです。

すべては物理学者らしい合理的な計算だったのか、政治家としての胆力なのか、さまざまな政治学者も分析しています。ドイツ全体としては中道なので、いろいろな意味で統合ドイツらしい中道政治をおこなったといえます。

「昔は良かった！」というノスタルジー

キリスト教民主同盟と社会民主党の二大政党が特徴であるドイツにも、**緑の党や右派ポピュリズム政党が生まれています**。これはグローバル化によって「移民」と「地球温暖化」という2つの問題がクローズアップされた欧州に共通する、〝典型的なパターン〟です。

ドイツに特徴的なのは、その2つの問題に、**左翼党**も影響を受けていること。

社会主義圏だった旧東ドイツでは、ドイツ社会主義統一党が政権を担っていました。東西統一がなされた後、「選挙オルタナティブ雇用と社会公正」と合体して誕生したのが、その名もずばり左翼党です。

旧東ドイツだった地域には、東時代の社会主義的な考えを支持する人たちも残っているようで、確かに左翼党はそうした州で支持を集めています。

ドイツの専門家に聞くと、「東ドイツだった昔のほうが良かった」というノスタルジーも、左翼党支持者には混じっているとのこと。

移民と仕事の奪い合いをしているのは、東側から来た人たちに多いと言われています。東だった頃の社会主義体制なら、仕事は平等に与えられ、賃金もみんな似たようなものでした。たとえ国にコントロールされた不自由なものであったにせよ、今が不遇なら〝思い出補修〟も入って、実際よりずっとよく感じられたりするでしょう。

統一まもない頃、西側と東側の職業機会の不平等や所得の差が社会問題になっていましたが、それは数十年たった今も消えていないのです。

工場やサービス業という、比較的誰でもつきやすい仕事に従事していた東側出身の労働者たちは、「仕事をとるな！　移民が憎い」となる。他の国ならそれが排他的愛国精神となり、右傾化につながるのですが、東ドイツの場合はそこからもう一捻りして「昔の左の時代が良かった」となり、左傾化するのでしょう。

ドイツのための選択肢は２０１３年に反ＥＵを掲げて設立されました。２０１４年から欧州議会で議席を有するようになり、２０１７年には連邦議会でも議席を得ました。**中道のドイツらしからぬ過激と言える政党は、同じ理由で右傾化した人たちの支持を集めています。**

地域の特色ということで付け足せば、バイエルン・キリスト教民主同盟は、その名の通りバイエルン州に特化したバイエルンで強い政党ですが、実質的にキリスト教民主同盟のバイエルン支部です。

それ以外はほぼ旧西ドイツ中心に発展してきた政党で、特に地域差はなく、歴史的にいうと、ドイツ統一を主導したプロイセン王は現在のドイツの領域にいたいろいろな封建領主の一人。次第に勢力をつけて他の封建領主を統合し、ハプスブルク家を追い出した――これがドイツの成り立ちなので、昔から地域的な特徴があります。

このさまざまな地域色は、地域政党ではなく、東西の違いや連邦制という形で今も強固に残っているというところでしょう。

緑の党の政策とは

EU加盟国の中で、「環境問題についても先導していこう」という意識がドイツにはあると思います。ドイツの緑の党は**「同盟90」**という旧東ドイツの流れを汲む政党と合併し新たな政党となっています。

いわゆる緑の党は、「温暖化ガスの削減、原発と化石燃料の廃止」などを訴えます。環境問題は国境を超えた問題なのでもちろんグローバルですし、人権意識も高いために移民にも寛容で、福祉重視の「大きな政府」を目指しています。

ドイツは西ヨーロッパの国の中では比較的、原発事故が起きた**チェルノブイリに近い。そういう意味でも原発問題によりシビアであり**、そこから緑の党が支持されると分析する人もいます。

緑の党の政治理念はやや理想主義的なところがあるので、なかなか政権は取りにくいというのが定説です。とはいえすでに連立与党に一部入るようにはなっており、「中長期的には緑の党が中心になって政権を取るかもしれない」という見方もあるようです。

移民系の政党も誕生するのか

ドイツはEUの中でも移民や難民を比較的積極的に受け入れている国です。シリア難民を多数受け入れています。それもナチスへの反省からきているというのが私の仮説です。

一人の独裁者や一つの独裁政党に国が突き動かされ、国際協調を踏み躙(にじ)ってはいけない。そう考えているからこそ、EUという枠の中で貢献し、役割を果たしていくのはドイツの国是であり、各党の政策でもあります。ドイツから出た予算でEUが成し遂げたことも多くあります。

EUは移民受け入れの政策を打ち出してきましたし、中でもドイツは積極的でした。人道支援の見地から、**メルケル首相は「シリア難民を100万人受け入れる」と宣言**。内戦で国を追われた人を受け入れたのは、おそらくかつて無辜(むこ)のユダヤ人を国から追放し、命まで奪った罪を贖う意識もあったからでしょう。

「あれだけのことをしたからには、困っている人たちを受け入れなきゃいけない」

ちなみに日本では一緒くたにされがちですが、経済的困難から自分の意思で国を越える人を

「移民」、紛争や迫害で、自分の意思とは関係なく政治的理由により国を出ざるを得なかった人を「難民」と言います。

2015年、シリアからの大量の難民がヨーロッパに到着する頃、私はたまたま仕事でブダペストにいました。中東系の顔立ちの人たちが中央駅に集まっていて、私はアラビア語がわかるので話の内容から、すぐシリア難民だとわかりました。ブダペストからドイツに入ろうとしているらしいのですが、凄まじい人数です。「一気に電車に乗せられない」とハンガリー警察や鉄道員と押し問答になっていました。

「とにかくドイツに入れれば、メルケルが何とかしてくれる」

そんな会話も漏れてきて、メルケル首相のメッセージの影響が極めて甚大だったと、つくづく実感した記憶があります。

2015年、ドイツが受け入れたシリア難民が100万人の大台に達したと報じられました。地方議会ではありますが、最近では元シリア難民の政治家も誕生しています。ドイツ語を一生懸命学び、努力し、社会に認められて議員にもなった。これはナチスへの反省とともに、ドイツの柔軟性、寛容性を表しています。

その一方で、戦後の労働人口不足を補うために政策的に受け入れてきたトルコ移民についてもムスリムの彼らはドイツ文化になかなか溶け込めず、長い年月が経っても相互不信が解消することは難しいようです。

ドイツはフランスのような厳しい政教分離ではありませんが、**言葉も文化も全く違う人たちとは、どうしても一体化しにくい**。サッカーワールドカップでは、トルコ系選手がドイツ代表となり、心無い言葉を投げかけられることもありました。もちろん、これはドイツに限った話ではありません。

イタリア
少数・汚職・合従連衡な多党制

首相交代が激しいイタリア

「日本の首相はすぐ変わるから、G7の中で存在感を示すことができない」

これはよく言われることで、確かに90年代から2024年までに17人もの首相が誕生しています。

同じ議院内閣制だと英国が7人、カナダが6人、議院内閣制に連邦制をミックスしたドイツは4人の首相。大統領制だと米国が6人、フランスは5人。政治システムが違うので一様には言えませんが、確かに日本のトップは変わりすぎです。

残念な気持ちになる人も多いかもしれませんが、これと似た状況にあるのがイタリアで、こ

保守とリベラルのマトリクス（イタリア）

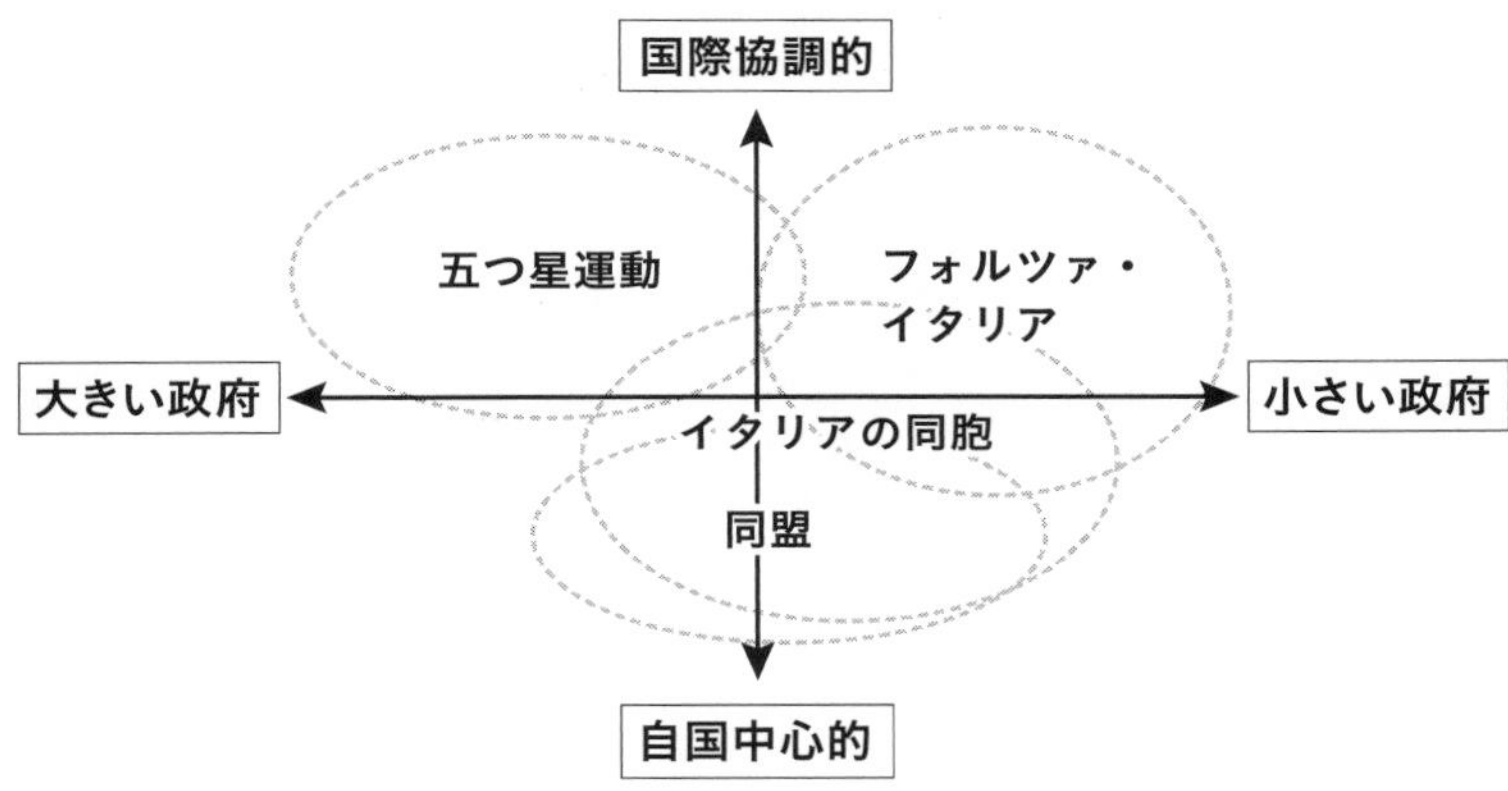

※政党自体の変動が大きい。イタリアの同胞は2022年の政権獲得後、穏健化。

イタリア　DATA	
人口	約6096万人
面積	約30万1000㎢
言語	イタリア語（公用語）
民族	イタリア人（北部にドイツ系、フランス系、スロベニア系、南部にギリシャ系等）
宗教	キリスト教80.8％（圧倒的にローマ・カトリックが多い）、イスラム教4.9％他

（出典）The World Factbook　2024年6月現在

の30年で13人が首相を務めました。18人の日本と良い勝負です。

イタリアは政党自体も目まぐるしく変わります。短期間のうちにいろいろな政党が出ては消え、消えては現れます。中国の戦国時代のごとく合従連衡もしますし、選挙制度自体も頻繁に変わるという、どうにも捉えがたい政治システムです。

イタリアがG7であまり力を発揮できないのは、首相交代が頻繁なのに加えて、政治的な不**安定要素が非常に大きいためだと言われています。**

なぜ、不安定かつ変動要因の多い政治体制となっているのか、その理由を模索しつつ、イタリアの政党をみていきましょう。

タンジェントポリ（汚職の街）ではマフィアもお友達？

イタリアは議院内閣制ですが、象徴的存在の大統領と、政権を担う首相がいます。

大統領は「上院と下院の全議員＋州代表者」からなる選挙人団によって選ばれる——となっているのですが、しょっちゅう変わる多党でまとまりがないので、なかなか決まらない！

「大統領が首相を指名する」と言っても、議会の多数派政党の党首が選ばれることがほとんど。ただし連立していることが多いので「この政党とこの政党が組んでいて、今はこの党首が強い」といった判断が必要になります。ちなみに国会議員選出は小選挙区と比例代表制の並立制です。

イタリアの政治で特徴的なのは、**汚職が多いこと**。政権が目まぐるしく変わるのは、汚職とスキャンダルが原因でもあります。

イタリア政界の汚職事件で一番大きなものは、90年代の**「タンジェントポリ」**。公共事業の受注業者から政治家がキックバックを受けて次々に逮捕されるというもので、官僚まで汚れたマネーを手にしていたことが発覚、大疑獄事件に発展しました。

イタリア政界を揺るがしたこの事件で、当時の与党キリスト教民主党の力は失墜。ちなみにタンジェントポリとは、イタリア語で「汚職の街」です。

これを機に政治システムも変わり、政界再編の混乱の中で始まったのは、正義の味方による世直し物語……ではありません。汚職とスキャンダルの二刀流、「ベルルスコーニ劇場」でした。

4期にわたって首相を務めた**ベルルスコーニ**元首相は、混乱の中で**政党フォルツァ・イタリア**を設立。

中産階級の家に生まれ、建設業で財を成した彼はメディア王にしてACミランのオーナーでもあり、派手な言動で耳目を集めました。

彼もまた、不正献金、賄賂、脱税疑惑と汚職にまみれていました。そればかりか自宅に未成年女性を招き、「ブンガブンガパーティ」を催して買春したり、国内で多発したレイプ事件で答弁を求められた際に、「可愛い女の子が多いんだから仕方ない」と不適切発言をしたり。さらに右派ポピュリズム秘密結社「ロッジＰ２」のメンバーでもあり、マフィアとの癒着も指摘されていました。

マフィアとの関係についていうと、イタリア全体として多党で不安定で合従連衡が盛んなので、マフィアに付け入られやすいのではないでしょうか。気軽にやりとりできる**小さな政党なのに、政権に入る可能性がある。**それならマフィアも献金するでしょう。そして政党のほうにも**「ちょっと便宜を図って支援してもらおう」**という緩みがあるのではないか——私見ですが、あながち外れていない気もしています。

スキャンダル劇場を支えた高い投票率

さて、これだけスキャンダルにまみれた人物が、なぜ繰り返し政権の座に返り咲いたのか？

ベルルスコーニは失業率回復にも務めていましたし、政治手腕にはいろいろな分析があると思います。また、政界内の根回し、賄賂は消えていなかったでしょう。

そしてもう一つの理由として、当時のイタリアがある種の**劇場型政治になっていたことが挙**

げられると思います。国民は次々と出てくるスキャンダルに呆れ、政治からは距離を置きつつも、「超有名人によるベルルスコーニ劇場」を、案外楽しんで観覧していたということです。

ちなみにイタリアの投票率はG7中トップ級。これは義務投票制度があること、学校教育、メディアの政治報道が多いことが理由とされています。

〝ムッソリーニのイタリア〟が右派の女性首相を産んだ理由

かつてのイタリアは共産党が強く、今は民主党と名を変えて旧共産党が残っていますが、政権を取るほどの勢いはありません。

2024年現在、イタリアの第一党は**イタリアの同胞**。男性優位な面があるとも言われる国に初の女性首相が誕生しました。

イタリアの同胞はまだ10年ばかりの新しい党。ベルルスコーニ汚職事件でフォルツァ・イタリアを離党した**メローニ首相**らが2012年に設立しました。多党とはいえ、新参者の政党がパッと政権を取れるというのはフランスに似ています。また、新しい政党が大きな支持を集めるという点では、タイの前進党や台湾の民衆党とも似ているように感じます。

イタリアの同胞は、保守主義で強いナショナリズムを訴えており、移民には反対。第二次世界大戦前の**ファシスト党の影響もある右派ポピュリズム政党**という見方もありますが、首相就任後、メローニ氏は穏健路線をとっていると言われます。

しかしなぜ、ムッソリーニのファシスト党の流れを汲むイタリアの同胞が、与党になれたのか？　ドイツが徹底的にナチズムを排除しているのと対照的です。

これを私なりに分析すると、第一に、ドイツと比べてイタリアは、**ムッソリーニ等に対する反省の度合いがやや小さい**からだと思います。ナチスの一番の罪は600万人ものユダヤ人を殺戮したことです。民族殲滅を狙うというとんでもないもので、ムッソリーニはそこまでやっていません。大航海時代のスペインやポルトガル、植民地時代のヨーロッパも大量虐殺を行いましたが、ここ100年の虐殺といえば、ナチスが飛び抜けています。

第二の理由は国民性で、哲学者を輩出したドイツは、徹底的に考え、真実を探究するタイプ。イタリアは地中海的な気候で多様なファッションやグルメが発達した国ですから、いろいろなものの受け入れる柔軟性がある。ある意味、ドイツとは真逆の国民性と言えます。

ローマ・カトリックの影響はあるのか？

イタリアは2000年にわたるローマ・カトリックの中心地であり、古代ローマ帝国という

〝ヨーロッパの首都〟だった国です。一部はコンスタンチノープルに移ったとはいえ、ヨーロッパの源流というプライドはそれなりに残っているでしょう。さらに**ＥＵ加盟国は古代ローマの何らかの支配を受けた国が多い**ため、はるか昔のこととはいえ影響がまったくないとはいえません。

イタリアにカトリックは教育においても文化として染み渡っており、１９８５年まで国教でした。キリスト教やカトリックという名称が全面に出ている上院、下院に議席を有している政党は２０２４年現在はありませんが、そのような名称がついている政党があってもおかしくない土壌であると思います。

イタリアの南北格差がＥＵの変数になる？

イタリアが抱える大きな政治的課題は、**移民と経済問題。特に南北格差は大きい**ものがあります。

経済発展しているのは、北部のミラノ、フィレンツェ、ヴェネチア。中央と言われるローマもここに含めていいでしょう。一方、南部のナポリとシチリアは貧しく、所得格差が大きくなっています。

もちろん地域内でも違いはあり、「南は貧しい、北は豊か」と決めつけることはできませんが、南北という大きな軸で状況がここまで明確に分かれているのは、先進国の中では珍しい。もともと各地域にそれぞれ領主がいたこともあり、各都市にファッションをはじめとする多様な産業があり、分権的に発展しています。このあたりは、地方分権や地方再生という見地で、日本人が見習うところがあると常々思います。

そんなイタリアには地域政党も多く、**「同盟」**に改名した旧北部同盟は、「北部地域で独立したい」という政党です。ちなみにマフィアとの関係で言うと、南部の地域政党のほうが関わりが深いとの見方もあります。これは貧困の影響もあるでしょう。

南が抱える問題は、貧しさだけではありません。イタリアは地理的に北アフリカに近く、パレルモ（シチリア島）からチュニジアのチュニスまではフェリーで10時間ほど。「ジブラルタル海峡を挟んですぐアフリカ」というスペインほどではありませんが、イタリア南部と北アフリカは一晩で行き来できます。従ってアフリカからやってくる移民も多く、難民の受け入れもあって社会が混乱しています。格差で不公平感を抱えている南の人たちの不平不満が移民排斥に向かい、**イタリアの同胞のメローニ首相を生んだ一つの起爆剤**にはなっていると感じます。

南北差はあるとはいえ、イタリアはＥＵの中でドイツ、フランスの次に経済力が大きい国で

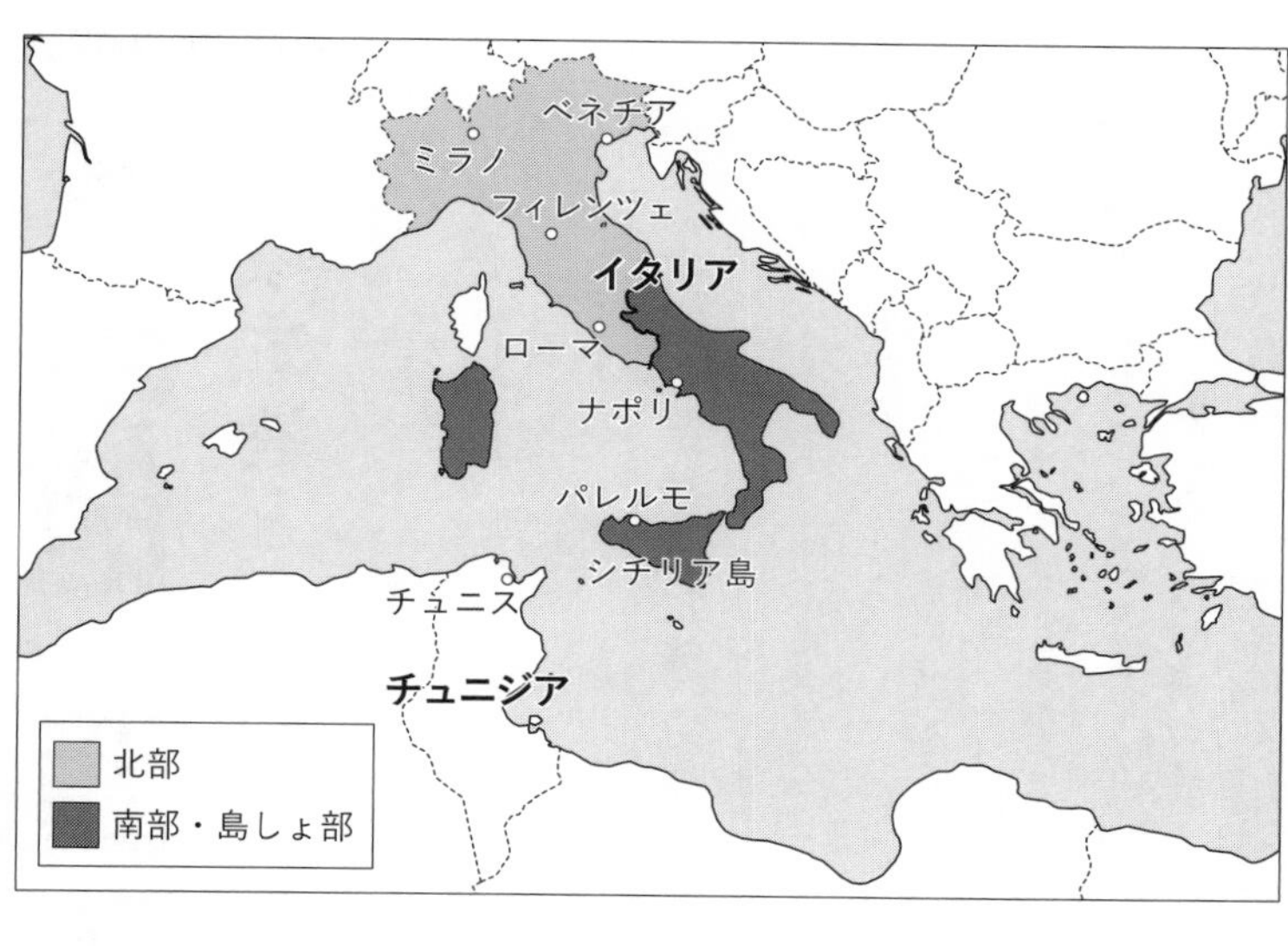

す。そのイタリアが**一国中心主義になるとEUの不安定化につながる可能性があります。**ヨーロッパ中が揺れている難民、移民問題についても、**アフリカに近いイタリアが排斥に動けば、激震が走るかもしれません。**

現時点でイタリアは、少なくともEUにはとどまる姿勢で、メローニ首相もEUの制度に合わせるようにやや抑え気味ではあります。

ただし多党イタリアでは、パッと出た政権によって国のムードがガラリと変わり、選挙制度すらコロコロ変わってきた歴史があります。実際にメローニ首相は「議院内閣制はもういらない。大統領制にしよう！」と訴えてもいるのです。

EUの〝変数〟にもなり得る——イタリアの政党は、今後も注視していく必要があるでしょう。

その他、西欧の政党

地域主義と右派ポピュリズムの台頭

「言語・宗教・民族・歴史」の複雑さが政党にも現れる

英国、フランス、ドイツ、イタリアと、ここまでG7に加入している西欧の大国の政党を見てきました。米国の政党と比べて、多党制で合従連衡が多いことはおわかりいただけたでしょうか。

繰り返しになりますが、自由な競争社会の米国は、勝つか負けるかのゼロイチ社会。**何でも白黒を〝つけたがりすぎる〟**きらいがあります。

「正しい・間違っている」が明確と言うのは、コンピューターなどのテクノロジーの発展には有利かもしれませんが、本当の意味で外交がうまいかと言えば、そうでもないと私はとらえています。
確かに経済力、軍事力が強い米国に対して世界の国々は一目置きますし、「アメリカがそう言うなら、仕方ない」と従う国もたくさんあるでしょう。しかし、単純な戦術の〝プレイヤー〟なので、対ロシアや対中国でも、「自分たちが正しくて君が間違ってるよ！」と主張し続けるのが基本。イラク戦争がまさにその典型だと思いますが、欧州に比べて妥協も駆け引きも苦手なので、うまい落とし所がなかなか見つけられずにいます。

もちろん、米国を単純と決めつけるのは早計です。第二次世界大戦では旧ソ連とも手を組みましたし、キッシンジャー、ニクソン政権では中国の共産党政府と外交関係を結ぶことを決断したこともあります。

それでも広大な大陸で、国境を接しているカナダやメキシコには攻められることがない。戦争も経験していますが、英国からの独立戦争や「けしからん、枢軸国をやっつけろ！」という第二次世界大戦などで、国境を接している国々などとの本当の意味での〝国と国との権謀術数〟を欧州ほどには経験していません。

米国に比較すると欧州は**言語、宗教、民族、歴史と全てにおいて複雑です。たくさんの国が固まりあっていて、領土もコロコロ変わります。**17〜18世紀は宗教戦争や王族同士の争いで結んだ**同盟を反故にしたり、「昨日の味方は今日の敵」という具合に、もうドロドロの世界です。**

そこに第二次世界大戦のナチスの問題が出てきて、その反省から外交手腕がしたたかになっていったのではないでしょうか。

「ちょっといい加減、人間としてちゃんとしようよ。武器を取る前にお互い話を聞いたり、交渉をしっかりしたりしよう！」と。

このように〝複雑な欧州の特徴〟が、より濃厚に政党に表れているのが、以下にまとめる〝その他、西欧の国々〟。国ごとにコンパクトに見ていきましょう。

スペイン——地方政党と右派ポピュリズム

立憲君主制と議院内閣制をミックスした**スペイン**は二院制で、多党ではありますが、長らくリベラルな社会労働者党と保守の国民党が政権を担ってきました。ところが徐々に多党化してきており、特徴的なのは**バスクやカタルーニャに地方政党が複数あること。**

日本人から見たらみんなスペイン人に見えても、もとは別の国だったくらい地域の特色が色濃い国です。ガリシアやアンダルシアにも地方政党がありますが、言語も宗教も異なるバスクやカタルーニャ地方はそれぞれ独立を求める動きがあるほどで、政党も大きな力を持っていま

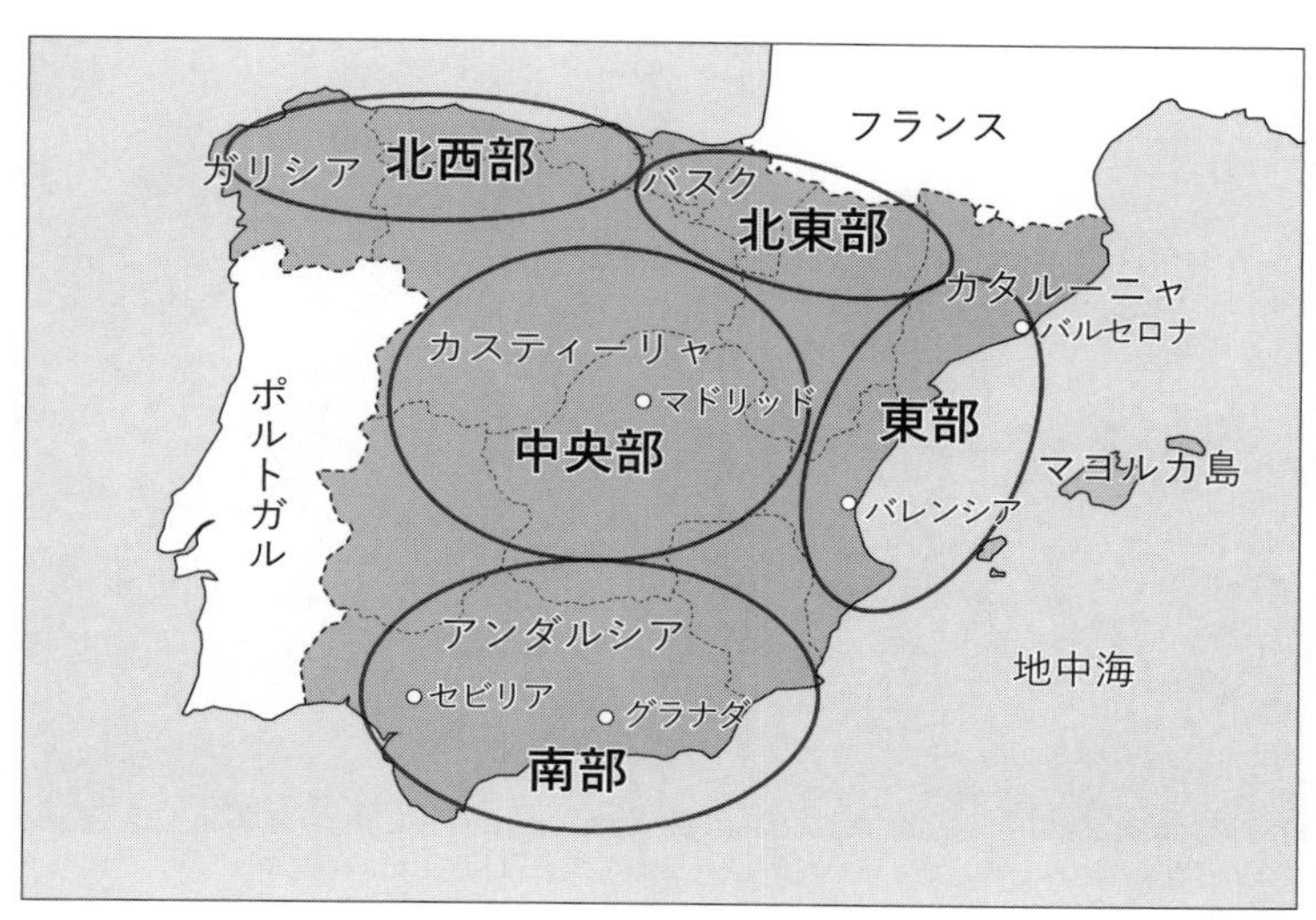

す。

左右の中道政党が政権を握るスペインで、次第に躍進してきたのが右派ポピュリズムとも言われるVOX（ラテン語で「声」を意味します）です。

移民や他民族には排他的で、確かにアフリカ大陸との物理的距離が近いスペインには大量の不法移民が流入し、深刻な問題になっています。しかし動物愛護の観点から禁止の方向の闘牛を「スペインの象徴だ！」と主張し、反イスラムを掲げ、「同性婚とかLGBTQなんて考えられない」と主張する……。その強すぎる民族主義には、「フランコ独裁時代に逆戻りしたいのか？」という趣すらあります。

「このまま右傾化するのではないか？」とスペインはもとより世界中で懸念されていましたが、

フランシスコ・フランコ。アメリカのアイゼンハワー大統領とともに（1959年）

私は「あまり極端にとらえすぎないほうがいい」と考えてきました。なぜなら、右派ポピュリズム的な政治家の発言やデモは必ず注目されて、メディアにも頻繁に取り上げられます。したがって、目立つがゆえに実際よりも大きな存在に感じてしまう可能性があるのです。その〝強調された印象〟は冷静に差し引くべきでしょう。

何よりスペインの人々には、第二次世界大戦でナチスと協力したフランコ政権の記憶が残っており、**「過去のあやまちを繰り返したくない」**という決意が強い。ちなみに**オーストリア**もヒトラーがオーストリア人ということもあり、国民には**右派ポピュリズムに対する警戒心があります**。

かような観点から少し前まで、「ヨーロッパに右派ポピュリズムの影響があったとしても、政権を取るまではいかないだろう。スペインもフランス同様、限定的なものにとどまるはずだ」と私は思っていました。

ところが2023年5月、社会労働党のサンチェス首相は任期満了前に議会解散を宣言。なぜなら5月の地方議会選挙で、右派ポピュリズムと右派の連立政権があちこちの地方自治体に誕生する動きがあったためです。

結果から言うと、僅差でサンチェス首相の続投が決まったわけですが、4カ月にも及び「右派ポピュリズムが新政権になっちゃうかも!」という状態が続きました。

ニューヨーク・タイムズの社説でも**「右寄りの勢力が伸びてくるのではないか」とあり**、世界はそのあたりを懸念していると言えます。

オランダ——プロテスタント精神が根付く

「議院内閣制、多党なので連立政権が多い」

これが21世紀に入ってからのオランダの政治の特徴です。

下院は比例代表制なのでほとんどが連立政権。10年以上断続的に、首相を務めているマルク・ルッテは自由民主国民党で、小さな政府を目指す保守ですが、同時にEU寄りでもありま

ハーグにある、ホフ池（Hofvijver）と国会議事堂

した。つまり、政局はバランスが良く、かなり安定していたと言っていいと思います。

歴史を遡ってみれば、オランダは80年に及ぶ血みどろの戦いを経て、スペインから独立した**プロテスタントが多い国**。

ドイツはプロテスタントだけでなくカトリックも強く、「プロテスタントに徹した国」とは必ずしも言い切れない。英国はヘンリー8世の離婚問題で「一応、カトリックと縁を切ります」となった〝なんちゃってプロテスタント〟です。その意味で、一番早くプロテスタントを体現しようとした国の一つがオランダではないでしょうか。

「古いカトリックの価値観から逃れた新しい世界を作ろう」
「個人がしっかり勉強して、新しいことをやっていこう」

このような気概が国のＤＮＡにあるのは、世界で早くに女性の識字率を向上させたことにも表れていて、さもなくばフェルメールは17世紀に『手紙を書く女』を描かなかったでしょう。
古い伝統に縛られず、個人の努力や考えを重視するプロテスタントという宗教が、**世界で一番早く同性婚を認めたことや安楽死の合法化**など、オランダの先取の気性に影響しているのかもしれません。

「世界に開けている小さいながら光る国」として、私はオランダの可能性を感じることが多く、ヨーロッパの新たなハブとして注目しています。〝オランダのポテンシャル〟の一例として、ブレグジットを機にハーグにはグローバル企業の拠点が増えています。ロンドンからフランクフルトに〝EU拠点〟を移した会社ほど数は多くありませんが、存在感を示していることは確かでしょう。
オランダのような小さめのヨーロッパの国について日本の報道があまりにも少ないので、アンテナを立てて、自分から積極的に探すと面白いと思います。

このようなオランダですが、2023年11月の総選挙では、反移民、反EUを掲げる**自由党**が第一党になりました。今後の行方に注目が必要です。自由党の党首**ウィルダース**氏は、イスラム教徒の入国に制限をかけるなど過激な主張で知られています。

ベルギー――言語で分断された国の多様な政党

ベルギーは「王国」とつきますが、王はやはり象徴的な存在で、議院内閣制をとっている立憲君主制の国です。

連邦制でもあり、特徴的なのは連邦政府の他に「言語による3つの共同体（フランス語、フラマン語、ドイツ語）」と「3つの地域（ブリュッセル首都圏、フランドル、ワロン）」があること。

米国やドイツなど、州や地方の自治や立法がある程度は認められている連邦制の国はいくつもありますが、言語によって分かれた共同体があるというのはやや珍しい。政党もフランス語系、オランダ語系（フラマン語）で分かれています。

教育にしろ、福祉にしろ、地域ごとにきめ細やかな政策を取れるというのはメリットですし、ベルギーは多様な文化を持つ国でもあります。多様だからこそブリュッセルにはEUやNATOのような国際機関の拠点があるのでしょ

EUの旗。円形に並べられた12の星は、ヨーロッパ諸国民の団結と調和を表している。

う。

しかし別の見方をすれば、「国家としては、言葉による地域分断の可能性も内包している」面もあります。

第3章

Eastern Europe

東欧

EUに波紋を呼ぶ右派ポピュリズム政党

ソ連が崩壊し、ベルリンの壁が崩れ、東西冷戦が終結して30年余り。かつて「その仲間たち」という見方をされていた東ヨーロッパの国々は、次々と民主化し、EUに加盟しています。すっかり〝西側〟になったように見えますが、共産主義国家だった過去と、宗教や民族の独自性は消えていません。

報道が少ないこともあり、日本のビジネスパーソンには馴染みがありませんが、旧ソ連や東ヨーロッパは、今後、世界の構図を変えていくかもしれない激震地。それを明らかにしたのが、ロシアによるウクライナ侵攻です。

第3章では、ロシアを除く旧ソ連諸国や東ヨーロッパの国々の政党を改めて理解するために、まずは「社会主義や共産主義」の復習をしておきましょう。格差を拡大する資本主義経済の限界が指摘されるなか、「今更聞けないけど、ざっくり説明できるようにしておきたい」ビジネスパーソン必須の政治・経済のシステムです。

排外的な動きが台頭する〝EUのはぐれ者〟ポーランド、ハンガリーなど、国際政治で注目される国の政党について、最新情報を交えながらも、日本企業にも影響がある「根本的な傾向」を検討していきます。

さらに共産党政権下の独裁者の支配を逃れた人々が、なぜか個人の自由より、「強いリーダー」を標榜するポピュリズム政治に魅せられてしまう……。この皮肉な現象を、ルーマニアを例に述べました。

東欧の政党

慣れない民主主義と社会主義の後遺症

社会主義と共産主義はどう違う？

30数年ほど前まで東ヨーロッパの国々は、旧ソビエト社会主義共和国連邦の衛星国でした。

２０２２年からロシアと激しい戦闘を繰り広げているウクライナは、当時はソ連の一共和国。ポーランド、ハンガリー、ルーマニアなども、独立した単一国家といえども旧ソ連の強い影響下にある社会主義国家でした。

では、社会主義国家とはどのようなものか、いまさらながら復習しておきましょう。

資本主義と社会主義、社会民主主義の関係

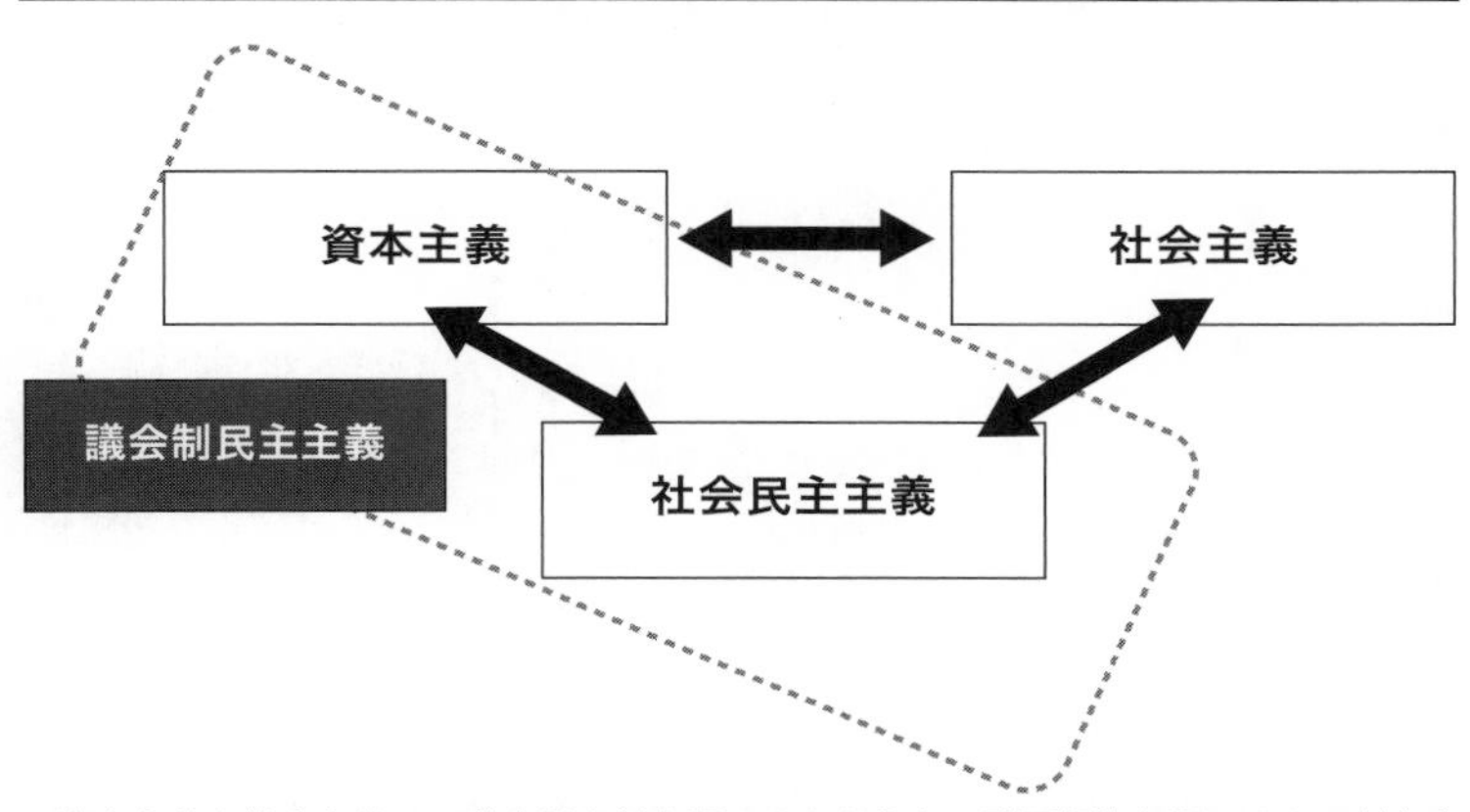

※資本主義と社会主義は、私有財産制を認めるかどうか、計画経済を認めるかで対立する経済思想の概念(諸説あり)、本著では共産主義は共産党という政党名として用いる。社会民主主義は北欧などで見られるハイブリッド型であり、資本主義とは議会制民主主義を採用する点で共通する（諸説あり、社会主義と議会制民主主義が両立するとの見解も存在する)。

第2章で、「君主制を倒して共和制の国をつくった初めての国がフランスで、共和制＝民主主義ではない」と述べました。軍事政権や世襲による独裁政権の国であっても、君主がおらず、元首が市民の代表であれば共和制。逆に君主がいても、日本や英国のように民主主義国もあります。

そして民主主義国家の多くは「経済システム」として資本主義を採用しています。

社会主義国家は、「君主制をやめて共和制になるのはいい。だけど資本主義にしちゃっていいの？」という経済システムへの疑問からスタートしています。

このような疑問から生まれたのが、私有財産制を否定する社会主義でした。社会主義と共産主義との違いはわかりにくいかもしれません。教科書的には、私有財産をなくし国家が財産を管理して計画的に経済を運営するのが社会主義、国家の管理すらも不要であり、皆で管理するのが共産主義という見方があります。共産主義を社会主義の発展版と捉える考え方です。

もっとも、定義や使われ方は、国や時代によってさまざまです。そのため本著では、資本主義に対抗する概念としては、原則的に社会主義を用いて、政党名において共産党という形で記述しています。

東ヨーロッパの政治に未だ残る旧ソ連の影響

社会主義をより突き詰めて、国家として実行しようとしたのが旧ソ連。推進したのは共産党でした。

近年、資本主義の限界が叫ばれ、新たな経済システムが模索される中で、若い世代を中心に新・社会主義を支持する声も上がっています。このような状況で再び脚光を浴びているマルクスの理想の行き着く先は、「真の平等」だったはずです。

しかし、アダム・スミスが説く資本主義の神さまの見えざる手と同様、社会主義システムは万能ではなく、何より切実に求めていた公平な分配すらなされませんでした。

かつてのソ連やルーマニア、現在の中国などを見ればわかる通り、実際には行きすぎた中央集権から一党独裁や独裁政権となり、「市民の共同所有」ではなく、「国の中枢にいる人たち」が富を独占。

「なんだよ、これ。君主制の時代より辛いよ！」と市民は阿鼻叫喚です。

中央集権は経済だけでなく政治と合体しているので、国の意向に逆らう者は、国のド真ん中にいる偉い人にとって都合が悪い。言論は統制され、極端な監視社会となり、出る杭は打たれる前に、こわい薬や車に仕掛けられた爆発物で消されてしまいます。

隣近所や同僚の密告も頻繁ですし、国家機関としての秘密警察も存在したため、反対意見を述べると投獄されるという非人道的な抑圧もありました。

さらに社会主義経済では、働いても働かなくても分配されるお金は同じですから、「それならサボったほうが楽だ。与えられた仕事なんだから、工夫とかサービスはいらないよね？」と、市民のやる気も生産性もダダ下がり。国家は経済的にも機能不全になります。

こうして〝壮大な社会実験〟の結果、１９９１年にソ連は崩壊しました。

現在、北欧で採用されている**社会民主主義は、議会制民主主義を維持したまま社会主義の側**

面を生かした社会を実現しようとする考え方です（諸説あります）。議会制民主主義を採用せず、革命を通じて生まれたソ連のような社会主義とは違います。

ソ連の瓦解後、東ヨーロッパの国々は抑圧の軛（くびき）を解かれて、一気に民主主義・資本主義へと移行しました。歴史的に見ればもともと独立した王国であり、民族も異なる国だったのに、力ずくで「このイデオロギーで行くんだよ！」と、ソ連の傘下に入れられた。それだけに反発は凄まじく、また社会主義体制下での経済的苦境から脱しようという動きが強かったためでしょう。

ところが共産主義から脱して30年あまり経った今、再び東ヨーロッパは揺れています。旧体制の名残の**左派政党**がある一方で、右派ポピュリズムに近い**右派政党が次々と誕生しています。**

では、かなり保守的な右派政権が誕生し、物議を醸している〝EUのはぐれ者ペア〟、ポーランドとハンガリーなどを中心に、各国の政党を見ていきましょう。

ポーランド
移民排斥でも消えないカトリックの慈悲

EUの鬼っ子

ポーランドは議院内閣制で、2015年以来右派政党「**法と正義**（pis）」**が与党でした**。モラヴィエツキ首相の過激な発言から**右派ポピュリズムとも言われる「法と正義」は、伝統的なカトリックの価値観を重視し、2020年には人工妊娠中絶をほぼ禁止。LGBTQを排除する厳しい政策を取り、移民排斥を訴えました。**

ところが2022年、ロシアとの対戦で苦境に陥ったウクライナ人については、開戦早々、国を挙げて支援を表明、150万人以上を受け入れています。

すぐ隣であること、ロシア憎しで共通の敵がいることもありますが、私はこのニュースを聞いて、「カトリックの国というのは困った人を助ける意識が染みついている」と感じました。

残念ながら戦争の長期化による〝支援疲れ〟と、ウクライナ産の廉価な農作物が出回ってポーランドの野菜などが売れなくなってきたことで、風向きは変わってきました。「ウクライナは感謝が足りない」と武器支援をストップし、それに対してゼレンスキー大統領が激怒する場面もありました。

しかし、国の政策としては〝手のひら返し〟であっても、2022年8月の世論調査では84%のポーランド国民がウクライナ難民受け入れを支持していましたから、今後どうなっていくか興味深いところです。

なんと言ってもポーランドは、分割されて国が消滅した悲劇を二度までも味わった国。そこにカトリックが加われば、政治とは別の、「民族としての思い」はあるような気がします。

2023年の政権交代

そして2023年12月に議会はモラヴィエツキ首相に不信任を突きつけ、中道連立野党**「市民連立」**のトゥスク政権が誕生しました。**トゥスク新首相**は元EU大統領、つまりEU寄りの人物です。

今後の展開を見ないといけないわけですが、国民は意外と政権をよく見ている面もあり、勢いよく極論を主張する政党は注目を浴びるものの、中長期的な時代の流れには逆らえず、国民からの厳しい審判を浴びると私は考えています。

首都ワルシャワ、旧市街「白樺通り」から「新市街」（15世紀以前に開発された「旧市街」に対して15世紀に新たに開かれた歴史的市街地）の「聖カシミロ教会」方面

ハンガリー
世界を揺るがす〝EUのはぐれ者〟

性的マイノリティと移民に厳しい強硬政策

〝EUのはぐれ者ペア〟の片割れはハンガリーのオルバーン首相（在任期間、第8代として2010年〜）で、与党**フィデス党**は中道と言いにくくなってきたかなり強めの右派で、右派ポピュリズムとの見方もあります。攻撃的な発言と徹底的な強硬政策は、EU諸国の悩みのタネと言っていいでしょう。ロシア寄りでウクライナのEU加盟に断固反対の姿勢を貫いているのもハンガリーです。

オルバーン政権による「えっ⁉」と疑問符の付く政策はいろいろありますが、まずは言論統制。**「表現の自由？　勝手な発言は許されない」**とメディア法を制定。表現の自由を法で縛るばかりか、首相の友人の実業家が次々と国内メディアを買収。政府に都合の良い情報だけを流す、巨大メディア帝国を築き上げてしまいました。

ＬＧＢＴＱについてもメディアでの描写を禁止、教育機関へのアクセスを制限するなど、**性的マイノリティの権利を制限する法を可決。**人権主義を是とするＥＵは幾度となくハンガリーに厳重抗議、大きな係争案件にもなっていますが馬耳東風。移民についても排斥の立場をとっています。

そんなハンガリーも、ウクライナ難民受け入れには積極的でした。**「ＥＵは難民保護の責任がある」という見地であり、有事のたびに各国に難民受け入れを要請しています。**

しかし過去に遡れば２０１５年には、オルバーン首相はシリア内戦から命からがら逃げてきたシリアの難民を拒絶。それも難民の入口だったセルビアとの国境にフェンスを築くという手段を取り、国際的な非難を浴びていました。

これはつまり、難民を人種によって選別しているということです。ブルガリアのラデフ大統領も、「ウクライナ難

米国のジョージ・W・ブッシュ大統領と（2001年）

民は他の難民と違ってヨーロッパ人だ。教育を受けたちゃんとした人間だ」という趣旨のことを述べて非難されましたが、人道的には大問題発言でしょう。

歴史的誇りとアイデンティティが民族主義政治に影響

ハンガリーはかつてオーストリア・ハンガリー帝国でした。「ヨーロッパの巨大帝国の一部だったプライド」があります。スラブ系民族とは違うというアイデンティティが相まって、愛国精神旺盛な民族主義になる素地はありました。

それだけにソ連衛星国に甘んじることは屈辱だったはずで、だからこそソ連崩壊の兆しにいち早く民主主義選挙を行ったのです。

当時まだ青年だったオルバーン首相は、「打倒、社会主義!」のホープとして民主化に尽力。その頃に結成されたのが現在のフィデス党の前身、フィデス・ハンガリー市民連盟でした。

ハンガリーは議院内閣制で、与党となったフィデス党のオルバーン氏は1998年に首相の座に。第一次政権では民主化まもない国の経済発展に尽力しました。その後、野党への転落を経て、返り咲いた第二次フィデス政権では、〝ハンガリーのトランプ〟というあだ名の右派ポピュリズム的な政党になってしまいました。いったいなぜでしょう?

民主化とEU加盟によって西側の資本主義国との自由競争にさらされた時、社会主義体制で生きてきた国は脆弱です。競争などしたことがないまま、自由さえ奪われた状態で戦後を生きてきたのですから。そういう国が民主化したからと言って、長年競争をしてきた国々が鎬(しのぎ)を削る世界経済市場で勝てるはずがありません。

「あれ？　優秀なハンガリー民族の誇りがあるのに、経済的にはイケてないのかも？」敗北感を味わった時、もとからあった愛国主義が増し、そこに不況に悩む人々が「その通り！」と合意。さらに、「仕事を奪うわかりやすい敵」である移民排斥につながったのかもしれません。

もう一つ付け加えると、ハンガリーはロマや少数民族を排斥してきた歴史もあります。

〝ハンガリーのトランプ〟はプーチンの盟友？

ウクライナ侵攻が終わらない状況下、EUは足並みを揃えてロシアを抑えようとしています。天然ガス輸入禁止などの制裁措置でロシアの収入源を断とうとしているなか、ハンガリーは「それじゃ冬が越せないよ」と早々にロシアと会談し、ガス供給を確保。自由主義経済にチャレンジして「グローバリズムはもう嫌だ」と思ったのか、完全に内向きの保護主義経済に切り替えているのです。

オルバーン政権はポピュリズム政治であり、〝性的・民族的マイノリティ〟以外の、保守的なハンガリーの人々にはとても人気があります。ちなみにプーチン大統領とも、良好な関係を築き、ロシア石油の禁輸に反対を続けています。結果としてロシアから石油を安く輸入して国民の支持に繋げています。

ハンガリーは共産党の一党制だったことの反動から多党制になっており、フィデス党と対抗しうるのは社会党でした。今後、社会党が力を取り戻すのか、あるいは新たな対立政党が出てくるのでしょうか？

他の東欧諸国でも当てはまるのですが、かつての共産党一党支配の爪痕は、今もハンガリー政治の根幹を揺らしています。

ルーマニア
政党混乱に見る独裁政治の爪痕

ポピュリズムの台頭は「社会主義の後遺症」

10年ほど前、視察を兼ねて東欧を旅した際、私はチェコの「共産主義博物館」に足を運びました。全館まるごと「社会主義はいかに駄目なのか」がテーマになっていました。

「とにかく共産主義はけしからん！」と思っている人は、東欧には相当数います。

ＥＵのはぐれ者であるポーランドとハンガリーをクローズアップしましたが、右傾化しているのは、この二国だけではありません。

たとえば「美味しいビールと美しいプラハ」と、日本では新たな観光地として人気の**チェコ**も然りです。

ソ連の崩壊を受けて崩壊したチェコスロバキアの共産党政権。スロバキアとの分裂を経た後も共産党系の政党が議会で一定の議席を有していましたが、2021年の選挙では初めて旧共産党系の政党が議席を失いました。現在は、右派の連立政権になっています。歴史的にドイツと縁が深いこの国にも、右傾の風が吹いています。

東欧の国々が右傾化し、右派ポピュリズム的な政治になっている背景には、**経済的にうまく行っていないこと、移民の増加というヨーロッパ共通の問題がありそう**です。

それに加えて、私が注目しているポイントは2つあります。

ポイントその1は、**社会主義の後遺症**です。東ドイツの項でも述べましたが、今がうまくいっていないと、やたらと昔が美化されるのは一種の憧れであり郷愁でしょう。

旧西側で最も悪名高いリーダーと言える**チャウシェスク**元ルーマニア大統領は、冷戦化で市民に厳しい圧政を強いました。経済政策はことごとく失敗し、債務超過に陥ってしまった当時、市民は困窮、ひどい食糧難に。しかし共産党政権は「人口増加が大切だ！」とむやみやたらに出産を推奨、その結果「こんな世の中じゃ産めない、育てられない」となって、非正規の妊娠中絶と孤児が激増しました。

市民の窮状をよそに、チャウシェスクとその家族、共産党幹部たちは王族貴族のような暮らしを享受していました。秘密警察による監視とメディア統制を徹底した独裁国家でしたから、市民の不満は出口を失って渦巻くばかり。

限界まで膨らんだ市民の怒りが爆発、国との軍事衝突で多数の死傷者が出る「ルーマニア革命」はチャウシェスクの処刑で終結し、１９８９年に民主化しました。


10年ほど前、ルーマニアを視察で訪れた際、私はチャウシェスクの独裁政権についてよく覚えている世代の人たちとディスカッションしてみました。あれほど酷い国から解放された今、彼らは何を考えているのか率直に尋ねてみたのです。ところが、意外な意見が返ってきました。

「資本主義だ、自由だって、『競争だ競争だ！』みたいな今の世の中、自分は嫌だな。昔は確かにひどかったけど、社会主義も、それなりにいいところもあったよ」

「医療も教育も無料だったし、みんな同じような暮らしだったしね」

あくまで個人の意見ではありますが、やっと手にした自由を謳歌していると呑気に思っていた私は衝撃を受けました。チャウシェスクに非道な扱いを受けていた時代にも「いいところがあった」と言ってしまうとは。

今の**ルーマニアは、右派の国民自由党（PNL）と左派の社会民主党が競っています**。この2党は対立したり連立したり、そこに右派ポピュリズムの政党が絡んできたりと、なかなか政局は安定していません。つまり、左派は残っているけれど右派も強くなっているという具合に揺れているのです。

これもおそらく**社会主義体制の「後遺症」なのでしょう。**

経済的にもうまくいっていない現状に満たされない時、郷愁に囚われたある人は社会主義の昔を〝思い出補整〟で美化して左に行き、ある人は「社会主義に代わる強い主張がある」と右にいく。どちらになるかは、政治的判断というよりも感情なので、わかりやすい主張をするポピュリズム政治に支持が集まりがちです。

民主主義の濃淡がポピュリズム政治に影響を与える

ルーマニアの2つ目の注目ポイントとして、**東欧全体として民主主義の伝統が薄いために、政治的に不安定になっていることがあります。**

それでも東ヨーロッパの国の多くは今やＥＵやＮＡＴＯの一員で、ほとんどの国が西側です。同時にロシアにも地理的に非常に近い。過去の遺恨から反ロシアが強くありながら、ハンガリーのように比較的ロシアと外交的に近しい国もあります。

ウクライナ情勢がどうなるか、地球温暖化対策がどうなるか、旧ソ連諸国や東ヨーロッパは国際社会を動かす要因になり得る、重要な国々です。

政治的に安定しておらず、強い政党がない国の場合、パッと出てきた話上手なカリスマ政治家が政党を作ったら？　ポピュリズム政党が国政を握り、強烈な独裁者が誕生するシナリオもゼロとは言えません。右派ポピュリズム政権のハンガリーがＥＵを翻弄しているような状況が、東全体にじわじわと広がる可能性もあるのです。

ポーランドもこれからどうなるか？　ハンガリーやルーマニア、ブルガリア、チェコなど、日本ではあまり馴染みがない国々の現状も、引き続き注目すべきでしょう。

第4章

Nordic

北欧

リベラル志向が強い「大きな政府の小さな国々」

スウェーデン、デンマーク、ノルウェー、フィンランド、アイスランド。面積でも人口でも一番大きいのはスウェーデン。およそ45万㎢に1052万人が暮らしています。一番小さいデンマークは4万㎢に596万人。自然豊かなアイスランドは10万㎢に人口はわずか39万人です。日本が38万㎢に1億2400万人ですから、北欧の国々がいかに小さな国かおわかりでしょう。

小さな北欧は、世界の中でも税率が高い「大きな政府の国」が多い地域。グローバル志向で、環境保全にも積極的で、移民や難民にも比較的寛容でした。高福祉で労働者の権利を保護する、リベラルな社会民主主義を目指す代表たる国々です。英仏露独という列強に囲まれた小さな国々として、「国際協調に留意しつつ、大国に与しない」絶妙な立ち位置を確保してきたのが北欧でした。

第4章では、そんな北欧の国々の政党について見ていきます。どのようにして、スウェーデンはリベラルな国になったのか？　政党の政策は？　ロシアによるウクライナ侵攻で、〝ザ・リベラルの北欧〟に起きている異変とは？　したたかな外交戦略に日本が学ぶことも多そうです。連立が多い政党の役割を、考察していきます。

北欧の政党
社会民主主義と議会制民主主義のハイブリッド

ジェンダー平等でＬＧＢＴＱに寛容な北欧

スウェーデン、デンマーク、ノルウェー、フィンランドの四カ国にアイスランドを入れた北欧は、**社会民主主義国家の代表**とされています。

北欧の国々は、教育、医療、福祉など手厚い公共サービスがあり、高い税率でその財源を確保する——**典型的な大きな政府**です。

労働組合が強く、働く人の権利も手厚く、ワークライフバランスが良好。このあたりが「理想の福祉国家」「働き方のお手本」として、日本でも注目されている理由でしょう。

リベラルの特徴として人権主義の北欧諸国。ジェンダーギャップ指数の〝不動の1位〟は**アイスランド**。その後をノルウェー、フィンランドなど北欧の国々が追います（108ページ参照）。女性の大統領や首相も多い。ノルウェーなど閣僚の過半数が女性ということもあります。

職場で女性が経営者、管理職になるのも当たり前です。逆に言うと、男性の稼ぎをあてにしないということ。

日本の婚活パーティーに出席した経験のある北欧出身の女性が、日本人女性が相手の男性の年収を過度に気にしていたことに驚いていました。「自分の国では、女性が結婚相手の年収を気にすることはあまりない。夫婦で十分な収入を得れば良いから」と。

ＬＧＢＴＱも尊重し、同性婚はもちろん合法。デンマークは１９８９年にいち早く同性カップルの「登録パートナーシップ制度」を導入しています。

トランスジェンダーの性適合手術の議論が日本でも始まっていますが、スウェーデンでは１９７２年に不妊手術を条件に合法化。２０１３年には「不妊手術をしなくてもいいし、未成年であっても自分の性自認に基づいて性適合手術をしていい」と法改正。

安全保障問題や外交政策について言えば、北欧の国々は巧みに、西側陣営と旧東側陣営のバランスをとってきました。

北欧がリベラルになった3つの理由

なぜ北欧がリベラルな国になったか、その理由は**「隣の大国」**と**「自国の小ささ」「温暖化の深刻さ」**にあると考えます。

まずは理由その1「隣の大国」について説明しましょう。

隣の大国の西側は、諍いの連続のヨーロッパです。日本では西ヨーロッパについて、「文化、美食、芸術」などの華やかな印象が強くあります。しかし実際は、宗教戦争、ナポレオン戦争、植民地の覇権争い、二度の世界大戦と、第二次世界大戦以前は戦争がない時期がほとんどない、争いだらけの地域です。

その点、アジアは19世紀後半から20世紀の前半を別にすれば、ずっと戦争ばかりしていたわけではありません。日本は江戸時代の200年以上は戦争をしていませんし、中国の清王朝（17～20世紀初頭）もチベットやベトナムなどとの戦いの他、19世紀半ばまでは大きな戦争は経験していません。

東側の大国はロシアで、フィンランドは第二次世界大戦で領土を旧ソ連に奪われています。

もっと遡れば18世紀初頭の大北方戦争で、スウェーデンはロシアのピョートル大帝に敗れ、王国の力は失墜しました。今のデンマークやノルウェー、ドイツのザクセンも巻き込んだバルト海の覇権を巡る争いで、もしスウェーデンが勝っていたら、歴史はかなり変わっていたと言われています。

結果として勝利したロシアが巨大化し、世界大戦や東西冷戦の時代を迎えた時、北欧の国々は「もう西ヨーロッパにもロシアにも巻き込まれたくない」と考えたのでしょう。

西から一歩引き、東から一歩引き、どちらの影響も受けすぎないように、国際協調路線の絶妙な立ち位置を調整し続けてきたのです。平和賞を含むノーベル賞の授賞式がこれら北欧諸国で行われることも、国際協調路線を体現しているかのようです。

「寄らば大樹」の大樹を選ばないのであれば、**国際社会と協調するのが最良の選択**。グローバルな政策をとり、まさにリベラルな政府となったのです。

理由その2の「小さな国」について言えば、少ない人口は貴重なものですから、出生率を上げたり、生産性を上げるために市民へのサポートも手厚くなります。

たとえば最近日本でもようやく議論が始まった男性の育児休暇ですが、スウェーデンで導入されたのは1974年。とはいえ、取得率が低かったので「育休を取れば税金で還元される」「男女それぞれ8カ月取ること」などの制度改正をして、現在では取得率を大きく引き上げました。

人を大切にするとは人権意識ですから、**労働環境の整備やジェンダーの平等、性的マイノリティへの理解も進みます。**

人口が少なく、他国からの働き手を必要としているため、**移民にも比較的寛容**でした。**日本と韓国を比べて「韓国のほうが世界を向いている」と言われるように、自国の市場が小さい国ほど、利益を求めて外に目を向けることが多いのです。**国際協調路線の北欧の国々は、ビジネスでも積極的なグローバル展開をしています。

理由その3は、「温暖化の深刻さ」。温暖化の影響は、緯度が高い地域の方が深刻であると言われます。**北極圏では、地球全体平均の2・5倍の影響がある**との分析もあります。北欧諸国は、温暖化の影響をより身近に感じてきました。国土の多くが森林に覆われていることも、自然環境への関心を高めたと言えそうです。それらの点から地球温暖化問題などにリベラルな立ち位置になったのです。

このような3つの理由から〝小さな国の大きな政府〟が完成し、リベラルな政党が伝統的に強い、それが北欧だったわけです。

所得税、法人税も高く、消費税はどこの国もだいたい25%ですが、「自分たちの暮らしに還元される」と思えば不満もさほど大きくならない。福祉国家のサポートは「揺り籠から墓場まで」というわけです。

ところが2023年、2024年とフィンランド、スウェーデンのNATO加盟によって、絶妙なバランスをとってきた中立のポジションが揺らぎつつあります。原因は盛んに封じられている通り、ロシアによるウクライナ侵略です。

スウェーデン
政権交代で揺らぐリベラル

手厚い福祉はどこまでも行き渡るのか？

スウェーデンの最大政党は**社民党**。20世紀はほぼほぼ与党と言ってよかった伝統的なリベラル政党です。

「環境保護に配慮し、社会的な平等を実現し、教育や福祉にも力を入れよう」

この政策は私たちがイメージするスウェーデンそのものでしょう。

ところが2022年、僅差でありながら政権交代となり、保守政権が誕生。穏健党、キリスト教民主党、自由党の連立を率いるのは**クリステション穏健党党首**です。

少しひやりとするのは、ネオナチも創立メンバーにいるという**スウェーデン民主党**の存在。政権を担ってはいませんが、議会第二党として連立与党と協力関係となり、存在感を増しつつあります。

私が北欧に行った直近は2018年で、やや時間が経っていますが、街を歩いていると「東欧からの移民が多いな。ホームレスに近い人もいるのかもしれない」という印象を受けました。**そういう人たちを、福祉でどれだけ手助けできるかは、なかなか大きな課題だ**と感じました。

長らく人権主義のスウェーデン社民党が政権を担っていたため、スウェーデンは積極的に難民・移民を受け入れてきました。

「国にいては命の危険にさらされる人を見捨てるわけにはいかない」と、古くはイラン革命の亡命者からユーゴスラビア紛争の避難民、最近ではクルド難民、はたまた近隣国の労働移民も含めて、さまざまな人を受け入れてきたことで知られています。

ただし国の力には限界があり、高福祉なのに無尽蔵に人を受け入れていたら、いくら税金が高くてもパンクします。元からいた人たちの中に、「納税者はこっちなんだから、よそ者に使われたくない」という不満が徐々に膨らむこともあるでしょう。

こうした事情から政策は少しずつ、「誰でも歓迎」というスタンスから「移民は抑制しよう」に傾きつつありました。それでも社民党政権の時代には10万人ものクルド人を受け入れており、人道主義は変わっていなかったのです。

ところが移民の増加は国家の負担ばかりか、社会的軋轢を生んで、徐々に社会問題に。限界が近づいてきていたのも事実でしょう。

NATO加盟と難民支援のバランスは?

2022年から連立政権を率いているウルフ・クリステション首相は**穏健党**党首ですが、名前がUlf(スウェーデン語で狼)だけに、さほど穏健ではなさそうです。

移民には厳しい姿勢を示していますし、何よりNATO加盟に舵を切りました。北欧で一番面積が大きいスウェーデンは、お隣のデンマークやノルウェーが1949年からのNATO設立メンバーなのに対して、「大国の諍いからは距離を置く」と、あえて加入せずに軍事的には中立の立場をとってきました。

それが2022年のロシアによるウクライナ侵攻をきっかけに、フィンランドとスウェーデンが31番目と32番目の加盟国になりました。

大きな要因はロシアによるウクライナ侵攻とはいえ、もしもリベラル的な左派から保守に政権交代していなかったら、NATO加盟は志向したとしても、また異なるシナリオだったかもしれません。**「政党という変数によって国は変わる」**という一例だと思います。

2018年に訪問した際に私が抱いた「大丈夫かな?」という素朴な感想が、現実のものになりつつあります。

フィンランド――複数政党を抱えるロシアの隣国

同じくウクライナ侵攻によりNATO加盟を決めたフィンランド。

リベラルな**社会民主党**と保守の**国民連合党**、中道の**中央党**が三大政党として争い、50年以上にわたりこれら三党から首相を出してきました。ロシアによる脅威の高まりにより今後リベラルな意見が後退する可能性もあるかもしれません。

フィンランドは、ロシアとの1340キロもの国境を抱える国。ロシアの脅威を最も受けてきた国の一つです。フィンランドを代表する作曲家シベリウスの「フィンランディア」には、脅威を感じながらも誇り高き独立を志向するフィンランド人の思考が結実しているように思います。

これまで緩衝材としてNATOには加盟せず、ロシアに配慮してきました。しかし、ロシアのウクライナ侵攻で構図が根底から変わってしまったのです。

第5章

ロシアと旧ソ連

権威主義の伝統

Russia and the former Soviet Union

ウクライナへの侵攻で孤立しつつある大国、ロシア。独裁的な権威主義政治で暴走するプーチン大統領は、かつてのソ連もしくはロシア帝国の復活を夢見ているという報道もあります。ロシアの言論統制や人権を無視した反政府勢力の封じ込めはどう起きたのか？　歴史的・民族的・宗教的理由から、なぜロシアが民主化しないのかも解説します。

民主主義が主流となっている世界で、なぜ権威主義的な政権が許されているのか？　その理解の一助として、権威主義について、今更聞けない基本知識も押さえておきましょう。ロシアの影響を脱して西寄りの道を望むウクライナ、そして〝親ロシアの権威主義政権〟と言われるベラルーシも非常に対照的で理解すべき国・政党です。

旧ソ連および衛星国は、東ヨーロッパだけではありません。第5章では、バルト三国、コーカサス、中央アジアの政党も紹介します。ロシアによるウクライナ侵攻は「西側に付くか、東側に付くか」の選択を周辺国に改めて突きつけるものです。

ＥＵの一員になろうとするジョージアと、権威主義政権で親ロシアのアゼルバイジャン、民主化を目指しながら、国に残るロシア人との軋轢を抱えるバルト三国。共産党系の一党支配が続く中央アジアは宗教的・民族的な課題があります。

全体に人権意識が低いと言われる国々を変える新たな政党は登場するのか？　隣国であり経済安全保障上も重要なロシアとその周辺国。その可能性を含めて見ていきましょう。

ロシアと旧ソ連の政党

権威主義のパワー

ロシアと中国の共通項

本書を執筆している2024年6月現在、社会主義とされる国家は中国、北朝鮮、キューバ、ベトナム、ラオスなどです。

「あれ、ロシアは?」と言えば、ソ連が解体された後、社会主義を離れ、選挙で大統領と議員が選ばれる大統領制の国になりました。

中国とロシアの政治・経済システムの比較

特徴	中国	ロシア
政治体制	社会主義共和国、一党制（中国共産党）	連邦共和制、複数政党制（統一ロシアが支配的）
経済システム	社会主義市場経済、国有企業と私企業の混合	市場経済、国家による重要産業の支配
国際関係と外交政策	米中対立とその対抗としての積極的な外交政策	西側諸国との対立的関係、地域的影響力の強化
社会政策	少子高齢化への対応、一人っ子政策の緩和	ソ連崩壊後の社会的、経済的変動への対応

米国やカナダ、スイスやドイツ同様、連邦を構成する州や共和国にある程度の自治が認められており、フランスと同様に大統領が国家元首で二院制の議会があります。

しかし強権的な権威主義は、社会主義と訣別してもあまり変わっていないと言えそうです。理解しやすいように、よく共通点が指摘される中国と比較してみましょう。

政治システムについて言えば、ロシアが連邦共和国で多党制（下院のみ）なのに対して、中国は野党として他の複数政党が存在するものの、**共産党**が国家機関よりも上位に位置する共和国で、事実上の共産党の一党支配制です。しかし事実上、ロシアも野党からの大統領選挙への立候補自体が難しいなど、プーチン大統領の与党**「統一ロシア」**の一党支配になっています。

経済を見てみると、ロシアは共産主義から脱して市場経済に切り替えましたが、「自由にビジネスをしてもらっていいよ。ただし天然資源とか通信とかテクノロジーとか、重要な産業は国がコントロールします」という、一般企業にとってはかなり自由度の低い自由競争。

中国は社会主義という名目であっても、株式市場が重要な役割を果たすなど市場経済的な制度も採用しています。

しかし、共産党と国営企業の影響力は大きく、近年はアリババなど巨大ＩＴ企業に対して共産党の介入度合いが高まっています。ＡＩの開発などは自由な発想からのイノベーションが不可欠なので、共産党の介入は経済発展にマイナスと私は考えます。

ロシアと中国の共通点を産んでいるのが、**「一党による権威主義」**です。

ロシア

権威主義的伝統が反映された政党制度

大統領候補者になれなかったナワリヌイ氏

ロシアの大統領選挙は6年に一度、国民の直接投票が行われますが、2024年3月の選挙ではプーチン大統領が圧勝しました。

なぜならプーチン大統領の権力が絶大なうえに、背後には権威主義的政党・**統一ロシア**が存在しているためです。大統領選挙に立候補の要件が厳しく、かつ政権側が恣意的に決定するので、他の政党が互角に戦える候補者を擁することは事実上、不可能でした。

プーチン政権に反旗を翻し、戦いを挑んだ人物として真っ先に名前が上がったのは**アレクセイ・ナワリヌイ**氏。

弁護士であり、社会運動家でもあった彼はブログで政権批判を繰り返し、統一ロシア党を「詐欺師と泥棒の政党」と公然と非難したことで、一躍有名になりました。

ナワリヌイ氏は、クレムリンにとって出過ぎた杭。2013年にモスクワ市長選挙出馬を表明すると逮捕され、異例のスピード裁判で有罪判決が下ります。執行猶予中の身でなんとか市長選には出馬したものの、あえなく敗北。彼は「選挙に不正があった」と再選挙を訴えましたが、今度は詐欺罪で逮捕されてしまいます。

それでもナワリヌイ氏が諦めなかったのは、国内外に彼の支持者がいたからでしょう。何度も反政権の大規模デモを主催し、2017年には汚職を告発し、2018年には大統領選の出馬を表明。しかし選挙委員会は、有罪判決を受けた彼の立候補を認めませんでした。

2020年には何者かが仕掛けた毒物によって命を落としかけ、ドイツでの治療で一命を取り留めて帰国したのちに拘束。詐欺罪で執行猶予中にもかかわらずロシアを離れたことが逮捕理由とされました。

その後、刑務所を転々として、2024年2月に死亡が発表されました。西側諸国は、プーチン政権による殺害であると批判したことはよく知られる通りです。

ナワリヌイ氏が世界的に知られる存在であるのは、ロシアではインターネットについては比較的自由に情報発信できるという点が背景にあります。刑務所の中からでも呼びかけることができたのです。この辺りはインターネットが厳しい検閲下に置かれている中国とは大きな違いです。中国では、ナワリヌイ氏のように知られる存在になる前に当局によって（殺されるかどうかは別にしても）活動家としては消されてしまいます。もっとも、ナワリヌイ氏死亡後、ロシアにおいてもインターネットでの反体制的な情報発信について難しくなってきているとの指摘もあります。

プーチン氏との関係で「政党の立ち位置」が決まる

さて、ロシアの政党について見てみましょう。ソ連崩壊後、「共産党の一党独裁」を否定した現在のロシアでは制度的には多党制が導入され、複数の政党が生まれています。

ソ連の社会主義体制が崩れた直後に発足したのが保守と言われる**「自由民主党」**で、民族主義を掲げていました。この政党から出たのが、初代大統領ボリス・エリツィン（任期、1991年～1999年）です。

1993年にソ連共産党の後継である**ロシア連邦共産党**が発足。「共産党時代は良かった」という人々も一定数いるために現在も一定の議席がありますが、対抗する勢いはありません。ロシア自由民主党なども含めて、野党は統一ロシアに及ばないと言っていいでしょう。

もっとも、市長選挙などで連邦共産党候補が統一ロシアの候補に勝利することはありました。なお、ロシア連邦共産党とロシア自由民主党、さらに**「新しい人々」**は、2024年の大統領選挙に候補者を出しています。

そんな統一ロシアは2001年に発足。**「統一」と「祖国・全ロシア」、そして地方に強い「農業党」が一つになった政党**です。

エリツィン政権終盤、当時のロシア市長ら反エリツィン勢力によって祖国・全ロシアという政党が結成され、急伸していました。そして政権内部にいた人々もまた、「エリツィンはもうダメだよ。強い与党が欲しいね」と画策しており、「統一」という政党をつくりました。このような政治的駆け引きが繰り広げられるエリツィン政権で若き首相に抜擢された人物こそ、プーチン現大統領です。

2000年にプーチン氏が大統領に就任。祖国・全ロシアは統一に飲み込まれ、2001年に統一ロシアとなりました。

ソ連時代は共産党の一党支配ですから、レーニンからゴルバチョフまで、トップは全員揃っ

ロシアの政党と反体制派

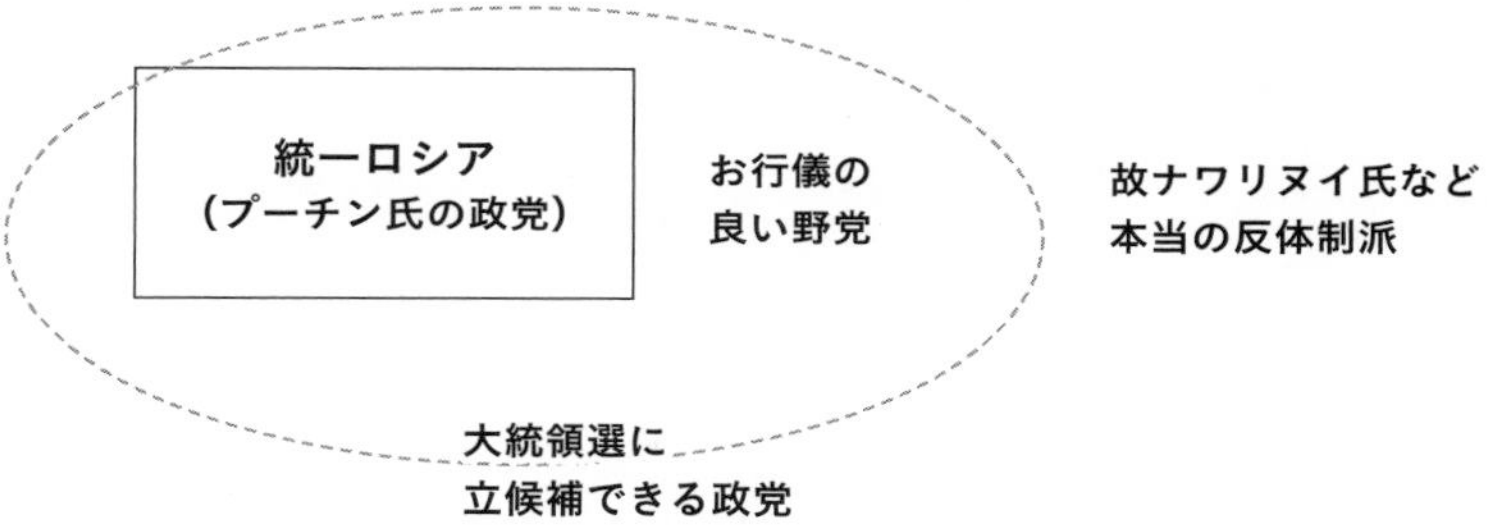

て共産党。ところが多党制のロシア連邦となってからも状況は似たようなもので、エリツィン大統領以外、与党はずっと統一ロシア。大統領は2000年以降は、2008年から2012年を除いて延々とプーチン大統領です。

統一ロシア&プーチン一強のなか、4年間大統領を務めたメドベージェフも統一ロシアの党員で、事実上〝プーチンさんのご指名〟です。しかもその間、プーチンは首相の座にあったのですから、本当に権力を握っていたのは誰だったか、推して知るべしといったところでしょうか。

2024年の大統領選挙では野党も候補者を出しましたが、プーチン氏を批判しないお行儀のよい候補者ばかり。ウクライナ侵攻を批判する候補者は当然ながら立候補が許されませんでした。

そもそも立候補から投票システム、得票数のカウントに至るまで、選挙そのものが公正に行われているかも疑わしい……、ロシアに「プーチン氏に対抗する新たな政党が登場!」というドラマは、なかなか実現しそうにありません。

プーチン大統領はなぜ支持されるのか？

プーチン大統領は、なぜ、これほどまでの長期政権を維持できるのでしょうか？

過去を見てみれば、旧ソ連のゴルバチョフ書記長は、「ペレストロイカの立役者」として日本や西側諸国では評価されていますが、ロシアにおいては「ソ連を崩壊させたとんでもないやつ」という、売国奴に近い存在とみなす人もいます。拘束こそされなかったものの、職を解かれたあとは民族主義者のエリツィン大統領に追い出され、与えられたのは簡素な住まい。要職にあった人物とは思えない粗末な扱いです。

エリツィン政権のおよそ10年間は、国家体制の激変後とあって国内は大混乱。私も当時のモスクワに行きましたが、治安が悪くて街中が暗く、人々はピリピリしていました。ホテルにいても安心できず、地下鉄に乗っていても雰囲気が殺伐としていたのを今もよく覚えています。

エリツィンが追われるように政権を去り、２０００年代にプーチン大統領が誕生すると、資源重視の経済政策をとり、石油や天然ガス、ダイヤモンドといった資源の価格高騰で経済が良くなりました。ロシアによるウクライナ侵攻の中、寒さの厳しいＥＵ諸国が冬の到来に怯えていたのは、ロシア産エネルギーに頼っていたからです。

「エリツィンの混乱時代より暮らしは良くなった」
「プーチン、よくやってくれたな！」

暮らしが潤えば素朴に感謝する市民はいたでしょうし、今もいるでしょう。彼らがプーチン大統領を支持していても何ら不思議はありません。その後のロシアは経済発展していきますから、なおさら人気につながったと言えます。

ロシアは、後述するように、ロマノフ王朝からソ連、さらにソ連崩壊後まで歴史的に強権的な政治が続いてきました。プーチン氏の強権政治もこの系譜に属するものです。

ロシアには、**オリガルヒ**と呼ばれる財閥があります。権威主義的な政府と結託して、暴利をむさぼってきました。しかし、プーチン氏の政治に批判的な言動を行ったオリガルヒのトップは、国外追放や逃亡、殺害などの憂き目にあっています。現在オリガルヒは経済ビジネス的にはともかく、政治的な影響力については限定的と言えそうです。

権威主義ロシアである理由1：強いリーダーを求める皇帝型支配

新たな政党が擁立される気配はなく、プーチン大統領による強権政治には終わりが見えていません。ウクライナ侵攻に陥ってもなお、プーチンについていくロシアの人々。無論、反対勢力もいますが、「プーチンがいい」という人は意外と多いのです。この辺りは、日本や西側のメディアばかりを見ていてはわかりづらい点です。

このように強権政治が続く理由を、プーチン側ではなく「ロシアの歴史や民族性」という視点でも考察してみましょう。

理由その1として、**徹底的に強いリーダーを求める皇帝型支配の気質がある**と私は考えます。日本や西側の価値観から見れば「プーチンは独裁者だ！　けしからん！」となりますが、ロシアには強権的なリーダーを求める歴史的な国民気質があります。

西欧から見ると辺境にあるロシアは、もともと〝北の外れにある後発国〟で〝ヨーロッパの辺境〟とみなされていました。現代の価値観からすると差別的ですが、17世紀頃までのヨーロッパの見方は、まあ、こんなものでした。

さらに非常にたくさんの国に囲まれているという地理的条件もあり、いつ地続きの西欧列強やすぐそばのスウェーデンなど北欧諸国に攻められるかわからないと、外圧に怯えてきたのです。怯えは現実となり、**ナポレオンやナチスに侵略されていますし、ロシア革命後は、「社会主義を倒せ！」と西側諸国と敵対関係になりました。**

厳しい自然環境、他国の脅威など、さまざまな苦難がある風土によって、**「国を崩壊させない強いリーダー」を求める気質が培われたのです。**

実際に近代のソ連・ロシアの歴史を見てみれば、スターリンを典型として権威主義的な政治家が国を司っており、民主主義の西側とは大きく異なることがわかります。

ゴルバチョフ元書記長だけは例外で、西側と友好的でした。しかし彼ですらNATOの東への拡大には批判的。自伝には「NATOなど西側がここまでやると知っていたら、西側とは妥協しなかった」旨が書かれています。(『我が人生　ミハイル・ゴルバチョフ自伝』)

旧ソ連共産党も現在の統一ロシアも**強い政党そのものですし、プーチン大統領はまさに強いリーダー**。良し悪しは別として、ある意味〝ロシアの皇帝型支配の気質に合った統治〟といえます。

権威主義ロシアである理由2：古代ローマのDNA欠如

ロシアが権威主義である理由の2つ目は、古代ローマから西欧では続くDNA欠如——すなわち、西洋的な**「法の支配」の概念が十分でないためだという仮説を私は持っています。**

ロシアや中国のような権威主義国家は、司法の独立性が保たれていません。民主主義の大原則である「法の支配」が機能していない代わりに、権威主義的な政党やリーダーという「パワーの支配」が幅を利かせているのです。

「ヨーロッパの礎はキリスト教と古代ギリシア・ローマ」と言われるなかで、古代ギリシアが文化や芸術、哲学の礎であるなら、**古代ローマは法や実学の礎**です。

法を整備し、道路や水路などインフラを建設した先進性が古代ローマの傑出した点であり、そのDNAはかつて古代ローマ帝国だった西ヨーロッパの国々に脈々と受け継がれています。

ところが地理的理由から、ロシアは**古代ローマの支配を受けませんでした。法やルールが機能しない社会では、公平性が損なわれます。**古代ローマ時代とは直接は関係ないのですが、ロシアの農奴制は、制度自体は19世紀に廃止されたものの、事実上は20世紀まで残っていました。人間を売り買いするなど、人権蹂躙（じゅうりん）どころの話ではありません。

ロシアの圧政下の苦悩や身分の違いから生じる軋轢が、人々の思索を深め、感性を研ぎ澄まし、優れた芸術や哲学・思想を生んだ——これは一面の事実ですが、作品に昇華できたのは限られた人々。一般的な人々は支配者に長い間抑圧されると、無気力になり、諦めてしまいます。「自分は偉い人の言うことを聞く側だ」と刷り込まれる可能性もあります。

そこに強いリーダーを求める背景が合わさって、近代になっても共産党の一党支配による権威主義を受け入れ、現在は統一ロシア、そしてプーチン大統領の強権的な支配を受け入れている……。負の連鎖となっています。

ロシアの政治には、人権意識の低さも指摘されています。統一ロシアは西側諸国のような市場経済をある程度支持している一方、言論弾圧やメディアへの規制が強く、2013年にはLGBTQであると表明することを禁じる「ゲイ・プロパガンダ禁止法」が成立。2023年には「性的マイノリティの自由と権利を求める運動？　そんな奴らは過激派だ」とし、ロシア国内での活動を禁じています。多様性の時代、「古き良き家族主義に回帰しよう」と訴えているのです。

権威主義ロシアである理由3：「ロシア正教会」の影響

3つ目の理由は、**ロシア正教会**の存在です。

ロマノフ朝の帝政時代から、ロシアでは皇帝は正教会を権威付けに使ってきました。ローマ・カトリックと違い、国ごとに正教会が分かれているため、国の政治的権力と結びつきやすかったのです。

プーチン大統領も、**正教会と密接な関係を築くことで、自らの権力基盤を強固にしてきています。**政治的権威のバ

1890年代に撮影された至聖三者セルギイ大修道院（トローイッツェ・セールギエフ大修道院）の光景。ロシア正教会で最も重要な修道院の一つ

ックに宗教的権威をも見せることで、権威主義的な政治がより強化されているのです。

ポスト・プーチンはどうなる?

社会主義の時代から教育費が無償だったこともあり、ロシアの人々の知的レベルは平均的にかなり高い。国の強力な支援によってスポーツでも研究でも飛び抜けて優秀な人が育っており、学問も盛んでした。米国に続き核兵器開発には成功。**宇宙開発は近年まで世界を先導してきました**(ウクライナ侵攻で他国がロシアとの宇宙開発の協力から手を引くといった悪影響が出ているようです)。このところ医療については後塵を拝していますが、ソ連・共産党時代に開発したポリオワクチンは、日本でも使われていたほどでした。

バレエや音楽を学ぶためにロシア留学する人は今も世界中にいて、ショパンコンクールで2位になった反田恭平さんもその一人。ロシアという国そのものは、教育・科学・芸術といった面ではマイナスばかりでないことは指摘しておかねばなりません。

このように「ロシア国民のポテンシャルは高い」と言うと、しばしば「じゃあ、新たなリーダーが現れたら国は180度変わるのか?」という質問を受けます。ロシア専門家ではない個人の意見としてですが、「それは難しい」というのが私の答えです。

抑圧への国民の反発がありながら長期政権を維持してきた背景には、前述した「強権的なリーダーを求める3つの理由」があります。

また、広大で多数の民族を抱え多くの仮想敵国を周辺に持つロシアという国は、「強権的なリーダーでないと**統治できない可能性の高い不安定な国」**です。

そしてロシアの人々には「こんな国は嫌だ」という不満と同じくらい、「強いリーダーが欲しい」という期待もあるのですから、長期政権は崩壊しにくいでしょう。今後新たに、ナワリヌイ氏のような人物が登場したとしても、法の支配が機能しない以上、命か自由のどちらかを奪われて封じ込められてしまいます。

しかし人間には寿命があり、1952年生まれのプーチン大統領は70歳を超えています。「後任によっては変わるのでは？　新たな政党が現れるのでは？」

そんな期待をしつつも、私は「別の政党・別の大統領になっても、またその党・その人の強権政治となり、西側と距離をおく可能性が非常に高い」と感じています。

ロシアと西側諸国では、イデオロギー、価値観、文化的な違いが大きくあります。**西側の民主主義的なものが浸透するのはそう簡単ではないでしょう。**プーチン政権が倒れても、〝第2、第3のプーチン政権〟が誕生する可能性が高いということです。

ウクライナとベラルーシ

両極に分かれた旧ソ連の二国

ウクライナ――ロシア系住民が暮らす東部

旧ソ連の中でロシアと共に把握しておきたい2つの国がウクライナとベラルーシです。

ウクライナは大統領制で議会があり、多党制です。ゼレンスキー大統領の**国民奉仕者党**が議会の過半数を占め単独与党となっています。

この政党は、俳優時代のゼレンスキー氏が大統領役で主演したテレビドラマ「国民の僕（しもべ）」にちなんで名前が付けられています。テレビドラマの人気俳優が、役柄のまま本当に大統領になってしまう背景には、その時々の状況で支持政党がどんどん変化する移り気な国民性・政治風土も影響しているように思います。

かつては、ウクライナ共産党のように旧ソ連時代の遺産を引き継ぐ政党や親ロシアの地域党といった政党が多数であったこともありました。

ウクライナ東部にはロシア系住民も居住しており、親ロシアの住民も多数います。現在は侵攻してロシアの支配下の地域もありますが、ロシア系以外の住民からはロシアの傀儡として反発を受ける状態です。

ゼレンスキー氏

2022年2月のロシアのウクライナ侵攻を受けて、今後長きにわたり親ロシア政党がウクライナ全体で過半数になることはないでしょう。

ベラルーシ――30年独裁状態のルカシェンコ政権

2024年6月現在、ロシアと最も関係が良い、近しい国を挙げるなら、隣接する**ベラルー**

シでしょう。歴史的に見ると旧ソ連時代には**「白ロシア」**と呼ばれた国で、宗教は正教会ですし、公用語はロシア語とベラルーシ語。現在もかなりの親ロシアであり、ロシアのほうも経済支援をするなど緊密な関係を築いています。

政治システムとしては大統領共和制、議会は二院制ですが、政党はあってないようなもの。1994年から30年にわたって国を支配してきた**ルカシェンコ大統領**は、「えっ、政党？ 俺さえいればそんなのいらないよ」とばかりに国を支配しています。彼は無所属ですが、旧ソ連時代は共産党の要職にありました。

ルカシェンコ大統領を西側メディアは**「ヨーロッパ最後の独裁者」**と報じており、〝評判が悪い政治家コンテスト〟をしたら、プーチンと接戦になりそうな人物。ベラルーシ国内にも体制を批判するジャーナリストは存在し、ロマン・プロタセヴィチ氏もその一人でした。

2021年、ギリシャからリトアニアに飛行中のライアン・エアー4978便は、「爆発物が仕掛けられている！」というベラルーシ政府の主張で首都ミンスクに緊急着陸。その便にはプロタセヴィチ氏が搭乗していました。

プロタセヴィチ氏はそのまま逮捕され、報道の自由は奪われました。もちろん、肝心の爆発物については詳細不明。

「さすがにありえない！ 自分が誰かを逮捕したいからと、民間の航空会社と乗客を巻き込むなど許されるわけがない」

Ｇ７外相会議は非難の共同声明を出しましたが、ルカシェンコ大統領はどこ吹く風です。

歯向かうものをことごとく潰す、そんなルカシェンコの流儀が顕著に表れたのは、2020年の大統領選挙でした。

「打倒ルカシェンコ」の有力候補とされた元銀行頭取のビクトル・ババリコは、出馬直前にマネーロンダリング容疑で逮捕。裁判はいきなり最高裁で行われたうえに「控訴はダメ！」という不条理なもので、ババリコ氏は禁錮14年の刑に。

反政権の活動家でYouTuberのセルゲイ・チハノフスキーも人々の支持を集めていましたが、大規模な抗議デモを組織したことで禁錮18年。

その後、大統領選に名乗りをあげたのが、彼の妻、スベトラーナ・チハノフスカヤ。元教師で同時通訳、子育て真っ最中の女性でした。

「ふーん、チハノフスキーの奥さんか。まだ40歳くらいの政治経験もろくにない女だろう。どう考えても俺のライバルにはならん。だから逆にちょうどいいか！　力の差がいくらあっても対立候補がいれば、ちゃんとした民主主義選挙ということになるよね？」

ルカシェンコがそう考えたかどうかは定かではありませんが、チハノフスカヤは立候補まで漕ぎ着けました。しかし結局チハノフスカヤは、「自分はもちろん、まだ幼い二人の子どもの命も危ない」とリトアニアへの脱出を余儀なくされたのです。

この2020年の選挙は〝女性の戦い〟とも言われています。ヴェロニカ・ツェプカロは、やはり大統領選出馬を失格認定により断念した元駐米大使の夫、ヴァレリー・ツェプカロに代わってチハノスカヤ陣営の応援をしていましたが、身の危険を感じてラトビアに亡命。「選挙はルカシェンコ政権延命のための仕組まれたもの。この国を変えなければ！」元音楽家で反政権運動家として絶大な人気を誇るマリア・コレスニコワはそう訴え、ババリコと組んで新政党を立ち上げようとしていました。

ところがコレスニコワもまた、大規模抗議デモが咎められて国外追放となります。国境で逮捕された彼女は服役中に体調を崩し、ＩＣＵで治療を受けているとの報道もありますが、原因や容態は定かではありません。

〝女の戦い〟に関連してルカシェンコ大統領は、女性差別ともとられかねない発言をし、国際的に非難を浴びています。

こうして次々と政敵を追いやったルカシェンコ大統領は80％というあり得ない得票率で再選を果たし、「あからさまな不正が行われた」と西側の主要メディアは報じました。

これほど独裁的なルカシェンコ大統領に牛耳られているベラルーシは、「もしかして、ロシア以上に自由がない?」というほど、**非常に権威主義的**です。新たな政党の誕生が、この状況を打開するのか……。

国のシステムは変わっても同じような抑圧が続くなら、人々は「旧ソ連とどっちがよかったかな?」となるでしょう。

コーカサスとバルト三国

親EUと親ロシアに分かれた国々

コーカサス――民主化した二国と独裁的なアゼルバイジャン

イランの北にある**カスピ海より西側の3つの国**をまとめて「コーカサス」と言いますが、違いは相当に大きなものです。

ジョージアとアルメニアはキリスト教ですが、アゼルバイジャンはトルコ系のイスラム教の国。それだけで宗教的・文化的に大きな違いが出てきますが、政治体制もまた異なります。それぞ

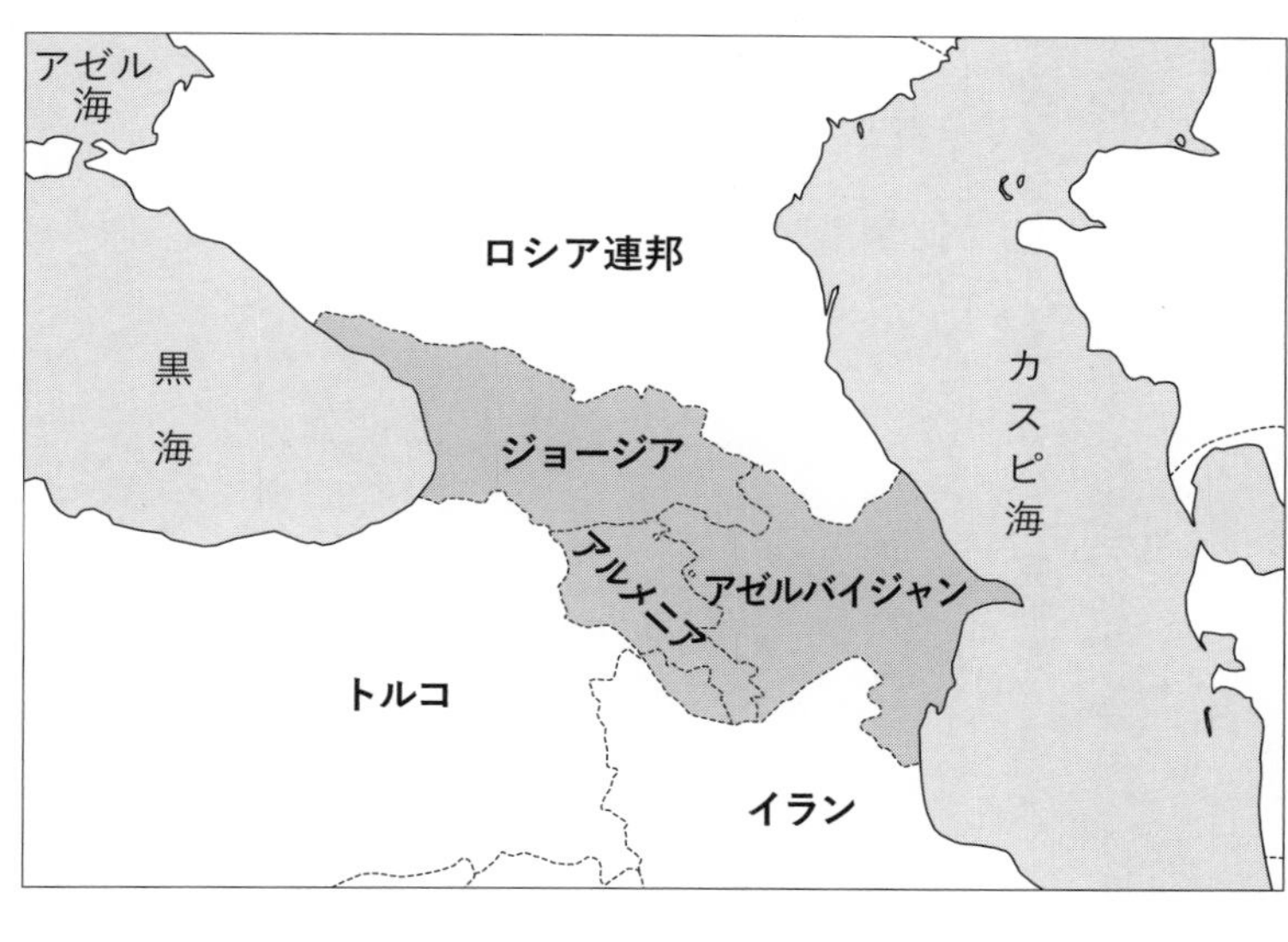

れポイントだけ見ていきましょう。

ジョージアは１９９１年に旧ソ連から独立した際、「グルジア」というロシア語読みの名前を「ジョージア」という英語読みにして国連に登録。それでも日本では、継続してグルジアという国名で呼ばれていましたが、２００８年にロシアと軍事紛争があったことをきっかけに、「ジョージア」と呼ぶようになりました。「ロシアとは訣別したんです。もうグルジアと呼ばないで！」と表明。明確に反ロシアの国です。

政治システムとしては大統領制。国家元首は大統領、一院制の議会があります。現在の主力政党は**「ジョージアの夢」**ですが、政権交代もありうるとされています。

アルメニアもジョージアと同じ政治システム

であり、どちらの国も多党制で選挙が行われているので、この二国は「ロシアの影響から逃れてEUに加盟し、西欧的な民主主義になった国」と言えるでしょう。

コーカサス3国で特徴的なのはアゼルバイジャンで、**イスラム教・シーア派の国**。ちなみに世界のイスラム教の大部分はスンニ派で、シーア派の国はイランなどわずかです。

イスラム教徒が多い国ですが、首都バクーを歩いているとロシア的な毛皮の帽子を被っている人も多く、ロシア語表記も割とあります。ロシアとトルコ・イスラムのハイブリッドのような国です。

アゼルバイジャンでは、**イルハム・アリエフ大統領**が2003年から独裁的な政権を築いています。ちなみに彼は〝旧ソ連初の世襲大統領〟で、父のヘイダル前大統領が病気で倒れた後を継いでその座につきました。

大統領制で一党支配の議会ですから、大統領が国家元首であり行政のトップと、権力が集中しやすい構造になっています。多党制で野党もありますが、事実上はアリエフ大統領が率いる新**アゼルバイジャン党の一党独裁**。選挙があってもいわば信任投票のようなもの。

旧ソ連だった国々はベラルーシやロシアのような長期政権も多く、主権者は絶大な権力を握ったら、なかなか手放さない傾向にあります。

バルト三国――反ロシアだが、EU・NATO加盟に反発する親ロシア政党も

ラトビア、リトアニア、エストニアのバルト三国は、ウクライナの次の次ぐらいに**ロシアの侵略に怯えている地域です。** 2004年にEUとNATOに加盟したのは、旧ソ連から脱したあとの安全保障を切実に求めたためでしょう。

ポーランドとリトアニアの連合国家に支配された時代もありますが、ドイツやロシア帝国に支配されたのち、旧ソ連の衛星国に。ナチス・ドイツに侵攻されたこともあり、歴史的に見てもソ連解体は「ああ！　やっと独立できた」という朗報だったはずです。ロシアへの反発はかなり強いと言えます。

リトアニアの国家元首は直接選挙で選ばれる大統領ですが、行政のトップは首相。

エストニアとラトビアはいずれも議院内閣制で、国家元首は議会で選ばれる大統領。やはり行政のトップは首相となっています。

バルト三国は揃って多党制で、保守、リベラル、中道とさまざまあり、どこかの政党が継続して一強ということもありません。北欧と同じく連立政権がほとんどです。

……こう書くと「バルト三国は特に問題なし」なのですが、長い歴史を通じてロシアの影響を受け、地理的に近接している国々が、この世界情勢で「関係ない」と涼しい顔をしていられるとは考えにくい。

ロシアがＮＡＴＯ加盟国に侵略する可能性は少ないと思いますが、**ラトビア**のように軋轢を抱えている国があります。

第二次世界大戦後、旧ソ連はラトビアを併合する際、かなり非道な手段を用いました。ソ連に飲み込まれまいと抵抗する政治家、資産家、知識人を処刑あるいはシベリア送りにし、代わりに数十万人のロシア人をラトビアに移住させたのです。公用語もラトビア語から無理やりロシア語に変えてしまいました。ロシア系住民はおそらく、旧ソ連時代は強い立場だったことでしょう。

ソ連が崩壊してラトビアは独立を果たしますが、移住してきたロシア人たちは残ったまま。政府は報復とばかりに「ラトビア語を話す者をラトビア人とする」と定めたため、人口比率の26％をしめるロシア系住民は、無国籍者になってしまいました。

ロシア系住民は今もロシア語を話し、ロシア文化で生きています。しかしウクライナ侵攻で、学校教育でもロシア語が禁じられました。

２０２２年の選挙では、それまで支持率が高かった**親ロシア政党「調和」**が惨敗しました。

ロシア系政党の敗退は「ウクライナ侵攻に抗議する」ラトビアという国の姿勢を表していますが、ロシア系住民は依然として親ロシア政党を支持しています。いいえ、迫害されればされるほど、ロシア系住民のロシア系政党支持は強くなるはず。

隣国であるロシアを強く意識した政党がある点は、注目すべきでしょう。今後、ラトビア国内の政党間の争いが代理戦争の様相を呈し、新たな火種となることも十分考えられます。

外国が内政に直接関与しうる、そのような政党があることにもっと注目していくと国際政治の解像度が上がります。

ちなみに2023年に誕生したラトビアの新大統領は、元外相で同性愛者であることを公言していることエドガルス・リンケービッチ。多党制なので連合政権となっていますが、明らかにリベラル寄りの大統領も、この国の行方のキーパーソンとなるかもしれません。

中央アジア——独裁的な政党と政治家が国家を支配

旧ソ連だった国で民主主義的な選挙を実施している国は、EUにも加盟しているバルト三国、そしてEU加盟国ではないもののジョージア、ウクライナあたりだと思います。

しかし「ひょっとしたらロシアよりも権威主義的？」という、ここまで見てきたベラルーシやアゼルバイジャンのような国もありますし、さらに**中央アジアの旧ソ連国家も非常に権威主義的**です。

旧ソ連もしくは衛星国を見ていくと、独立を果たした東ヨーロッパの国々はおおむね親EU。そして、コーカサス、バルト三国、中央アジアの国々は、**親ロシアか親EUかで二極化している**と言えます。

中央アジアの国々は、「みんなスタンで混乱する」という人もいるかもしれませんが、カザフスタン、タジキスタン、トルクメニスタン、ウズベキスタン、そしてキルギスを指します。ちなみにキルギスもかつては「キルギスタン」と呼ばれていました。

民族的にはロシア系住民を除くと概ねトルコ系ですが、タジキスタンだけがイラン系です。

中央アジアに足を運ぶと、私は**「非常に不思議な国」**という印象を受けます。**ロシア的な建築物に、イスラム文化とトルコの雰囲気が混じった、一種独特の雰囲気が漂っています。**タジキスタンだけはイラン系なのでまた異なりますが、**ロシアとヨーロッパとアジア、イスラムが渾然一体**となっている様は、世界でも類を見ないものだと感じます。

中央アジアの人々は、日本人にそっくりのアジア系の容姿の人もいれば、ヨーロッパ系の容姿の人もいます。遠い先祖から混じり合って西欧的な容姿が強く出る人もいれば、ソ連時代にやってきて、そのまま定住しているロシア系の人もいます。

ラトビアほどではないにせよ、多少ロシア系住民との軋轢は残っているかもしれませんが、同じ職場で同僚として働いているのは普通の風景でしょう。

カザフスタンに見られる〝形骸化した民主主義〟

先ほども述べましたが**「中央アジアの国々は、権威主義色が強い傾向にある」**と私はとらえています。

中央アジアでは、キルギスは、ソ連崩壊後いち早く民主化及び市場経済化を軸とした改革路線を打ち出し、1998年に旧ソ連の国では最初にWTOに加盟しました。複数政党制を採用していますが、与野党の対立が野党の大規模な抗議活動に繋がるなど不安定な状況が続いています。

残る4カ国は権威主義的な政治体制のまま。

最大面積の国・カザフスタンも権威主義が行われていると言われています。大統領制で、二院制の議会もあれば政党も複数あり、選挙が行われているので政権交代も可能——こう並べてみれば民主主義そのものですが、かなり形式的なもののようです。実態は限りなく一党制に近く、長年**「ヌル・オタン（輝ける祖国）」**という政党が不動の与党となっています（現在は「アマナト」に改名）。なんと29年も政権を握っていた前大統領ヌルスルタン・ナザルバエフは、旧ソ連時代のカザフスタンのトップ。なんのことはない、国が変わっても同じ政治家が続投したということです。

2019年、もはや80近い彼に代わり新大統領となったのが、カシム゠ジョマルト・トカエフ。「おっ、いよいよ新しい風が？」と言えばそういうわけでもなく、新大統領は旧ソ連では外務省にいた66歳、政党は同じくヌル・オタンです。

トカエフ大統領は〝ソ連共産党の有望株〟として北京に留学経験もあり、大統領就任時にはプーチン大統領から祝辞が届いたというのですから、カザフスタンに新風は吹かなかったとい

カシム＝ジョマルト・トカエフ（写真、左）。2013年にロシア連邦外務大臣セルゲイ・ラブロフ、アメリカ合衆国国務長官ジョン・フォーブス・ケリーと。

うこと。「無風状態」は波乱のないことを指しますが、一党独裁による無風は、風通しの悪さで内部を腐敗させる危険があります。

いろいろなものが混じり合っている中央アジアはイスラム教徒が多く、**歴史的経緯をみると西洋とずいぶん違った文化、価値観を持っています。**傀儡政権とまでは言いませんが、ロシアと緊密な関係を持つ独裁的な政権が目につく中央アジアは、この世界情勢の激動の中でどう出るのか。

広大な領土に対して人口は少なく、経済的にもこれからの国々ですが、石油、天然ガス、ウラン、レアメタルなど豊富な天然資源があります。親ロシアの国が多く、プーチン大統領の中では〝手持ちのカード〟としてカウントされていることは想像に難くありません。

第6章

中国とアジア

China and Asia

非西欧型政治を模索する国々

中国において「共産党の一党独裁はどのようなものか?」これは、突き詰めるとなかなかに複雑なのですが、何事も本音（共産党支配）と建前（形式的な組織運営）の〝二重構造〟になっているのが、わかりにくさの一因。詳しい分析は専門書に譲るとして、押さえておきたい知識だけをまとめました。

その他アジアは、東・東南・南アジアで特徴が分かれています。日本も含めた東アジアは、歴史的・文化的に中国の影響がかなり強い国。中国・北朝鮮は非民主的な権威主義国、日本と韓国はもちろん民主主義国です。そんな中で独自路線を歩む台湾の政党の政策次第で、日本の経済安全保障が大きな影響を受け、また世界が大きく変動しうるのが今の情勢です。

11カ国ある東南アジアは社会主義国も含まれ、中国の影響もあります。ミャンマー、ラオス、ベトナム、カンボジアは、君主制かどうか、共産党の影響が強いかなど政治システムは違えども、どこも権威主義体制（2024年6月現在）。インドネシア、タイ、フィリピンは〝有名政治家一家〟がいて、世襲の影響が大きい政党が存在します。タイについては政治に介入する君主制が存在することが、政党にも大きな影響を与えています。

7カ国ある南アジアは、中国というよりインド文化圏。まだまだ政情不安定で、軍主導の政党があります。世界第1位の人口大国・インド。政党にも民族・宗教・言語、カースト制の影響が見られます。インドの政党を理解することは、インド社会を理解することに繋がり、同地でのビジネス展開にも役立つでしょう。いずれの国々も西欧型とは違った政治を模索しているようにも見えます。

中国とアジアの政党

「家」の影響で民主化しない政党

独裁的な権威主義国家・中国

中央アジアの五国がロシアの影響を受けているなら、東アジア、東南アジアの広範におよぶ各国は、良くも悪くも中国の影響を受けています。

こう聞いても日本人なら、特に感慨は持たないでしょう。

「ふーん、漢字といい、アジアはなんだかんだ中国文化圏ですからね。最近は中国が経済大国

中国における共産党と国家の体制の関係

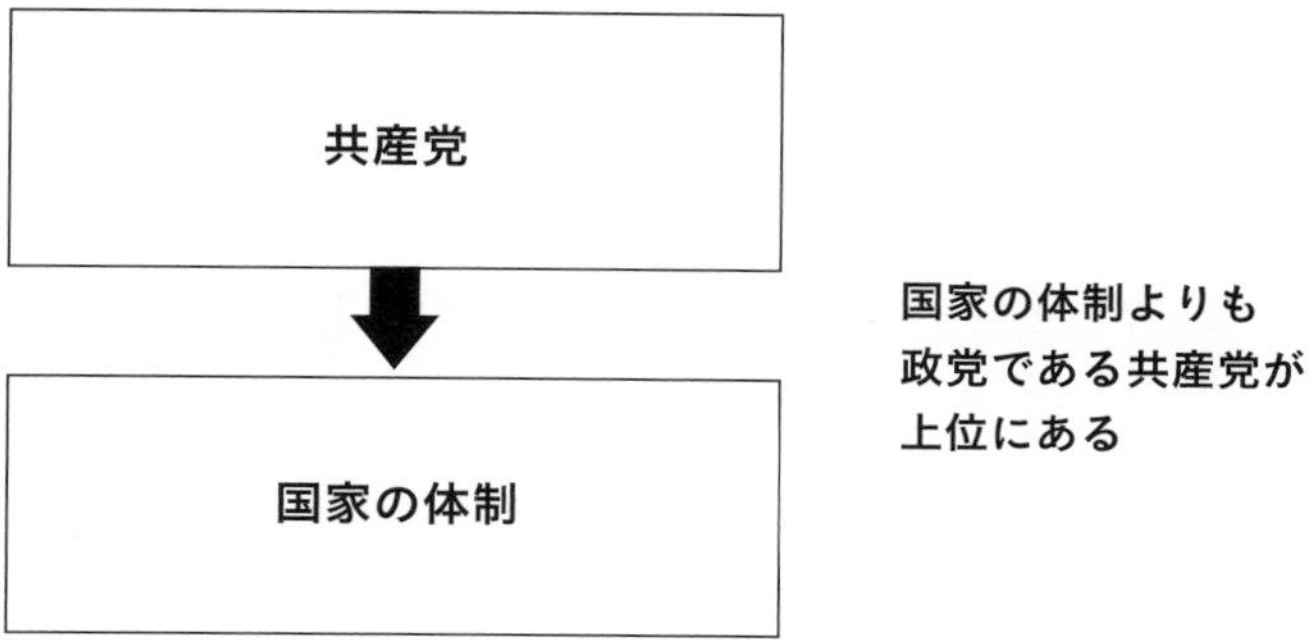

共産党

↓

国家の体制

国家の体制よりも
政党である共産党が
上位にある

になったし」と、当然の事実として受け止めるはずです。

しかし中国の政治システムを見れば、この国の影響力の増大がいかに周辺に政治的不安定をもたらすかが見えてきます。

前章で述べた通り、ロシアと中国の共通点は「指導者や党による非民主的な権威主義政治」です。世界の多くの国々に事実上の一党支配はあります。ところが中国は、共産党支配が憲法で明文化されています。

つまり、中国の憲法は国家の体制に対して**「共産党が指導する」と定めているのです。**すなわち**「一つの政党が絶対的権力を持つ」と憲法で規定しているのと同じ。**改めて考えると中国という国は、少なくとも法制度的には、ロシアとは桁違いの一党支配国家と言えるでしょう。

北朝鮮は「朝鮮労働党の指導下にすべての活動を進める」と憲法で定めていますが、中国もそれと同じ。北朝鮮と違って中国には共産党以外の小さな政党も存在しますが、**それらの政党も「共産党の指導に従う」とされています。**

米国の民主党と共和党のライバル関係に象徴されるように、与党に拮抗する野党の存在があるからこそ、政権の暴走が食い止められます。市民の支持を失えば選挙によって政権交代が行なわれるから、腐敗を防いで民意を反映することができるのです。

しかし、野党があっても「共産党の支配に従う」と憲法で決まっていたら、それは果たして野党と言えるのでしょうか？　日本の立憲民主党や日本維新の会などの政党の見解が「何かあった場合は自民党の指示に従う」と定められているのと同じなのですから。

法治国家とすら言えないルールがまかり通っている中国には、いわゆる〝民主主義国家の政治的常識〟がそもそも通用しないと考えておいたほうがいいでしょう。

東アジアには、中国、モンゴル、韓国、北朝鮮、日本、そして台湾を国とカウントするなら6カ国あるわけですが、前述の通り歴史的・文化的にも、経済的にも中国と緊密な関係にあります。そして共産党政権が「統一中国」を宣言している以上、いつ台湾海峡を巡る緊迫化が起きてもおかしくはありませんし、日本企業のサプライチェーンはいつ止まっても不思議ではありません。東アジアの政治情勢を「当事者」としてもう少し注視してもいいのではないでしょうか。

過競争・超学歴社会の原因は儒教にあり？

さて、東アジアの政党を見ていくうえで注目すべき一つは、中国が産んだ儒教です。そこから家父長制が生まれ、その影響は東アジアの各国の政治や政党にも及んでいると私は考えます。

年齢や経験を重視し年上を敬う儒教の精神は、日本の当選回数重視の政治家の上下関係に影響を与えているといえそうです。

ちなみに儒教とは孔子による思想とも哲学とも言われ、中国から東アジアに広がりました。「仁・義・礼・智・忠・信・孝・悌」は人の生きる道を説いた道徳ですが、忠（組織の上下関係）や孝（親子関係）が、家父長制や年功序列の価値観につながって根深く定着しています。

台湾がいち早く同性婚を認めたのは、おそらく**日本や朝鮮半島に比べて儒教の影響が小さいためという仮説を私は持っています。**台湾が漢民族の支配下となったのは清の途中ぐらいからと、比較的新しいので、日本や韓国ほど儒教の影響を受けていません。

学歴重視というのも中国と東アジアの特徴です。

「中韓は大学入試で人生が決まる」と言われるのは、長く続いた科挙の影響もあります。隋では、広い国土から選りすぐった人材を官僚にするために「科挙」という超難関テストを導入しました。朝鮮もこれに倣って科挙を始め、10世紀から19世紀まで長きにわたって「ものすごーく難しい入試」に受からなければ、出世の道は閉ざされていました。科目は多岐に渡りますが、儒教の教えをまとめたもの、すなわち「論語」の理解は必須でした。

韓国の場合、今も学歴で出世できるかどうか決まってしまううえに、高学歴者を中心に採用する巨大財閥も存在するため、過競争の格差社会と言われます。ノ・ムヒョン氏は苦学して高卒で司法試験に受かった人物ですが、他の大統領は韓国の大学トップ3と言われるSKY（ソウル大、高麗大、延世大）出身者や、それに準じる一流大学出身者がほとんどです。

ジェンダーギャップ指数、年功序列の政治姿勢、学歴と過競争社会。中韓のこれらの特徴が儒教と科挙の影響である可能性があるのなら、日本も無縁ではありません。

歴史的・文化的に完全に染み付いていると〝無意識のバイアス〟になることもしばしば。個人の自由と人権意識が重要視されるこれからの時代に、古い意識が残っていないかを振り返る意味でも再確認するといいでしょう。

東アジアは実力主義！

東アジアの儒教に基づく学歴重視は、見方を変えると実力重視とも言えます。

中国にも「親が有力者なら子どもも出世する」ということはありますが、科挙の伝統からわかるように、「親ガチャに外れたらアウト」というわけではありません。もっとも、実際に科挙に合格するためには、実家がある程度豊かでないと、勉強を続けること自体難しいでしょう。

韓国のパク・クネ大統領は〝二世大統領〟ですが、父親のパク・チョンヒが暗殺されてから30年以上経ってからの就任で、しかも大統領罷免後は有罪判決まで受けて〝家柄カード〟は、必ずしも強くない。

中国や韓国では、たとえ名門出身でなくても抜きん出た賢い人にはチャンスがあるから、子どもに猛烈に勉強させます。世界に散らばった華僑には子どもの教育に熱心な〝タイガーマザー〟が多いのはよく知られていて、米国名門大学は「放っておけば中国系の学生だらけになってしまう」と言っているほどです。

このあたりを見ていくと、民主主義とはやはり西から来たのものだと改めて感じます。

「人間は基本的に平等で対等だ」という古代ギリシア・ローマの価値観から、選挙や民主主義

が誕生したわけです。

もちろん平等なのはローマ市民であり、奴隷など全員に選挙権があったわけではありません。しかしローマ皇帝でさえ普通の公衆浴場を利用していたそうですから、権威者であっても距離が近い！　平安時代の京都は公衆浴場の習慣自体なかったようですが、仮に銭湯があったとしても、天皇や藤原氏などの貴族が庶民と裸のお付き合い、ということは絶対になかったでしょう。

中国にしても皇帝は神に近い存在で、高くデコラティブな椅子に座っている姿は遥か遠くの点のようにしか見えず、「ワンスイ！　ワンスイ！（万歳、万歳）」と崇めるのがせいぜいだったはず。オスマン帝国のスルタンも遠い存在だと思います。

階級制度がガッチリあって、男性優位で年功序列も強く、人間と人間の平等性、対等性が薄い。この文化に民主主義を導入するのは、なかなか大変です。アジアの国々は非西欧型の政治を模索しているようにも見えます。

国内政治の集合が国際政治だとすれば、今の世界は民主主義政治で動いています。そこにどうやってアジアの国々が参加していくかは、政党にかかっています。

中国

共産党がすべてに優越する〝二重構造〟の政治

中国の政治システム1 「全人代」

ニュースで報じられる習近平の肩書は**「総書記」**のこともあれば**「国家主席」**のこともあります。果たしてどちらが正しいのか——正解は「どちらも正しい」なのです。

国家主席は英語にするとPresidentなのに、「国家主席＝最高権力者」ではありません。そこに中国の政治システムの二重構造とも言える本音と建前の複雑さがあります。

「中国の政治システム＝共産党のシステム」が実情なのですが、最高権力機関で立法機関は共産党とは別の**全国人民代表大会（全人代）**となっています。共産党とは別のシステムなので、さらっと押さえておきましょう。

全人代のメンバーを選出するためにまず行われるのが、地方自治体レベルの地方人民代表大会。直接選挙となっており、18歳以上なら誰でも投票できます。候補者は必ずしも共産党員である必要はありませんが、過半数は共産党員です。

全国規模の全人代は、5年に一度の間接選挙。すなわち、直接選挙で市民に選ばれた地方の人民代表が投票するのですが、全国の候補者ともなれば念入りに共産党が吟味した人物に限られています。

こうして選ばれた全人代の構成メンバーは中国の政府関係者、軍人、経営者から学者まで幅広く、3000人近くにもおよびます。毎年3月に共産党や各界代表者が集まる中国人民政治協商会議と同時期に北京にて開催されます。この時期には全国から集まった代表者で北京のホテルは大混雑するのです。

「全人代は最高権力機関であり、立法機関であり、**国家主席**を選出し、国家予算や政策を決定する」――こう書くと、「じゃあ、全人代は国会みたいなもの？」と思うかもしれません。形式上はその通りです。「全人代」が国会のようなもので、ここから選出される**「国務院」**が行政を担う政府で、国務院を主宰するのが首相です。「国務委員」が首相を補佐するいわば閣僚です。

中国共産党の統治体制

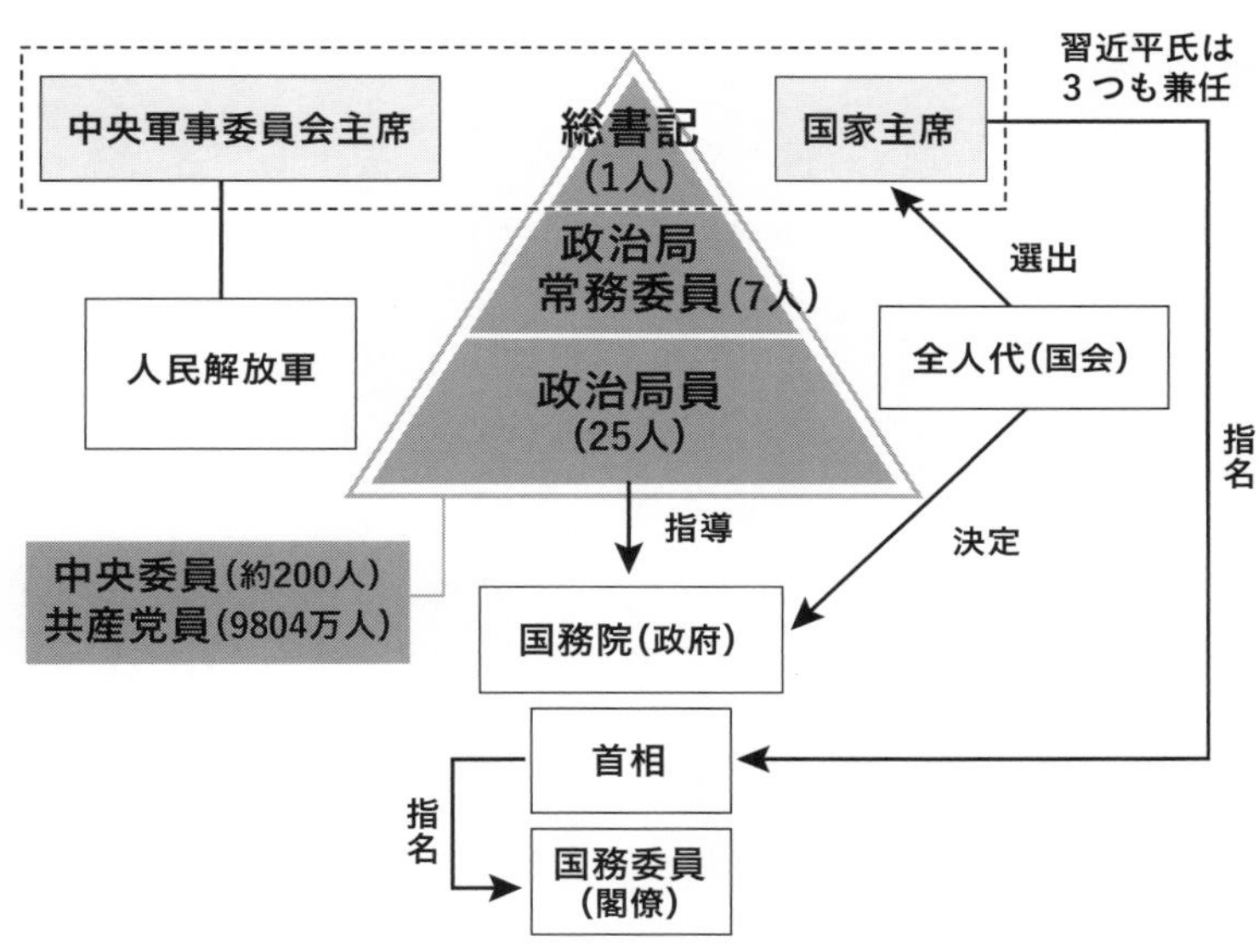

しかし、中国の政治システムでややこしいのは、国務委員は全人代(国会)の代表というわけではなく、共産党の指導を受けること。共産党が事実上、支配しているのです。国会たる全人代で自由な討議が行われることはなく、議案を提出することもできません。立法も国家主席の選出も政策決定も軍事戦略も、すべて共産党の意向で決まります。

さらに全人代で選ばれる**「国家主席」**は、国家元首ですが、空席だったこともあるポスト。事実上の国の最高権力者は、共産党中央委員会の総書記なのです。

「国家元首のポジションが空洞なんて

よくない！」と思ったのかどうか、江沢民（１９２６年〜２０２２年）と習近平は国家主席であり共産党総書記。ついでに言うと**中央軍事委員会主席**も兼務。つまり「ぜーんぶ私がやるので、ご安心を」とばかりに、絶大な国家権力を掌握していることになります。

中国の政治システム２「共産党中央委員会」

さて、実際に国を動かしている共産党は、５年に一度「党大会」を開催。政治の中枢である「共産党中央委員会」のメンバーおよそ２００名を決める〝共産党の選挙〟です。

中央委員会は党大会のすぐ後に〝共産党のトップであり国の内閣〟の役割である25人ほどの**政治局員**、その上のレイヤーである7人の**政治局常務委員**で、総書記を決める会議を行います。その翌年に開かれる「全国人民代表会議」で国家主席が選出される――いやいや、事実上すでに決まっていて〝出来レースでシャンシャンシャン〟なわけですが――というプロトコルになっています。

２０１８年の憲法改正は、世界に衝撃を与えました。「常務委員は67歳が定年、総書記は２期まで」となっていたものの、「憲法を含むすべてのルールは事実上共産党の思いのまま」ですから、習近平総書記は在任中に「２期制をやめましょう」と改正。総書記の座を守ったばかりか、側近で固めた常務委員の定年も事実上〝なし〟になりました。

さらに2022年には、世界中が注目する中で、前総書記の胡錦濤が腕をつかまれて退場するという衝撃的なシーンもありました。

中国は儒教の国です。私も「何だかんだ言いつつも年上を尊重する文化が今でもある」と思っていただけに強い衝撃を受けました。健康上の理由と発表されましたが、「いや、無理矢理連れ出されたのだ」という意見もあり、真相は明らかにされていません。


現在の常務委員会は習近平総書記を含む7名で構成されており、この**常務委員会の多数決で軍事、外交、内政など中国の全てが決まります**。前述した国務院は、共産党常務委員会の指示に従って行政を行うというイメージです。

「常務委員会ねえ。3期目の習政権以降はメンバーは全員、彼の元部下みたいな人。そういうメンツでニュートラルな多数決になるわけがない」

これが一般的な評価だと思います。しかし、合議制になっているという意味では、**常務委員には意味がある**と私は思っています。ロシアの「全てはプーチン大統領の頭の中」という独裁状態と比較すれば、少なくとも仕組みとしては極端なことが起きにくいと考えるためです。

野党は民主党派

共産党がこれほど絶大な力を持っているものの、**中国には野党もあります**。一党独裁が実態でも、表面的には多党制ということです。

野党はまとめて**「民主党派」**と呼ばれており、多くが中華人民共和国の建国当初からある政党です。すべて共産党の指導のもとで政党活動を行なっているため、〝野党〟と言えるかどうかは微妙です。

野党のいかにも中国らしい面白い政党として、**台湾民主同盟**があります。第二次世界大戦後の中国では、現在の共産党と国民党が激しい内戦を繰り広げ、蔣介石率いる国民党が敗れて1949年に中華民国（台湾）をつくった――この国民党の残党とも言える台湾系の人たちの政党を、共産党はあえて認めているのです。台湾も中国の一部だということでわざわざ認めているのでしょう。

台湾民主同盟を含めた野党は、共産党政権が成立する1949年以前から存在していました。国民党との激しい内戦の際に、共産党に協力したことで共産党成立後も存在しています。共産党の統治の正当性と独裁ではないことを内外にアピールするために、これらの野党が存在しているといえそうです。

政府のポジションより重要な共産党のポジション

「中国の政治家の序列は、何よりも共産党の序列なのだ」

改めて私が思ったのは、2023年7月。女性スキャンダルが報じられた秦剛外相が1カ月ほど公の場に姿を現さず、病気なのか軟禁されたのか、さまざまな噂が飛び交った時のことです。

中国では「外交部部長」と呼ばれる外務大臣といえば、どこの国でも最重要と言えるポジション。行方不明というのは大問題になってもおかしくないはずです。それなのに中国では、**王毅前外務大臣**が何事もないかのように代行を務めていました。

キャリア外交官だった秦剛は習近平の抜擢で駐米大使を経て外相になりましたが、共産党でのポジションは中央委員止まり。共産党の序列で言うと政治局員ですらない下っ端です。かたや外相を退いてから共産党の政治局局員になった王毅は、断然格上。中国の政治においては、政府でのポジションより**共産党内のタイトルが重要で、「共産党で偉い人＝国でも偉い人」**となります。

ちなみに**外交の世界はカウンターパートが重要で、同じ序列の人間が会わないなら訪問しない、迎えない**という暗黙のルールがあります。たとえば2023年に米国のブリンケン国務長官が訪中した際、政治局員であるカウンターパートの王毅前外相が出迎えました。習近平総書記との会談もあったのは「米国を重視しています」というメッセージです。

ところが同年、日本の林外務大臣の訪中で対面したのは秦剛外相。ポジションは同じ〝外務大臣同士〟で、形式的にはカウンターパートになりますが実質的には格下、政治局員の王毅には出迎えられなかった――あの時期の中国にとって、日本はそんな存在だったということかもしれません。

二重構造でわかりにくい中国政治のさらにややこしいところは、政治家と官僚の線引きが曖昧な点です。

日本では「選挙で選ばれた政治家」と、「試験を受けて公務員になった官僚」は明らかに別です。たとえば外務省であれば、大臣、副大臣、政務官は政治家で、その外の人たちは公務員と線引きされていますが（たまに民間登用の大臣もいますが）、中国はそこが不明。

秦剛外相は選挙というものを一回も経験しないまま、国務院の公務員から外務大臣になりました。一方、共産党の全人代で選ばれた王毅前外相は、「国務院の外相」の座を退いてからも、依然として共産党政治局の〝外交担当〟のまま。彼は「国務院（政府）の外務大臣よりも偉い、共産党政治局の外務担当者」という二重構造になっています。
共産党員でなくても閣僚になった人はいるといいますが、その活躍にはおそらく限界はあります。さらに上の政府高官を目指すなら、中国では共産党員であることが必須でしょう。

政府、企業、学校――隅から隅まで、骨の髄まで共産党

中国と取引のあるビジネスパーソンのために書き添えると、「この人はキーパーソンかどうか」を見分けるには、ビジネスの肩書きより共産党の肩書のほうを見ることが大切です。**大学の学長よりも、大学内の共産党委員会の書記のほうが偉かったりします。**企業で、名刺を交換して「董事長」とあったら、「ああ、この人が代表取締役か。この人が偉くて話の決定権もこの人にある」と思いますが、その**社内の共産党委員会の上位の人のほうが実質的には偉かったりします。**

中国は、骨の髄まで共産党。ありとあらゆる組織に入っており、その組織のヒエラルキーとは別にすべてを司っているのです。

絶大な権力ですが、党員数は2022年末で9804万人ほどと言われており、**14億の人口の6%ぐらいの割合です。**

もちろんその数%には優秀な人が多くいます。**党員でない人が普通に大学を出て就職し、な**

かなか優秀だとなれば、「党に入らない？」と勧誘されます。これは「党に入れば出世できるよ」というメッセージでもあるわけです。

「アリババの創業者、ジャック・マーも共産党員だ」

このニュースが出た時は衝撃でしたが、成功した起業家が共産党員であっても何ら不思議はありません。本当の思想はよくわかりませんが、「この国でビジネスをするには必須だ」と冷静に判断しただけかもしれません。

さらに習近平その人も、本当の共産主義者ではないという説もあります。故人となった安倍晋三元首相は、習近平と会談した際の彼の言葉として著書『安倍晋三回顧録』にこんなことを綴っています。

「自分がもし米国に生まれていたら、米国の共産党には入らないだろう。民主党か共和党に入党する」

私もここを非常に興味深く読みましたが、確かに中国は「共産党」と言いながら、やっていることはほとんど資本主義です。政治にしても経済にしても二重構造、ダブルスタンダードが随所に見られ、「一枚カードを捲（めく）ると必ず共産党が出てくる」というのが中国の特徴なのかもしれません。

中国共産党の経済政策も、世界で注目されています。伝統的には華僑という存在があり、若い起業家には国外に出て行く人もたくさんいますが、必ずしも**グローバル志向が強いとは言えません**。なぜなら中国が積極的に移民を受け入れている様子はなく、人口規模からすると少なすぎると言えるでしょう。その理由として、**国内市場が巨大なのと、（漢字文化圏を除くと）海外から移民した人にとって言葉や文化のハンディが大きい**ことが挙げられます。

その点、韓国は国内市場の小ささから強いグローバル志向。また、インドやアフリカは文化や言葉、自己主張のスタイルや社交の場での身の処し方など、植民国であった欧州の影響が比較的強く、欧州の言語ができる人を中心にグローバルにやっていけるポテンシャルが高い。それに比べると、中国や日本はグローバル志向になりにくいと私は感じています。

逆に言うと、**日本と中国は文化やコミュニケーションスタイルがよく似ているので、実は仲良くなりやすい**。しかし、日本と中国が近づき過ぎることは、たとえ民間レベルでも、米国にとっては避けたいシナリオです。米中経済のデカップリングが進んだ今となっては、日本と中国が手を結んでは脅威となってしまう。米国は中国が覇権を取る世界は何が何でも牽制したいはずです。

「敵の敵は味方」とばかりにロシアと中国はコネクションがありますし、フランスのマクロン大統領のように西側首脳の中ではやや中国寄りの発言をする人もいます。ただし老獪なヨーロッパの政治家が「米国か中国か」の単純な二択でばかり考えるはずがありません。

世界の心理をよそに、中国共産党——いや、習近平総書記の野望は大きく広がっています。たとえばアフリカへの本格進出は2000年ぐらいからで、エチオピアの首都アディスアベバにある〝アフリカ版EU〟ことアフリカ連合（AU）本部のオフィスは、中国が出資したものです。私も現地を訪問しましたが、聳（そび）え立つ荘厳な建物は中国のアフリカへのコミットメントを象徴しているようです。

「山中さん、見てくださいよ。この辺りにニョキニョキできた超高層ビルは、全部中国資本ですよ」

あるアフリカの国を訪れた際、日本大使館の人から聞きました。〝経済政策として日本が今更参入する余地はない〟という意味だったのか、単なる世間話なのかはわかりませんが、中国の野望の〝本気度〟は体感できました。

ロシアと共通する野望「尊敬される大国であるべし」

今の中国とロシアの共通点は、「大国でありたい」という強烈な思いです。ロシアは冷戦時代の一陣営の大国としてソ連時代に力を誇りましたし、中華思想を持つ中国は長年、朝貢貿易のようなかたちで、他の周辺国を格下に置くアジアの覇者でした。

ロシアは経済的には苦戦していますが、中国は世界の経済大国であり、「世界中から尊敬され、朝貢貿易における皇帝のようにハハーッと頭を下げられる国にしたい」と習近平総書記は考えているでしょう。

国内に関しては、中国もロシアと同じく**国土が広大で多様な民族を抱え人口も多いので、ある程度強権的でないと統治できません。**歴史的にみても、戦乱や分裂の時代も経験し、ウイグルやチベットなど西部地域を掌握しなかった時代もあるとはいえ、秦の始皇帝時代以降は、分裂の時代を何回も含みながらも皇帝の絶対的権力のもと統治される国でした。皇帝に従ってきた国の伝統は、権威主義的な支配を受け入れやすい国民性を育んだのではないでしょうか。

今や**経済的発展によって、農村部を含めた中国人の多数は「親の時代より良くなった」と実感しています。**「子どもの時代はもっと良くなるかもしれない」という期待があれば、「共産党に任せておけばいい」と思っても何ら不思議はありません。中国の専門家の中には、エリートや富裕層は別として、一般大衆の共産党への支持は意外と高いのではないかという見方があります。

一方で、チベットやウイグルのように抑圧されている民族がいる地域では、共産党から派遣される漢民族の官僚には強い反発もあり、独立の志もあるでしょう。

私たちは、「ウイグル問題は人権侵害だし、香港の女性活動家が逮捕されたりしている。そういうニュースを見たら共産党を非難する人が中国国内にいるのではないか」と思うかもしれません。実際に批判的な人もいるでしょう。

それでも、中国は隅から隅まで、骨の髄まで共産党。かなり言論統制されていて、自分から外国メディアの情報を取ろうと工夫している知識人や一部の反体制派を別とすれば、「えっ、そんなニュースは知らない」という人が大勢います。**天安門事件もあまり知られていません。と言いますか、天安門事件について発言すること自体大きなタブーです。**

かつて私は、共産党員でもない、日本居住のごく一般的な中国のビジネスパーソンと話す機会がありました。彼らはウイグルに強制収容所があること自体は耳にしていましたが、やや腹立たしげにこう付け加えたのです。

「いや、あの人たちは危険なテロリストだから投獄するのは当然でしょう?」

本気で信じている様子を見ていたら、私は反論する言葉を失い、一党支配の苛烈さを改めて思い知らされました。

台湾、韓国、北朝鮮
世界を変えるトリガーになりうる政党

台湾――他国からの影響で変貌する政党

他国の強い影響下で政権政党が変わることで、外交政策を含む政策も変わっていく典型的な例は台湾だと思います。

〝他国〟の筆頭に挙げられるのはむろん中国。

ちなみに中国と隣接している**モンゴル**は、1992年に権威主義的な社会主義から議院内閣制に移行しました。

政党は人民党と民主党が二強。議院内閣制であり、**政権交代もある、政治システム的には一応〝まっとうな国〟**と言えます。

一方で、台湾は、**中国大陸との関係が政党のあり方を規定しているところがあります。**近接する国・地域の政治勢力との関係で政党が規定されるという点で、パレスチナとの関係で政党が規定されている面もある**イスラエルと似ている**と感じます。

中国で共産党との争いに敗れた国民党・蔣介石が1949年に台湾に撤退。その後継政治勢力こそ、現存する台湾の**国民党**です。

今や日本人の人気観光地となった平和な台湾ですが、建国後40年以上にわたって国民党の一党支配。総統選挙は存在しませんでした。権力は蔣介石から息子の蔣経国に引き継がれ、一時期は戒厳令が敷かれました。1988年に李登輝が民主主義を受け入れるまで、台湾は約40年間、蔣介石ファミリー独裁の〝権威主義国家〟だったのです。

現在の台湾は「総統」が元首である大統領制で、議会にあたる立法院の議員も総統も、国民の直接選挙で選出される民主主義国家です。

主要政党は、中国本土から逃れてきた蔣介石の後継政党である国民党と、独立傾向のある**民進党**です。

また、台頭してきている第三の政党として若年層に人気のある**民衆党**があります。親中国や台湾独立といったイデオロギー対立になりがちな台湾政界に飽きがきている人々が支持していると言われます。

２０２４年１月の総統選挙後に台湾を訪問した際に、同地の有識者から「山中さんは民衆党についてどう思いますか」と意見を求められました。これまでの対中関係で対立してきた国民党と民進党の争いに嫌気の差した人々の支持を集める台風の目との見方があるからでした。他にも野党がありますが、共産主義の政党はありません。

エスニックグループを抱えた「日本の隣人」

台湾は多民族国家で、さまざまな**「原住民**（台湾は先住民のことをこう呼びます）**」**、共産党と国民党との内戦で中国大陸から渡ってきた漢民族とその子孫**「外省人」**、外省人がやってくる前に福建省などから台湾に移住していた漢民族とその子孫**「本省人」**がいます。

国民党は蔣介石とその後継者につながる政党なので、外省人が今でも中核。世代交代が進んで各々のアイデンティティは台湾人だと思いますが、一部の外省人にとっては未だに大陸とのつながりも色濃く、それゆえに「一つの中国」という思いもあります。彼らは中国に融和的な穏健政策です。

かたや民進党には本省人が比較的多く、２０００年に民進党の陳水扁が総統となり、民主化を推進しました。「共産党中国ができる前からここに住んでいるんだから、大陸とは関係ないよ」と、独立傾向が強いのです。２００７年に馬英九政権が誕生して国民党が与党を奪還しますが、２０１６年には民進党の蔡英文が政権を取り返しました。

アジアで初めて同性婚を合法化。コロナ禍にデジタル施策をいち早く取り入れた蔡政権時代のＩＴ担当大臣だったオードリー・タンは、民間から登用された人物であり、自らのジェンダーを「男性でも女性でもない」としています。

人権意識が弱い中国ではＬＧＢＴＱが弾圧されているので、「アンチ中国」の民進党はその真逆を行くというところでしょうか。女性が国家元首になった点も、共産党の最高幹部である中央政治局の常務委員7人全員が男性である中国と対極にある政党だと感じます。

さらに本書では便宜上、台湾を〝東アジア〟に入れていますが、地図を見ればわかる通り、亜熱帯で漢民族がやってくる前の台湾は、平和でのどかな南国の世界だったはずです。

「戦争があったら名誉のために戦って死ぬよりも、いち早く白旗を上げる。なぜなら台湾の人たちの本質的なアイデンティティは、極めつきの平和主義者だからです」

これは台湾に何十年も住む私の友人の個人的意見ですが、平和志向の先住民の文化を見ても、頷けるところがあると私も感じます。

一つの中国と台湾有事

パワーが拮抗する二つの政党が「親中国・反中国」でくっきりと分かれるなか、２０２４年1月に総統選挙が行われ、民進党の**頼清徳**が当選しました。

習近平総書記は強く統一を主張、「一つの中国を目指す？ っていうか、台湾は今も昔も中国の一部だよね」という断固たる姿勢。

中国の理想のシナリオとして、「国民党の中国融和派が総統になり、戦争などせずに徐々に中国化していく」というものが考えられます。「とりあえず一国二制度」と言いながら、徐々に中国に吸収されている香港のように。

しかし西側諸国にとっては、台湾の先端半導体製造が中国に接収されてしまうのは死活問題。重要戦略物資といえる半導体ですから、半導体開発を遅らせてしまった中国は喉から手が出るほど欲しいはずですし、世界中が欲しい！

中国が国民党寄りなのは明らかですし、訪台したペロシ前下院議長が語ったように米国は民進党にシンパシーがあります。しかし「台湾の総統選は、中国vs.米国の代理戦争なのか？」といえば、それほど単純な話ではありません。

一歩引いて国際安全保障を考えてみれば、民進党政権が「強行突破で我が道をいく！　中国大嫌い！」と極端に強く出たら、上陸して侵攻まではいかなくても海上封鎖などを含めた台湾有事はあり得ると考えます。実際に、頼氏は当選後台湾独立について慎重に言葉を選んでいるようです。

経済的にも政治的にも余裕がない米国には、ウクライナやイスラエルの援助に加えて台湾を助けるなど「もう勘弁してくれよ！」と思う人もいるでしょう。日本にしても避けたい事態ですし、半導体なしには立ち行かない世界の産業界も悲鳴を上げるでしょう。

韓国——保革対立が対日政策にも影響

韓国の**尹錫悦**（ムンソクヨル）大統領は、検察総長から政治家に身を転じました。国家中枢にいたとはいえ、政治経験がない人がいきなり国家元首になる——これは米国と似ているというより、直接投票による大統領選挙の特色でもあるのでしょう。人気や市民の盛り上がりで、思いがけない人が政権の中心に据えられるという可能性もあります。

日本の植民地支配を受け、第二次世界大戦後も戦場となり、南北に分断された歴史がある韓国。民主化されたのは１９８７年。現在の政治システムは**大統領制で、議会は一院制**。国務総理もいますが、権限は大統領が掌握しています。

「大統領は5年任期で再選なし」と決まっているのも、韓国政治の大きな特徴と言っていいでしょう。5年というのは案外短く、当選した瞬間から終わりが見えています。そこに権限が集中するので、「さあ、この立場を利用しなければ。早く、早く！」という人が一気に大統領の周りに群がってくる……。このあたりが、政権終盤以降に大統領がスキャンダルまみれで悲惨だったりする一因かもしれません。

議会は一院、政党は多党制で、尹大統領の所属する保守政党**「国民の力（旧セヌリ党）」**と文在寅（ムンジェイン）元大統領の所属するリベラル政党**「共に民主党」**が拮抗。2024年4月の総選挙では「共に民主党」が躍進、国民は尹大統領にNoを突き付けました。

そのほか、「新政治民主連合」（現在の「共に民主党」）を離党した安哲秀（アンチョルス）氏率いるグループが、中道寄りの**「国民の党」**を結成しています。

保守の「国民の力」は、米国や日本および西側との関係を重視する政策です。かたやリベラルの「共に民主党」の政策は、文在寅大統領の政策がそうであったように北朝鮮に対してややシンパシーを感じる一方、対日政策が厳しいことがあります。拮抗する左右の政党のどちらが政権を取るかで、対日関係も変わってくるでしょう。

全くイデオロギーが異なるのに民族が同じ北朝鮮との緊張関係にある韓国は、台湾同様、日本のビジネスパーソンが政情を注視すべき隣国です。

北朝鮮の「党」は金正恩のコスチューム

韓国は米国と米韓相互防衛条約を結んでおり、北朝鮮やその背後にある中国の軍事的脅威に対抗すべく共同演習をして有事に備えています。

そんな北朝鮮は**朝鮮労働党**の一党独裁で、最高指導機関は朝鮮労働党中央委員会。**「朝鮮労働党が指導の核心である」点が憲法にも規定されている**のは中国と似ています。

ありとあらゆる政治活動を指導する朝鮮労働党の党委員長は**金正恩**総書記。祖父、父からの世襲ですし、政党と名が付くものの、党は実質的に〝金正恩のコスチューム〟に過ぎません。

南北統一が成立したらどうなるのでしょうか？　東西ドイツの統一から推測すると、北朝鮮地域を基盤とする政党が残って、社会主義的な主張をする可能性もあります。統一前のドイツの東西以上に格差が大きい朝鮮半島の南北格差。いかなる選挙制度を導入しても、北朝鮮地域に住む国民の声を国政に反映させていく仕組みの構築は困難を極めるでしょう。

東南アジア
有力政治家と軍の対立軸、共産党系も意外と強い

インドネシア――未だ残るスカルノvs.スハルト

世界が冷戦の緊張下にあった1960年代、東南アジア諸国の政治的・経済的な協力関係をつくろうと発足したのが**ASEAN（東南アジア諸国連合）**。初期メンバーはインドネシア、シンガポール、マレーシア、フィリピン、タイの五カ国でした。

当時はまだ政治システムが揺らいでいる国が多く、「お互いに内政不干渉」というルール。

現在のASEANは経済協力に主軸を置き、ベトナム、カンボジア、ミャンマー、ラオス、ブ

ルネイが加盟して10カ国になっています。

そんな東南アジアの国々は、近代国家としての歴史が新しいだけに、成立当時の名残が今も政党に残っています。主な国の政党をハイライトで見ていきましょう。

インドネシアは宗主国オランダから1945年に独立を宣言。建国の指導者**スカルノ**が初代大統領となりました。ちなみにスカルノはジャワ島出身なので姓というものがなく、「スカルノ」でフルネームです。

日本のタレントであるデヴィ・スカルノは第三夫人ですが、イスラム教ゆえに多妻制が認められていましたし、若きスカルノはイスラーム同盟という政治団体に所属。したがって彼が最初に目指したのは、イスラム教の伝統を守りながら議会で多数をとるというものでした。

しかしマレーシアと紛争にあったうえに不況が続き、人々に不満が溜まっていきます。そこでスカルノは、「いちいちみんなで意見を出し合っていたら分裂する。リーダー、つまり私が決めるから、あとの人は黙ってついてきて！」と、「指導する民主主義」に切り替えました。独立のヒーローでありカリスマ性を備えた彼は、自信があったのでしょう。共産党勢力の支持をバックに、大統領に権力を集約させる一党支配に切り替え、軍事力も強化したのです。

しかし反発の炎はさらに燃え広がり、イスラム過激派によるテロも起きるし、何より軍部は共産党勢力を面白く思っていませんでした。こうして彼は軍事クーデター未遂事件により失脚し、第二代大統領となったのが**スハルト**です。

スハルトは「新体制」を打ち出し、社会主義を弾圧。軍事的な独裁政権となりました。社会主義を禁じたのは、当時激化していたベトナム戦争の影響です。

A　米国（民主主義・資本主義）につくか？

B　ソ連（社会主義）につくか？

この究極の選択で、インドネシアは米国側についたということです。ちなみに、この時「Aにします！」と名乗りをあげた五カ国がASEANで、当時は〝米国製の機構〟でした。もっとも現在のASEANは、親中派の国々も含まれ、米国製の機構という性格は変容しています。

現在のインドネシアは民主化を進め、軍部が仕切ることもなく三権分立が守られています。直接選挙で選出される大統領を国家元首とする、多党制です。

それならスカルノ、スハルトは過去の話――と思いきや、この2つの政治勢力の軸は今も存在し、議席を争っています。**ジョコ大統領所属の闘争民主党はスカルノ系で大きな政府を目指しており、大衆寄り。まだまだ強いゴルカルは、スハルト系で保守的です**（なお、ゴルカルとは職業集団のこと）。

2024年3月の大統領選挙では、ジョコ大統領の経済政策を引き継ぐプラボウォ国防相が勝利しました。

タイ――名門一族、王家、軍部の力が入り乱れる

タイは立憲君主制の国で元首は国王。国王の尊厳を犯す行為は不敬罪という犯罪行為ですし、国王にはクーデターの際に事態の収拾を図ることもあります。

2016年に故人となったプミポン国王は「あわや軍部によるクーデター！」という場面に調整役を務めるなど名君として慕われ、崩御の際には国民が黒を纏って喪に服しました。ところが後継者となった息子のワチラロンコン国王は、残念ながら混乱を増幅させるエキセントリックなキャラクター。

「国王は自由に外遊していいんだよ！」と憲法を改正したり、すでに70代ですがタンクトップのヘソだしファッションで夜遊び三昧。コロナ自粛中はドイツの山荘にこもっていたそうですが、「愛人20人を同行」と報じられ、タイの人々には大顰蹙。観光大国タイではコロナ禍の経済的影響は大きく、王室改革を迫るデモも起きたのですから、顰蹙というより大激怒でしょう。

かように海外メディアでは〝ワチラロンコン国王＝スキャンダル王〟なのですが、日本ではあまり報じられません。私の個人的な意見ですが、日本は天皇制があるゆえに、**王室批判を極端に笑い話的にはしない**のではないでしょうか。

2024年2月に私はタイを訪問しました。街にはワチラロンコン国王の写真が多数貼られていましたが、その横に掲げてあるプミポン国王よりもだいぶ小さいものが圧倒的でした。タイの人は、国王の写真の大きさで尊敬の念を表しているようです。

さて、王という重要な調停役を失ったタイは政治的にも混乱のさなかにあります。行政トップは首相ですが、選挙による多数党政権と、超法規的な軍事クーデターによる軍事政権が代わる代わる誕生する状況で、国は揺れています。

注目されているのは、タクシン元首相vs.軍部という対立構造です。

タクシン・チナワットは中国系タイ人の名家の出身で、実業家として成功したエリートでした。北部チェンマイ出身のタクシンは地方の農村で人気が高く、2001年に首相に就任して以来、政権批判や都市の既得権益批判、退場と復活を繰り返しながら、依然として強い人気を誇ります。

タクシン派の政党は、数回の解党命令を経て現在は**タイ貢献党**という名称になっています。断続的ではありますが、トータルすれば任期が長いタクシン派政権は根強い人気を誇っているといえそうです。東北部の貧しい農村や低所得者層に手厚い政策を打ち出したため、格差社会のタイでは「タクシンさんは我らに優しいし、とにかく有名!」と庶民の熱い支持を集めているのです。

タクシン家の家業そのものが事業家から政治家に変化しており、〝名門一族〟としてブランドとなっているため、人気投票をしたら勝利を収めるでしょう。タクシン氏が去ったとしても、その一族は今後もしばらくは政治の一勢力として残るはずです。**アジアでは家系が重要視される**、その一例だと思います。

タクシン派に対抗するのは、軍部主導の**国民国家の力党**（PPRP）。都市部の富裕層の支持を集める保守的な政党です。2014年にクーデターでタクシン派から政権を奪うなど、**さまざまな手段で「タクシンの一人勝ちは許さない」と対立しています**。

最近の注目株は、2023年の総選挙で第一党になった**前進党**です。軍事政権や国軍と対立するリベラルな主張を持っています。第一党になった後、タイ貢献党を含む野党との連合政権樹立で一旦は合意しました。

しかし、後にタイ貢献党などが反旗を翻し、前進党を除く形で連合政権が成立しました。前進党が他の政党から嫌われた理由は、タイ王室への不敬罪改正を公約に掲げたからとも言われます。タイでは、王室への不敬は犯罪となっているのですが、その**不敬罪の存在自体が大きな政治上の論争になっている**のです。不敬罪改正などを掲げたために解党させる動きに発展しています。

2023年、宿敵であるはずの貢献党と国民国家の力党が他の野党を含む大連立政権となって話題をさらいましたが、まだまだ「めでたし、めでたし」とはならないでしょう。イデオロギーの異なる対立政党が、無理やり連立してうまくいくのは、相当なレアケースです。

さらにタイの議会は二院制ですが、下院選挙は「小選挙区（400議席）と比例代表（100議席）によって構成される混合選挙制」という複雑さ。議院内閣制でありながら、クーデターが頻繁に起こり国王が調停するなど、民主主義とも言い切れない不思議なシステムです。

前述の2024年のタイ訪問では、多くのタイ人やタイ駐在日本人から話を聞きました。改めて感じるのは、他の東南アジア諸国や新興国と比較しても**農村と都市の格差が広がっていること**です。地方の農家で生まれ育つと、都市で高給を得る職業に就くことは極めて困難なことが多い。流動性が少ない停滞感が実に大きいのです。

大衆に人気の名門一家、軍事クーデター、混乱を増幅する国王と、年齢や所得で分断される市民——なんでもありの〝政治ドラマ〟のような状況は、このような農村と都市の大きな格差に根差しているように感じます。

フィリピン——名門一家の〝因縁の対決〟はいつまで続く？

カリスマ政治家が華々しく登場すると、人々はその子ども、あるいはその人の支持団体を特

別視する――そうした傾向が東南アジアでは強い気がします。

２０２２年、フィリピンで新たな政権が誕生しました。新大統領の名は**フェルナンド・マルコス**、父親と同名のジュニアです。**国民党**が推す彼は圧勝。ちなみに２０２４年現在の副大統領はドゥテルテ前大統領の娘のサラ。何やら親戚の集まりのような政権です。

〝マルコス大統領〟と言えば１９７０～80年代の権威主義政治で知られます。自分に歯向かう者は人権無視で投獄、汚職で私腹をこやして貴族のような生活ぶり。失墜したマルコス一家がハワイに亡命後、宮殿のような豪邸にはイメルダ夫人の１０００とも３０００とも言われる靴のコレクションが残されており、国を私物化した贅沢三昧の暮らしぶりが国際社会で非難されました。

そして36年後、その〝独裁者マルコス〟の息子、通称〝ボンボン・マルコス〟が大統領となったのです。

マルコス家の半世紀以上にわたる宿命のライバルが**アキノ家**。マルコス家とは源氏と平家のような関係にある政治家ファミリーです。

マルコスの独裁を批判する民主派の政治家ベニグノ・アキノは戒厳令下で投獄され、死刑を言い渡されます。病気治療のため釈放され渡米していたニューヨークから帰国した際、マニラ国際空港で暗殺されました。

「打倒マルコス！」と声が高まるなか、1986年に大統領の座に着いたのが妻のコラソン・アキノ。アキノ家の息子も大統領を務めていますし、彼らの所属である**自由党**は、今も強い力を持っています。

フィリピンは多党制ですから、国民党と自由党の他にも政党は存在します。ただし政治システムがよく変わるうえに未だ汚職がつきもので、選挙もしばしば不正や暴力沙汰が指摘され、デジタル化を導入するなど公正なものにする取り組みがあります。

「なぜ、スキャンダルにまみれた元大統領の息子が、人気大統領になれるのか？」

日本人には、なかなか理解できないところです。80年代当時、私は学生でしたが、メディアでしきりに父マルコスの独裁と贅沢ぶりが批判されていたのをよく覚えています。アメリカ以外の国の大統領選挙が日本であれほど報道されたことは当時としてはなかったと思いますし、50代以上の日本人は「とにかく贅沢三昧のマルコスはけしからん！」という記憶が刻み込まれていると感じます。

新大統領ボンボン誕生の秘密は何か――「ＳＮＳを駆使した選挙キャンペーンが功を奏し

た」とも言われますが、私はやはり**東南アジアの〝名門一家好き〟がある**と睨んでいます。

アメリカのケネディ家ではありませんが、富豪で著名な一族がいると、「なんかすごいらしい」と人気になる。ましてやフィリピンは平均年齢が30歳未満の若い国。国民の約半数が50代以上の日本と違って、「パパが独裁者？　そういうのよく知らないし、その頃って独裁でも今よりいい時代だったんでしょ」と、父政権の記憶がない人々は屈託がない。

そこに明るくクリーンなSNSキャンペーンが巧みに展開されれば、「じゃあマルコスで」となるのも不思議はありません。直接選挙で投票率70％程度と選挙への関心は高いものの、「政治のことはよくわからないから、有名で感じの良い人に入れる」という層も少なからずいるでしょう。

モディ首相は別として、インドのガンジー家も似たような名門の政治家一族。また、ミャンマーの**アウンサンスーチーの父も有力政治家**で、超ブランド一族なのは間違いない。アウンサンスーチーの息子は英国在住ですが、もしミャンマー国籍でしたら、絶対に有力政治家として担ぎ出されていたでしょう。

2023年、カンボジアでは独裁的なフン・セン政権が終わりを告げましたが、新首相は息子の**フン・マネットで世襲政権**です。

東南アジアでは「貧困層から一発逆転して富裕もしくは著名になる」というのが、米国などに比べて難しい。必ずしも豊かな家庭の出身でないバイデン大統領やサッチャー首相、盧泰愚（ノ・テウ）大統領が誕生するような流動性が比較的少なく、**いっそうブランド一家は〝庶民の憧れる、新しい貴族〟になってしまう**のかもしれません。この辺りは世襲が影響力を持つアジアであり、家重視の儒教の影響を感じられます。

欧州は近代になると政治においての世襲が終わり、基本的に選挙による政権交代があり、政党が政策を決めています。

しかし東南アジアの国々のように親子関係で政権を委ねる状態では、政党の特徴というより一族の特徴が色濃くなってしまいます。

中国の皇帝が、血縁者でない優れたものに位をゆずることを「禅譲」と言いますが、これはなかなか実行されていない面があるようです——と、他人事のように書いていますが、日本もまた世界トップクラスの〝世襲政治国〟であることを忘れてはなりません。

ベトナム・ラオス・カンボジア——〝表向きだけの共産主義〟でも中国寄り

南シナ海とベンガル湾に囲まれた大きな大陸側のインドシナ半島には、ミャンマー、タイ、ラオス、ベトナム、カンボジアなどが含まれます。

東南アジアの大陸側の国は全体として中国の影響が強く、ベトナムやラオスといった社会主義の国もあります。

ベトナムは社会主義共和国で、中国と同じく**共産党の一党支配**。さらに「共産党政府だけれど、経済的には社会主義らしからない」ところも中国と似ています。

国会議員は市民の直接選挙で選ばれますが、候補者も選挙プロセスも党の介入がありますし、国会で選ばれる国家主席は国家元首とはいえ、実質的な権限は共産党総書記にあります。この辺りは**中国とそっくり**です。

第二次世界大戦後、ベトナムは北緯17度線で北（社会主義）と南（資本主義）に分断され、対立。冷戦下で、「世界に社会主義政権は増やさない！」という米国が軍事介入して南を支援していました。北は社会主義を掲げ、激しいゲリラ戦を展開。徹底抗戦の末に勝利した北が、南北統一を果たした——これが言わずと知れたベトナム戦争で、ベトナムは社会主義国となりました。

私の知人でベトナムの共産党系一族と結婚した日本人がいますが、配偶者の家の3代前くらいまでは、**ソ連に留学して共産主義を学んでいたようです。**

米国はまさに敵国だったわけですが、今は流石に**ベトナム戦争のわだかまりは消えて、米国大統領もベトナムに訪問しています。**

「共産党だし、経済的には資本主義に限りなく近いし、中国にシンパシーがあるのでは？」と思うかもしれませんが、「中国には煮え湯を飲まされた」という不快な歴史があります。中国には紀元前から1000年も支配されていましたし、やっと独立した10世紀以降も朝貢を強いられていました。その屈辱を独立精神旺盛なベトナムは忘れないのでしょう。

また、天然資源が豊富な西沙諸島の領有権をめぐって中国とベトナムは対立。中国は「ここ、うちの島なんで」と埋め立てて軍事施設を建設しつつあり、緊張関係になっています。気を許すと「ここがうちの島ってことは、ベトナムもうちの国だよね？」と言われかねないと歴史的な警戒心が働くのかもしれません。

それでもベトナムは、敵か味方かで白黒つけるというより、強かに立ち振る舞い、実利を重視する民族の国です。

「**政治的・経済的に中国に近しいが、決してべったりにはならない。同時に米国との関係もある程度は維持しておく**」という微妙な立ち位置を調整しているようです。

東南アジアは〝米中の草刈り場〟なので、ベトナムのみならずどの国も複雑に影響を受けており、政権の揺らぎもあるために「この国はこうだ」と言いにくい部分があります。

ラオスも一党支配で、**人民革命党**という名称ですが、**共産主義の政党**です。

人民革命党幹部が各国家機関の幹部を兼任。人民革命党は、党大会を5年に一度開催し、5年毎の政策方針と党書記長、政治局員、書記局員及び中央委員等の党指導部人事を決定します。

なんだか**中国共産党ととても似ている仕組み**です。

「中国の裏庭」と言われるほど近い地理的条件もあって**中国の存在は大きく、政党にも影響を及ぼしている**と言えるでしょう。

中国とラオスは概ね友好関係にありますが、係争もゼロとは言えず、特にメコン川上流に、中国が次々と水力発電ダムを建設したことがトラブルになっています。農業と漁業に打撃を受けている流域国は、ラオスだけでなくベトナム、カンボジア、ミャンマー、タイと数カ国に及びます。

ラオスやカンボジアは、中国と明確な係争地がないとはいえ、こうした火種ならぬ〝水種〟が激流にならないとは言い切れないでしょう。

カンボジアの政治システムは**立憲君主制**で、国王は国家元首とはいえ、象徴的存在に過ぎません。**上院と下院の二院制で多党**――これだけのインフォメーションなら「そうか、民主主義で議院内閣制か」と思いそうですが、これまた〝うわべだけ〟。実態は異なります。

1979年までのカンボジアは、共産主義組織「クメール・ルージュ」を率いるポル・ポトによる独裁政治が行われていました。彼は毛沢東を敬愛する人物で、歪んだ大義のもとで170万人以上の虐殺まで行っていました。

その後、旧ソ連の支援を得たベトナム軍が侵攻し、1979年にポル・ポトは失脚。ヘン・サムリンの社会主義政権が誕生したものの復興はうまくいかず、長く続いた内戦が1991年のパリ和平協定で終結し、1993年に王族だったシアヌーク殿下を国王に迎えた――つまりカンボジアは、国連が「そのままはダメ。立憲君主制として民主主義になろうね」と整えた国なのです。

しかし、形を整えただけで、実質は一党支配に限りなく近い。世襲による政権交代を2023年に果たしたのは、前述の通りフン親子。**カンボジア人民党**が政治権力をすべて掌握、キャンドルライト党をはじめとする野党は弾圧されています。2023年の下院総選挙では同党の立候補資格がはく奪されました。

「カンボジア人民党は共産党系」とまでは言い切れないものの、中国の影響はかなり強いと言われています。なぜならフン父は、社会主義政権であったヘン・サムリン政権で外相だった人物。ポル・ポトという極端な独裁者のあと、再び独裁的な長期政権が現れたのではないでしょうか。

ミャンマー独立の英雄、建国の父といわれるのはアウンサン将軍、アウンサンスーチー氏の父親です。彼は暗殺され、**長らく軍事政権が続いていました。**２０１２年、民主化を目指して立ち上がったのが、娘のアウンサンスーチー氏率いる**国民民主連盟**。しかしまたもや軍事政権に制圧されてしまったのはご存知の通りです。

現在は多党制とはいえ、実質的には軍の一党支配。国民民主連盟は解体されています。**この他の野党として、仏教を全面に出す「全国民主連盟」があります。**

一神教の宗教なら「イスラム原理主義」「キリスト教原理主義」となりますが、多神教で白黒つけない仏教の原理主義はやや珍しいことです。ミャンマーには珍しい**「仏教原理主義」**の政党が存在するのです。

経済は発展しても政治は非民主的なシンガポール、民族や宗教ごとに政党を持つマレーシア

日本よりも１人あたりの国民所得がはるかに高いシンガポール。しかし、政治的な言論の自由には乏しく、１９６５年の建国以来、**与党人民行動党（ＰＡＰ）**が圧倒的多数を維持しています。

シンガポールは、「明るい北朝鮮」と揶揄されることもありますが、政治より経済を重視し

た国づくりで経済成長については成功しています。

シンガポールの成功例は、「民主主義が経済発展をもたらす」という西欧の思潮から大きな逸脱といえそうです。非西欧型の政治制度がアジアでは少なくとも経済的にはうまくいくことがあるのです。


シンガポールの隣国マレーシアは、９州の統治者（スルタン）が統治者会議で互選する国王のもとで、議会制民主主義が採用されています。離合集散を繰り返す政党は、２０２４年６月現在は**希望同盟**が多数を占めて連立政権を担当しています。

その他の政党として、**国民戦線**があります。また、マレー人中心、華人中心の政党があり、民族や宗教の違いが政治に影響していると言えるでしょう。

先住民の声をいかに反映させるかで揺れるオーストラリアとニュージーランド

「オーストラリアの元首は英国国王」と聞くと驚く人もいるかもしれません。カナダやニュージーランドと並び、英国国王を元首としている英連邦の国の一つです。
連邦議会においては**自由党及び国民党からなる保守連合とリベラルな労働党が二大勢力**とし

て拮抗。50年以上にわたり、政権交代を繰り返しています。保守党と労働党との間で政権交代をしている英国と似ています。

オーストラリアには先住民であるネイティブオーストラリアンがいます。ネイティブオーストラリアンの声を議会や政府に反映させる諮問機関の設置を認める憲法改正が国民投票によって否決されました。労働党が推進したのに対して、自由党は国民を分断するとして反対キャンペーンを展開。先住民の声をどのように国政の場で扱うかは、政党によって意見が異なる大きな政治課題なのです。

同じく英国国王を元首とするニュージーランドも、**保守の国民党とリベラルな労働党の間で交互に政権を担ってきました。**

ニュージーランドでも先住民マオリの主張をどのように扱うかが一つの焦点です。マオリが古くから定住していた土地の所有権を認めることなどを主張する**マオリ党**は国会で議席を有しています。

世界で二大政党制（連立政権でも二大政党が中心的な役割を担う場合を含む）が比較的長期間継続しているのは、米、英、豪、ニュージーランドです。これらはすべて英国の植民地でした。英国の政治制度の影響を受け、小選挙区中心の選挙制度を採用していることが影響しているのでしょう。

インドと南アジア

言語・宗教・地域の対立が政党に反映

「民主主義大国・インド」の基盤は、多様な民族・文化・宗教

「世界最大の民主主義国」、インドはしばしばこう言われます。国家元首は大統領ですが政治的には形式的な役割に留まり、政府を動かすのは首相。議院内閣制で多党制、選挙結果で政権交代があります。下院は小選挙区制の直接選挙で、最大議席数を獲得した政党の党首が首相となる……。

「えっ、無茶苦茶、普通じゃない？」という人は、インドの巨大さを知りません。世界7番目の面積を有し、人口およそ14億人で世界1位。地方ごとに異なる言語、宗教、民族が入り乱れる連邦国が、憲法に則って滞りなく選挙を行うのは、たやすいことではありません。

同じ大国のロシアと中国は独裁的なのに、インドは民主主義の王道です。その第一の理由として、**「ガンジーを筆頭に、独立時に民主主義を理解していた卓越した政治家がいたことがとても大きい」**と私は思っています。

第二の理由は、**インドは歴史的に統一的な巨大な国家としてまとまっていた時期があまり長くなく、民族・言語が異なる多様性を維持してきたこと。**

たとえばマウリヤ朝やグプタ朝がインドを統一しているようで実はいくつもの国に分かれていたり、イスラム王朝が13世紀初めから4世紀にもわたって支配しても南は支配下から外れていたり。ムガール帝国（1526年〜1858年）の統一も英国によって統治権が制限されていました。

つまり、2000年にわたって巨大なインド文化圏・経済圏として繁栄しているにもかかわらず、**言語・宗教・民族の違いが大きく、それゆえに絶対的な強権支配が成立しにくかった。**この土壌があったからこそ、民主化しやすかったと感じます。

少数民族はいたものの漢字と儒教で価値観を統一した中国、スラブ民族が多数派でロシア正教があったロシアとは、成り立ちが異なるのです。

この多様性は、今のインドの政党に反映されています。**地域政党も多く、「インドを知るには政党を知れ」と言えます。**

民族、言語、宗教が政党に現れる

インドの主要な政党を見ていきましょう。まずは現在の与党であるモディ首相の**インド人民党（BJP）**。

人民党は、モディ首相の出身州であるグジャラート州をはじめとした北部（次々頁参照）で根強い支持があります。北部はヒンディー語話者が多く、ヒンドゥー教を重視する同党の主張が受け入れられやすい面があるのです。

「インド人民党は、経済はグローバル志向ですが、政策的にはナショナリズムが強い……というか、ヒンドゥー教至上主義とも言われます」

もしも私がインド人民党の人の前でこう説明したら、激しく否定されると思います。実際、2023年に訪米したモディ首相はジャーナリストからイスラム教弾圧を指摘され、「我々は民主主義国家であり、そんなことはあり得ない」と啖呵を切っていました。

モディ首相が断言するのは政治家として当然で、インドの憲法は世俗主義の原則に基づき、宗教と政治を切り離すように定めています。しかしインド人民党はヒンドゥー教に優しくイスラム教に厳しいのは事実ですし、他の政党も宗教の影響は多分に受けています。

たとえばモディ首相の政策で、社会的活動を行う多くのＮＧＯが解散を命じられています。解散の理由の一つは、宗教。キリスト教やイスラム教がバックにある場合は、免許取り消し・解散になることが増えています（Economist ２０２４年２月24日―３月１日）。

インド人民党に対抗しうる政党が、**インド国民会議派**（Indian National Congress）。インド人民党よりはリベラルな志向を持ちます。２つの政党が交代で政権をとっていたために、国民会議も財界との関係も深く、インドは「小さな政府か、大きな政府か」どちらを志向するか、一概には言えないところがあります。

インド国民会議はガンジー家ゆかりの政党、といっても建国の父マハトマ・ガンジーではありません。混乱しやすいのですが、カンジーと共に建国に尽くしたのが初代首相の**ジャワハルラール・ネルー**。その娘インディラが結婚してガンジー姓になりました。マハトマ・ガンジーとは血縁関係にありません。

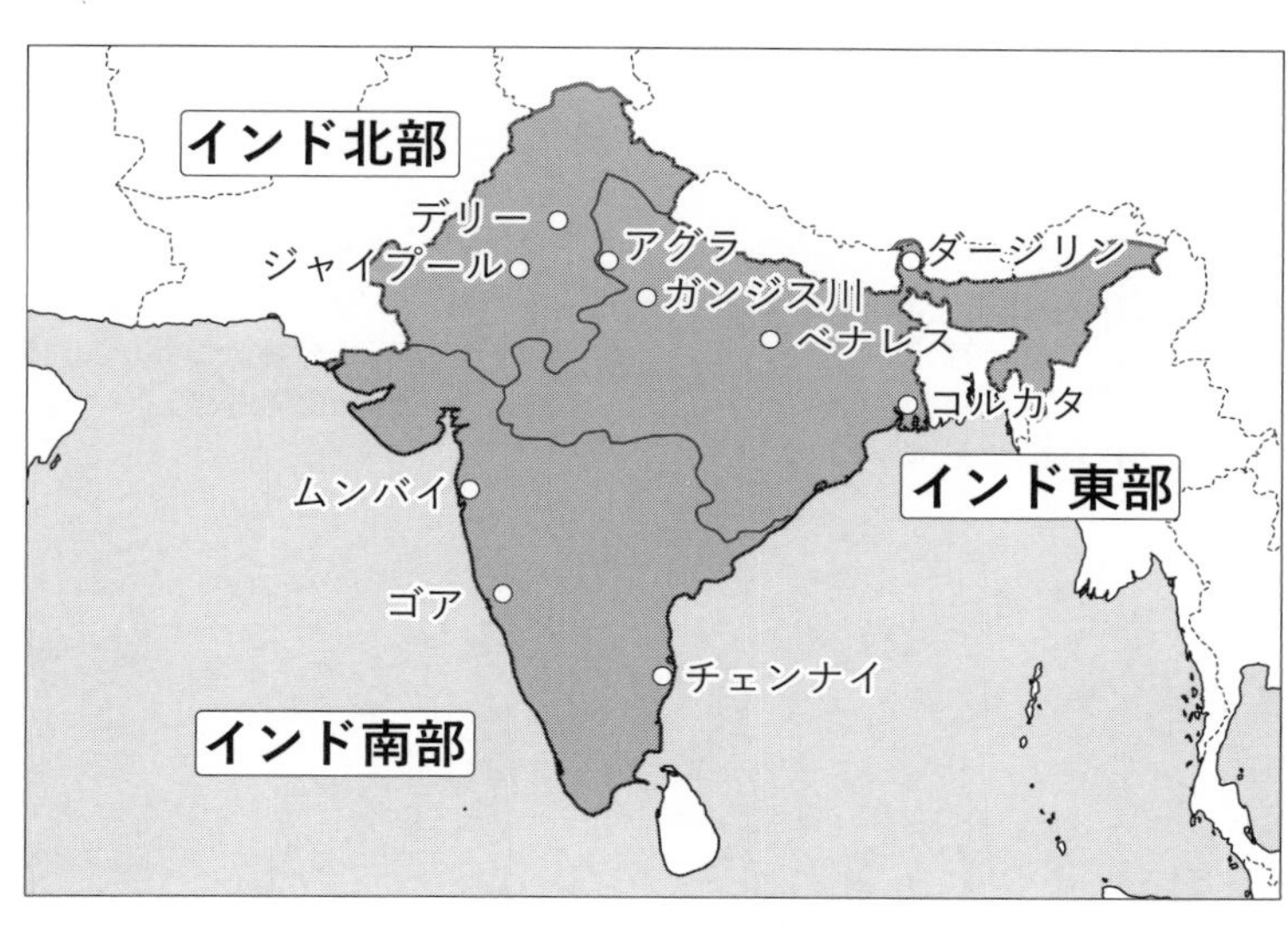

建国後、マハトマのほうの子どもたちはその後政治の表舞台にはあまり出ませんでしたが、ネルー＝ガンジー家は、父ネルーに続いてインディラとその息子が首相に。つまりネルー＝ガンジー家は、米国のケネディ家のような名門政治一族です。

ちなみに「1966年に女性首相誕生？　インドはジェンダー平等？」というのは必ずしも言い切れず、インディラは英国留学をしたエリートであり首相を生んだ特権階級の出身です。この出自が首相就任に大きく作用したということだと思います。

広大な国土を誇るインドには、いくつかの地域政党もあります。「地域性が強く、言語も多数」というのはスイスやベルギーと似ていますが、彼らの多くは複数の言語を話します。しか

インドの南北と政党

インド北部

ヒンドゥー教至上主義
受入土壌と貧困
➡モディ首相の
インド人民党が強い

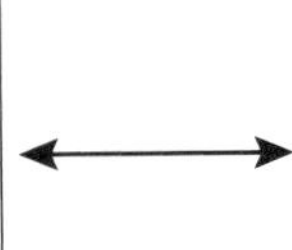

インド南部

IT 産業など経済発展
➡英語話者が多く、
地域政党も強い

しインドは国会でも通訳が必要な時もあるほどですから、それぞれの地方を代表する政治家が不可欠なのでしょう。

インド最大の商業都市ムンバイを抱えるマハーラーシュトラ州で強いのが**シヴ・セーナー**。ヒンドゥー教を重視する保守色が強い政党で、ムンバイの市政を担い、移民に対して厳しい姿勢を取っています。ムンバイは多くの日本企業が拠点を置いている地。排外的な政党が影響力を持っていることは知っておいたほうがよいでしょう。

南部のタミル人が多いタミル・ナードゥ州で強いのが、州議会で与党となっている**ドラヴィダ進歩同盟**。当たり前と言えば当たり前ですが、ドラヴィダ系であるタミル人の民族性を尊重。宗教的にはヒンドゥー教が中心ですが地方色が強く、仏教やジャイナ教、キリスト教徒もいます。

アーリア系の人たちは「母語のヒンディー語が話せれば、インドで生きていける」というところがあるので、英語はあまり得意ではありません。しかしタミル語が母語のドラヴィダ系の人たちは、「ヒンディー語を学ぶなら、英語のほうが良くない？」と考えるのか、南部では英語教育が比較的盛んであることもあり、英語話者が相当数います。昔ながらのインドの中心は西部、北部ですが、最近は南部にＩＴ企業が増えて活気付いており、経済も発展しているのは、こんな影響もあるでしょう。

開放的で経済発展が続く南部では、モディ首相のインド人民党はあまり支持を広げられていません。ヒンドゥー教至上主義的な政治は、南部では受け入れられにくいのです。

ダリトによる政党も存在

インドでもう一つ重要なのは、カーストの最下層でかつては不可触民といわれた**「ダリト」**の人たちを中心とする政党が複数あるということ。ダリトの解放などを政策に掲げる**大衆社会党**などが国会に議席をもっています。

ダリトに属する人々の数は２億人とも言われます。少なくとも千数百年以上にわたり社会の最下層で不浄とされた職業に就き、差別されてきました。

その解放運動は主として20世紀から。１９２０年代から弁護士としてダリト解放運動に取り組んできたアーンベードカルは、初代首相ネルーの下で法務大臣に就任し、インド憲法の起草に取り組んだ人物。彼は、インド憲法17条にダリト差別禁止条項を設けることに成功します。また、ダリトを指定カーストとして、教育、公的雇用、議会議席の三分野において優先枠を設けました。米国のアファーマティブアクションのインド版、といったところです。このような議会での優先枠の存在が、ダリトの政党が議会で勢力を持つ一つの理由になっています。

このような社会的改革の結果、1997年には、ついにダリト出身の大統領も生まれました。ケラーラ州出身のナラヤナン氏は、苦学の末にロンドン・スクール・オブ・エコノミクス留学。外務省に入省して駐米大使まで務め、下院議員を経て大統領になりました。

インドの大統領は、両院の議員及び州議会議員の間接選挙によって選ばれます。政治的な実権は首相に委ねられていますが、大統領が国家元首です。20世紀の終わりくらいから、首相は北部出身ヒンドゥー教徒が就任することが多いのに対して、大統領には、南部出身者、ムスリム、ダリト、先住民族出身者などマイノリティ出身者が就任しています。このあたりに、**多様性の国インドの絶妙なバランス感覚があります。**

激しい社会的差別と刻苦勉励による社会的な上昇の可能性、それを許す政治的仕組み。インド社会を見るうえで重要な視点です。

こうした政党の動きから、インドの人権意識がどう変わっているかも、見て取ることができます。

モディ首相もカーストとしては下のほうの出自ですが、インドの首相としてグローバルサウスを率いて10年になります。インドは世界最大の人口大国となり、ひょっとしたらモディ首相の在任中に、世界第3位の経済大国になるかもしれません。「ムスリムを差別している。ヒンドゥー至上主義だ」と非難されながらも、経済発展を実現させていますし、テクノロジーの発展にも尽力。たとえば銀行口座が持てなかった貧困層でも、スマホの生体認証で商売ができるようにしたことは、新たなビジネスを生んだと評価されています。

もともとが多様なインドは、地理的には西洋でも東洋でもない**元祖中庸の国**。民族としてはアーリア系というヨーロッパ系とも近しい血もあれば、ドラヴィタ系の人もいます。宗教としては東洋系のヒンドゥー教、仏教の国。さらにウパニシャッドという最古の教えをもち、ゼロの概念を生み、量子力学にも通じるという**哲学的な深み**が底力となっています。

バラク・オバマと（2015年）

私の個人的な経験を振り返っても、インド人の多くはコミュニケーション能力が抜群に高く、いわゆるマルチと言われる国際会議の場ではすぐに「場の中心」になります。あらゆる要素を内包しているためか、インドという国そのものが、国際社会で独自の立ち位置を確保しているのです。

「インドのポテンシャルを考えた場合、新時代の国際的リーダーになるんじゃないか」

この難しい国際情勢で「中国ともロシアとも、ほどほどに付き合いつつ近寄りすぎない」という巧みなスタンスを見ていると、新リーダー・インドも現実になりつつあると感じます。

ただし中国とはカシミールをめぐる国境問題がありますし、国内では格差と貧困が深刻です。インフラを整えようといってもトイレもない人々が未だいるのは、大きな課題といえます。女性首相も存在したとはいえジェンダー・ギャップ指数（108ページ参照）は低く、女性への性暴力もたびたび報道されているので、見聞きしている人も多いでしょう。また、先に述べた通り、**モディ政権の政策でムスリムが権利を奪われるなど、宗教対立及び人道上の問題が深刻化しています。**２０２４年6月に結果が出た総選挙では、モディ首相の率いるインド人民党は第一党を維持したものの、議席を減らしました。

そして人々は、国政を握る二大政党よりも地元の地域政党にシンパシーを感じることもあるように思います。

インドは投票しないことに罰則はないのですが、国政選挙でも州選挙でも60～70％程度の投票率を誇ります。おそらく「政治がちゃんとしないと、自分たちの生活が困る！」という切実さを反映しているのでしょう。これからの世界で、インドがどう頭角を現していくか注目したいところです。

知っておきたい政治家❸

ジャワハルラール・ネルー

現在のグローバルサウスの動きに繋がる非同盟路線を推進

インド独立の指導者で独立後の初代首相を務めたジャワハルラール・ネルーは、1889年にインド北部のイラーハーバードに生まれました。インドの歴代首相の多くと同じく北部の出身です。

実家は、カーストで最上位とされるバラモンの家系で富裕層でした。父親の職業は弁護士。ネルーは宗主国英国の名門パブリックスクール・ハロー校に進学した後、ケンブリッジ大学トリニティカレッジで学びます。ケンブリッジ大学の中でもトリニティカレッジは、名門中の名門。当時は、名家の子弟でないと入れないところです。植民地インド出身者として最高の教育を受けた彼は、弁護士資格を得て帰国します。

ネルーは英国の超名門で教育を受けたとはいえ、英国でインド人差別も経験したことは想像に難くありません。祖国インドの課題を改めて考えるきっかけになったことでしょう。帰国後インドの独立を目指す運動に身を捧げるべく、インド国民会議に参加。当時インドの民族的団結や英国の抑圧的政治に反発する活動を展開して、国民の支持を集めつつあった組織で徐々に頭角を現していきます。そしてマハトマ・ガンジーと共に独立を達成。ガンジー暗殺事件を経て、初代首相に就任するのです。

ネルーの発した言葉に、「アジアとアフリカは姉妹大陸であるので、全能力を尽くして、アフリカに支援の手を差し伸べるべき」というものがあります。東西冷戦の時代、ソ連に比較的近い立ち位置でしたが、同時に社会主義的な経済政策や非同盟路線の外交を主導していきました。

反植民地主義思想とアフリカをはじめとした途上国との強い連帯といった明確な思想は、現在のモディ首相のグローバルサウスのリーダーとなろうとする考え方と通じるものがあります。

政治的思想は異なるネルーとモディ首相ですが、国際社会におけるインドの立ち位置においては比較的似ています。エリート出身のネルーは、下位カースト出身で、刻苦勉励で州首相から首相に上り詰めたモディ首相とは対照的です。富裕層のバラモン出身のネルーがインド独立や社会主義的な政策を主導したのに対して、下位カースト出身のモディ氏が自由主義的な経済政策を打ち出しているのはねじれているようで、インドの多面的な側面を見るようです。

南アジアの政党――宗教と地域の対立を反映

スリランカ、パキスタン、バングラデシュ、ネパール、ブータン。南アジアのインドと関係が深い国々です。どこも**複数政党制で選挙があり、政権交代もなされていますが、野党を弾圧して選挙を歪めている国もあります。**

スリランカは半大統領制ですが、首相と大統領の権限の強さが政権によって変わるという揺らぎがあります。**二大政党は保守の「スリランカ自由党」、リベラルの「国民議会」。**その他インドのドラヴィダ系タミル人とも関わりが深い**「タミル・イーラム解放の虎」**があります。「解放の虎」という名前を見ると恐ろしげですが、議会に普通に出る政党です。

２００９年までのスリランカは、多数派のシンハラ人（シンハラ語、仏教徒）と、全人口の15％ほどの少数派のタミル人（タミル語、ヒンドゥー教徒）との内戦が続いていました。**圧倒的に仏教の国**ですから、終結した今も「タミル人の権利拡大が必要だ」など議論が続いており、その代弁者たる政党がタミル・イーラム解放の虎です。

パキスタンは１９４７年まで英国領だったこともあり、議院内閣制の連邦共和国。大統領が国家元首で、政治は首相が担っています。もっともここに落ち着くまでには軍事クーデターなどいろいろとありました。今の二大政党は**人民党とパキスタン・ムスリム連盟**で、他にも小規模政党や地域政党がありますが、存在感は小さいようです。

人民党は初の女性首相となったブットー元首相が率いていた政党で、現在は息子のビラワル氏がリーダーになっています。ブットー一族は著名政治家一家として未だ力を持っています。**ムシャラフ元大統領の一族が主導する政党が、パキスタン・ムスリム連盟。**その中で、シャリフ元首相が率いるシャリフ派という勢力が力を持っています。また、元クリケット選手で国民的人気が高いカーン元首相が率いる**パキスタン正義運動**という政党もあります。2024年2月の総選挙では、立候補が認められなかったパキスタン正義運動が支援する無所属候補が多数当選しました。

パキスタンの政党で大事な点は、**軍部との関係で政権の維持か崩壊かが決まる**こと。軍部に気に入られると政権に就けますが、しばらくして関係が悪化すると、軍部によって潰されてしまいます。そして、政治家たちは収監や亡命を余儀なくされます。

このような混乱のツケを払っているのは国民であることを忘れてはならないでしょう。

1971年にパキスタンから独立したバングラデシュ。こちらの政治システムは、パキスタンとよく似ています。ただし連邦制のパキスタンに比べると、中央集権的と言えるでしょう。

パキスタンからの独立時に成立した**アワミ連盟は最大勢力**。そこに対抗するのが**BNP（バングラデシュ民族主義党）**となっています。近年は与党アワミ連盟がBNPからの立候補を認めないなど権威主義的な野党弾圧が続き、野党BNPが総選挙をボイコットする事態に陥っています。

内戦が続いたネパールは、2008年に民主化運動が高まり「もう王はいらない！」と議院内閣制の連邦共和国となりました。憲法を制定し、国民議会選挙も行われ――これに焦ったのが隣国ブータンです。

君主制だったので「お隣みたいなことがあったらヤバい」と考えたのでしょう。「王室はあくまで皆さんの象徴、幸せの国の代表という役割です。さあ、これから我が国は立憲君主制。みなさん、選挙に行きましょう！」

こうして2008年に実施されたブータン初の国民議会選挙でブータン初の政党が誕生しました。複数政党ですが、政策に顕著な違いはありません。現在は**国民民主党**が第一党として政権を担っています。

私なりにブータンについて調べたところ、「家族に病気があれば、とにかく休むのが当り前」というお互いがお互いを気遣う精神が国民に根付いていると感じました。山の多い厳しい環境、インドや中国という近隣の大国の中で自国を守るには、助け合っていかざるをえなかったのでしょう。南アジアの国は、インドは別としてまだ民主化して間もないので、これからも変動があるのではないでしょうか。

第7章

Middle East

中東

不安定を克服できない各国の政治

中東について考える際は、２つの軸を持つといいでしょう。

1．民主主義か？

2．アラブ人の国か？

「アラブの春」という民主化運動がチュニジアから広がったにもかかわらず、イスラエルとトルコを除き、軍事政権や君主制など権威主義的な政治のままとなっています。

まずは政治体制として民主主義国家といえるイスラエルとトルコの政党を紹介します。

イスラエルは民主主義システムとテクノロジーを備えた先進国家ですが政権交代によってハマスとの紛争に突入し、政治経済の停滞が懸念されています。

トルコもイスラエルと同様、民主主義を導入しましたが、少数民族弾圧など問題が続いています。

エジプトなどその他の中東の国々は、民主主義とは言えない状況。湾岸諸国は国王の支配で、やはり政党は実質的に存在しません。イランのようにイスラム教の指導者が全てを決める国もあります。

つまり、イスラエルとトルコを除き中東のほとんどの国に政党は存在しない、もしくは存在していても機能していません。簡単な歴史とイスラム教についてのポイントを押さえつつ、どのような政治システムかをさらっと見ておきましょう。

中東

君主制も残る権威主義的政治の中での政党

トルコとイスラエルはアラブ人の国ではない

中東の中でもイスラエルとトルコは「アラブ人の国」ではありません。「アラブ人」の定義は難しいのですが、ルーツはアラビア半島に住んでいた遊牧民。そこで話されていたアラビア語を母語として話す人々が、今ではアラブ人とされています。

中東の非アラブ人の大きなカテゴリーは、「**イスラエル人・トルコ人・イラン人**」の3グループです。

イスラエルはご存知の通り、ユダヤ民族の悲願で建国された国。「ユダヤ教徒＝ユダヤ人」ですから、長いディアスポラ（民族離散）の歴史を経たこともあって、さまざまなバックグラウンドの人々がいます。

トルコ人は中央アジアがルーツのテュルク系民族なので明らかにアラブ人とは異なります。アラブ人と混同しやすいのがイラン人ですが、彼らはインド・ヨーロッパ系のペルシャ人民族です。

宗教で言うとトルコ人とイラン人は共にイスラム教徒ですが、トルコはイスラム教人口の90％を占めるスンニ派で、イランは少数派のシーア派です。イランとイラクがしばしば対比して語られるのは、共にシーア派が多い隣国同士ということも一因です。

中東について言うと、一応は民主制といえるイスラエルとトルコ以外、**民主主義の導入が総崩れに近い**という特徴があります。

外務省時代の若い頃、私はエジプトの民家に2年間ホームステイしてアラビア語を学んだのち、サウジアラビアに赴任しました。外交官としても個人としてもアラブ人に近しく接して親しみがあるからこそ、ある種の忸怩たる思いがあります。

「30年経ってもまったく民主化は進んでいないじゃないですか」と。

同じく民主主義が根付いていなかったラテンアメリカは米国や西欧の価値観を受け入れ、ここ30〜40年で相当に民主化が進みました。アフリカは国によって異なりますが、近代化を遂げている国もかなり出てきました。その点、中東のアラブ諸国の多くは、民主化の進展ということでは、ほとんど時が止まっています。

確かにイラクはサダム・フセインの時代より良くなっていますし、チュニジアが混乱しているのは民主化の第一歩かもしれません……と、贔屓目に見ても、やはり遅い！

親兄弟で政権を回す君主制の国もあり、軍事政権も少なくありません。ラテンアメリカやアフリカには、問題はあるにせよ複数政党制があり、立候補に制約が大きくない形で大統領選挙が導入されていますが、中東の多くはそれすら怪しい。従って本書で紹介できる政党もさほどなく、自称中東ウォッチャーとしては残念でなりません。

人権意識は「ジェンダーギャップ指数」以前の問題？

2018年にサウジアラビアで女性の自動車運転が許可されたのは、画期的なことです。しかし逆に言えば「いまだに運転すら許されていなかったのか！」という驚きを世界に与えたのではないでしょうか。

中東では、まだ中学生ぐらいの女の子が中年男性の元に嫁(とつ)がされ、教育をろくに受けられず幼い身体のまま結婚する例も見られます。

これはインドやアフリカの一部の国にも当てはまることです。女性へのセクハラや性暴力はインドに比べてアラブの国は少ないと思われます。なぜならイスラム教の戒律では男女が一緒にいる場が少ないので、男女が一緒に働く職場でも、夜の懇親会もなく、婚約以前にデートに誘う社会的習慣もない（少ない）ので、セクハラなどのトラブルは起きにくいでしょう。

いい・悪いは別として、ジェンダーギャップ指数で測れない男女の区別があると言えそうです。

女性のみならず人権意識の低さは気になる点で、性的マイノリティにもとても厳しい国が多くあります。イスラム教、ユダヤ教、キリスト教は、もともと「産めよ、増やせよ」と多産を奨励する宗教。かつてキリスト教の国では、同性愛は精神の病気だとして電気ショック療法などが施されていました。しかし、人権意識の高まりを受けて、西欧諸国を中心に同性婚など同性愛は認められる方向にあります。

一方で、イスラム教はスンニ派もシーア派も同性愛に厳しい面があります。

「ＬＧＢＴＱの結婚や権利どころか、カムアウトしたらまともに生きていけない」

そんな苦しい状況があるようです。

民主主義・憲法とイスラム共同体は相容れない？

イスラム教の国では、「神の言葉であるコーランの教えこそ、どんなイデオロギーや政治システムより素晴らしい」と考えている人が多い――、というかそのような考え方がイスラム教としての根底の考え方です。

現代社会においても、国を超えてムスリムが連帯する**「イスラム共同体」を理想とする価値観が根底にあるため、**西欧的な法の支配や「はい、1人1票で選挙をします！」という西洋民主主義的なルールは、根づきにくい土壌なのかもしれません。憲法や法律もイスラム共同体とは相いれない面があるといえるでしょう。

一方で、**イスラム共同体の考え方は「危険で過激だから否定すべきもの」というのは、大きな誤解です。**一部のイスラム原理主義者が歪んだ解釈でテロなどを起こしていますが、本来のイスラム教は平和的。コーランは、いかなる目的であれ無辜の一般市民に対する加害などは一切容認していません。

また、ムスリムは平均的日本人よりはるかに多く貧しい人や被災者への寄附をしますし、障害者に対する配慮もあります。

政治的にも、評価すべき点があると思います。7世紀初めに神の声を聞いた預言者ムハンマドがイスラム教の開祖ですが、ムハンマドが亡くなった直後の正統カリフ時代、弟子たちは話し合いで後継者を決めることにしました。

「身分や血統による世襲ではなく、**話し合いの中で一番優秀な人を選んでいこう**。10人ぐらいの候補者から、人格的にも能力的にもリーダーにふさわしい人物は誰か、とことん意見を出して決めよう」

これがイスラム共同体の基本的な考え方で、古代ローマの皇帝選出においても若干似た面がありますが、当時としては相当に先進的です。この考え方を推したのがスンニ派、「いやいや、やっぱり世襲がいいよ」としたのがシーア派で両者は決裂します。

イスラム共同体の高い理想を持ちながら、現実には国王の権威主義政治が行われていたり、近代化が遅れていたり、紛争が起こったり。複雑な事情を汲みつつ、中東諸国の数少ない政党を見ていきましょう。

イスラエルとトルコ

非アラブ国の重要政党

イスラエル――中東で一番民主的な政党制度

中東で政治システムが制度的に一番民主的な国はイスラエルです。議院内閣制で国家元首は大統領、政権は首相が主導します。いろいろな政党が存在し、完全な比例代表制による選挙が行われ、得票が多い政党が議席を得て、大抵は合従連衡で政権を担う。まさしく〝ザ・民主主義〟です。

ただし、ハマスと紛争が起きて以降の**ベンヤミン・ネタニヤフ首相**の言動は、果たして民主的なのだろうかと眉を顰めるものです。特に**司法権の独立性**を抑える改革政策が、非難を浴びています。また、連立政権を組んでいる対パレスチナ強硬路線の政党の影響で、ハマスとの戦争が長期化しているとの指摘もあります。

イスラエルの主要政党は、**パレスチナ問題にどう対応するかで、保守とリベラルに分かれています。**この点は、対中政策で政党が分かれる台湾とどこか似ており、外交政策が政党を分けるパターンです。それだけ、外交が内政にも深く影響を及ぼしているということでしょう。

長きにわたって政権の中心にあった政党が**「リクード」**。リクードとはヘブライ語で「団結」を意味します。保守のネタニヤフ首相（2024年6月現在）の政党です。もともとパレスチナに厳しく、**中東の軍事大国イランとは、極めて対立的な政党**でした。

やはり伝統があり中心的だった政党が**リベラルの労働党。**第1次中東戦争（1948年〜1949年）で活躍したイツハク・ラビン元首相の政党です。彼はヨルダンと平和協定を結んだことで1994年にノーベル平和賞を受賞。アラファト議長と握手をするラビン首相の肩に、クリントン大統領が手を置く――オスロ合意の様子は全世界で報じられました。こうした経緯から**労働党はパレスチナに融和的な政策を取っていました。**ところが1995年、ラビン元首相は暗殺されてしまいます。

リクードと労働党の間で政権が担われてきましたが、２００６年には中道政党のカディマが労働党と組んで連立政権を成立させました。

その後、複数の連立政権の変遷を経て、労働党が長期的に衰退する中、２０２２年の選挙でリクードが第一党に返り咲き、ネタニヤフ政権が復活。イスラエルは建国以来、パレスチナやイランと緊張関係が続いていることもあって徴兵制がありますし、政治にも軍の影響が強い。これはリクードに限らず歴代イスラエルの政権に言えることです。

世界が懸念していたのは軍の影響ではなく、ただでさえ対パレスチナ強硬路線のリクードが、**右派ポピュリズム政党「ユダヤの力」と「宗教シオニズム」と連合政権を樹立したこと**でした。

リクードも反パレスチナ路線とはいえ、長く政権を担ってきただけに現実的な視点もあり、あまり極端な政策は打ち出してきませんでした。それなのに**2つの右派ポピュリズム政党と手を結んだ**——世界の懸念は現実となってしまいました。別の政党との連合政権ならイスラエル・パレスチナ紛争が回避できた可能性もなきにしもあらずで、イランとのさらなる緊張関係も憂慮されるところです。

国家治安相の**イタマル・ベングビール（ユダヤの力党首）**は、メディアにも盛んに登場する有名政治家で「パレスチナ人はまとめてどこかに移住させてしまえ！」と息巻いています。**ベザレル・スモトリッチ財務相（宗教シオニズム党首）**は、「ガザを永久に統治する」と強硬姿勢を表明。

ネタニヤフ首相はますます強気で、爆撃による被害者は増えるばかり。同盟国の米国まで頭を抱える泥沼となっています。

もう一つ忘れてはいけないのは、イスラエルにはアラブ人の政党もあるということ。その一つ**「ラアム」**は与党として政権に参画したこともあります。ユダヤ人の国にアラブ人の政党があり、与党にもなるというのは、見落としがちな点です。

建国から76年、イスラエルの公用語はヘブライ語です。長く公用語だった**アラビア語は2018年に公用語から外されました。**

もっとも、街の至る所にヘブライ語とアラビア語二つの言語の標識があります。

人口の2割を占めるイスラエルのアラブ人は、確かに抑圧されています。ハマスとの戦争は、**イスラエル国籍をもつ「イスラエルアラブ」の立場を苦境に追い込んでいます。**彼らに徴兵義務がないのは、有事の際にアラブ側につく可能性を織り込んでのことだと思います。

ちなみにパレスチナ人とは、イスラエルの領地と重なるパレスチナの地にいるアラブ人のこと。彼らから見たイスラエル人とは、自分たちの国に突然やってきて占領した侵略者ですし、そんなならず者に追い出されたり、狭いエリアに強制移住させられたりしたのですから耐えられないでしょう。私は理不尽さに憤るパレスチナ人に共感しますが、同時にイスラエル人の鬱屈もわかる気がします。

イスラエル人から見ると、占領したという側面はあるにせよ、もともと自分たちの先祖の土地に遥かな時を経て〝帰ってきた〟のです。それなのに日常的にパレスチナからの攻撃に怯える生活が何十年も続けば、苛立ちが募るのは当然です。

和平合意も進展せず、**希望が持てない状況が、右派ポピュリズム政党台頭に結びついた**のだと思います。ラビン元首相がノーベル平和賞を獲った今から30年前とはずいぶん変わってしまいました。

「それでも、政権交代を繰り返してきたイスラエルには必ずまたゆり戻しがある」

これが私個人の見解です。このまま右派ポピュリズムの軍事国になってしまうかと言えば、決してそうはならない。なぜなら、２０００年の間したたかに生き残った「グローバルにものを見て考える」というユダヤ人の特性や、世界に広がるユダヤ・ネットワークまで消滅するとは考えにくいからです。

ネタニヤフ政権のハマスへの弾圧は経済発展には確実にマイナスで、司法制度の信頼が脅かされたことで欧米企業が撤退していくでしょう。正確な予測はできませんし、希望的観測かもしれませんが、「この政権はそう長く続かない、第３の政党に登場してほしい」と私は願っています。

トルコ――弾圧やイスラム主義の影響を受けながらも多党制を維持

最近の情勢を見ると変更も必要ですが、従来言われていたのは**イスラエルが中東で一番の民主主義国なら、二番はトルコでしょう。**あくまで〝中東で〟という但し書き付きで、民主的と言えない部分も多々あります。

大統領制で複数政党制。長らく議院内閣制で首相が政府を動かし、大統領は象徴的存在だったのですが、反体制派を弾圧し、権限拡大を目指すエルドアン大統領（任期、2014年〜）が主体となって2018年に憲法を改正し、議院内閣制を廃止して**実権型大統領制**に移行しました。絶大な権力を持つようになった大統領は、国家元首かつ政治の実権を握る大統領として国際社会と渡り合い、行政権も持ち、司法にも干渉していると言われています。

一院制の議会もあり、「大統領は直接選挙、議員は比例代表制」というかたちで市民による選挙も行われています。**選挙がある以上、完全な権威主義体制とまでは言えませんが、クルド人弾圧など実態はエルドアン大統領の強権的な政治になっています。**

エルドアン大統領の**公正発展党**（AKP）は2001年結成と比較的新しく、支持を集めている理由は**穏健イスラム政党**であるということ。つまり〝イスラム回帰〟の政党です。政策を見ていると、「本当に穏健？」と素朴な疑問も湧きますが、少なくともそのような説明がなされることが多くあります。

およそ100年前、オスマン帝国の崩壊で建国されたトルコでは、建国の父ムスタファケマル・アタチュルク率いる**共和人民党**が、民主主義と政教分離を強く訴えていました。それが近代化の鍵だと考えていたのです。

「アラビア文字でなくアルファベットにしよう。女性も参政権を持つべきだ」

そののち政権をとったいくつかの政党も「女性はスカーフを被らなくていい。いや、近代的な国なんだから被るな！」「脱イスラム、目指せ欧州」という考えでした。

世界に冠たるオスマン帝国は、イスラムの栄華の記憶。西側から見れば「旧弊な帝国を西欧化してやったのだ」となりますが、敬虔なムスリムから見れば「前のままがよかった」。歴史は勝者によって語られるので、西高東低のきらいがあることに注意が必要です。市井の人々はイスラムの価値観で暮らしていますから、極端に風習や価値観を変えられたら「我々は西洋人ではないのだ」と抵抗を覚えます。

そこにエルドアン大統領が登場し、「穏健イスラム政党は、今の時代に即した経済政策はしっかりやります。でも、イスラムのこともちゃんと考えますよ」と宣言して大人気に。トルコは、カリスマ的リーダーが出てくると、政策を一旦わきにおいて、国民的人気が出ることがありますが、エルドアンもその系譜に連なるといえそうです。

インフラを整備し、経済成長を実現させるなど、彼の政治的手腕も含めて評価が高まり、今や並ぶものがないぐらいのパワーをもつ政党です。2023年5月の大統領選では、野党の統一候補との接戦を制して、実権型大統領として三期目に入りました。

並ぶものがないのは、〝並ぶとやられる〟からかもしれません。前述の通り、2016年にクーデター未遂があって以来、エルドアン大統領は反政府的な学者やジャーナリストを逮捕、その数は4万数千人と言われていますから、逮捕どころか粛清です。その後も厳しい言論弾圧は続き、国際社会で非難されています。

選挙という洗礼は確かに受けています。しかし、当選後反対派を弾圧する。しかし、国民的人気があるのでまた当選する、といった状況が続いています。

さて、共和人民党は現存しますが存在感は小さくなり、代わりにエルドアン大統領と協力しているのが**民族主義者行動党**。「トルコをトルコらしく統一すべきだ。少数民族の政党なんて潰せ潰せ！」と、強権的主張をしています。

「潰せ！」と名指しされているのは**国民民主主義党、クルド人の政党**です。メディアによく出てくる**クルド労働者党（PKK）はテロ組織と見なされ、国会議員になる資格がありません**。実際にクルド人独立のために戦っているのに、議席を持てないのです。

この辺りはなかなか老獪な政治手腕と言えるでしょう。穏健なクルド人政党はあえて認めて、「トルコはちゃんと少数民族の権利を尊重する、人権重視の近代国家ですよ」と国際社会にアピール。そして強硬なクルド人政党については「あー、あれは政党じゃないですよ。過激なテロ組織です」と弾圧しているのです。

クルド人は世界に三千数百～四千万人いるとされる、国を持たない最大民族。オスマン帝国崩壊後に国境により分断され、トルコ、イラン、イラク、シリアに居住しています。インド・ヨーロッパ系のクルド語を話し、独自の文化を持つ民族です。

彼らは自治やクルド人国家の成立を求めて戦っていますが、イラン・イラク戦争やシリア紛争にも参戦。

クルド人問題は非常にセンシティブで、トルコの政府関係者の前でクルド問題を口にするのは、天安門事件について中国共産党に尋ねるようなタブー。クルド労働者党はその象徴のような複雑な存在です。

このような状況を逃れるため日本に避難しているクルド人も多数います。埼玉県川口市には多数のクルド人が居住していることで知られます。

アラブ人、イラン人の国

ムハンマドの理想と現代社会の現実

エジプト——軍事政権による権威主義とムスリム同胞団

大統領制で選挙もあるエジプトも、ピラミッドとクレオパトラのイメージとは違って政治的に混乱しているマッチョな国です。**現政権のアブドゥルファッターハ・エルシーシ大統領は2013年に軍事クーデターで誕生しています。**二院制の議会にはいくつかの政党がありますが、実質的にはエルシーシの軍事政権。2023年に前倒しで行われた反体制派を排除した大統領選では90％の得票率で圧勝、任期は２０３０年までというのですから、相当に権威主義的です。もちろんこの選挙、国際社会では公正なものと見られていません。

エジプトの歴史をみると、「西側かアラブ世界か」で綱引きが行われてきたことがわかります。１９５２年に革命が起きて、19世紀英国の保護領時代から成立していたムハンマド・アリー王朝の国王が追放され共和国となり、その後アラブ社会主義を掲げるナセル大統領政権が誕生。西側とは距離を置き、**アラブ全体の統一を考えていました。**

次のサダト大統領は「もう少し自由化して西側に」というスタンス。イスラエルと和平条約を結んで国交を持ちましたが、イスラム過激派に暗殺されてしまいます。

サダト政権で副大統領だったムバラクが次の大統領。ちなみにナセルもサダトもムバラクも全員軍人出身です。軍寄りの彼らにとって、**仮想敵たる政党はムスリム同胞団。**その名の通り、イスラム主義の政党です。

30年も続いたムバラク政権が終焉を迎えたのは、貧困と政府の抑圧に抗議する市民が立ち上がった「アラブの春」。２０１０年、チュニジアから始まったこの運動は中東と北アフリカ、アラブ世界全体に広がりました。

選挙で誕生した新大統領はムハンマド・ムルスィー。ＮＡＳＡでの勤務経験を持つ工学博士であり、帰国後は大学教授もしていたというインテリ中のインテリです。

「多少のトラブル？　力で抑えたらいい」というマッチョな軍事政権がずっと続いていた国で、政治や行政に慣れていないインテリが選ばれたのは、不幸といえば不幸です。また、ムルスィーは**自由と公正党の党首**ですが、この政党はムスリム同胞団が改名したもの。イスラム教重視ですから世俗主義や軍部からの反発は強く、またまたクーデターが起こります。わずか1年間の任期。最期の獄中死は、不幸どころか悲惨な運命です。

クーデターの中心にいたのが、国防大臣だった現大統領のエルシーシ。軍事政権vs.ムスリム同胞団の綱引きは、ぐぐっと軍事政権に引き寄せられました。

かつて私がエジプトに住んでいたのはムバラク政権の頃で、軍部の力の強さは体感としてあります。まだまだ貧しい国で「軍隊に行けば食っていける」という人も多い。困った時は軍頼み――これが有力軍人が支持され、軍事政権のクーデターも容認されてしまう背景にあるのかもしれません。

「アンチ・ムスリム同胞団ということは、軍部はムスリムではないのか？」

素朴な疑問を持つ人がいるかもしれませんが、**軍事政権の人たちも同じイスラム教徒です。ただしトルコと同じく世俗主義で、「イスラム教は尊重しつつ政治的には世俗主義で行きましょう」**という考え方。ムスリム同胞団のようにイスラム主義を掲げた国となると、大きく社会のシステムを変えなければならないので、「そこまでイスラムを前に出すのは断固反対」となるわけです。しかしこれらはあくまで概論で、これから軍主導の世俗主義の政党が、イスラム教の価値観に基づく政策をとるシナリオもあり得ると思います。**フランスは「そこまで言わなくても……」というほど政教分離を徹底していますが、それでもキリスト教の価値観はどこかしら滲んでいます。**たとえば、フランスの国旗はカトリックのシンボルである白と青の色を使用しています。宗教や民族やアイデンティティに関わることは、そう簡単に切り離せるものではありません。

エジプトにはヌビアなどの少数民族もいますがほぼアラブ人、9割はイスラム教徒です。その1割に満たないなかに、キリスト教の古い会派であるコプト教徒がいます。

1990年代に国連事務総長を務めた**ブトロス＝ガーリ**はエジプト人のコプト教徒で、「アラブ人だけどキリスト教徒。だからアラブ世界と西側の橋渡しができる」と期待されていました。イスラム教でもキリスト教でも、橋渡しとなる人物が再び登場し、新たな政党ができるのか？　仮にできたとして、銃弾に倒されないか？

アラブの春から10年以上すぎても、エジプトの春はまだ訪れそうにありません。

シリアとイラク――
バアス党という共通点から見えるシーア派の逆襲

「ロシアがウクライナに侵攻？　いいんじゃない、どんどんやれ！」

表立って表明したのは、ベラルーシのルカシェンコ大統領と**シリアのアサド大統領**です。ハフェズとバッシャールのアル＝アサドは〝独裁者の親子鷹〟。シリアは選挙もある大統領制ということになっていますが、**「バアス党とアサドが圧勝」**と最初から決まっている出来レースです。

２０１１年、アラブの春から始まったシリア危機で、反政府勢力とアサド政権は戦闘状態になり、大混乱に陥ります。アサド側が化学兵器を使用したことは国際社会の非難を浴びました。死者40万人、国内避難民６９０万人、レバノンなどに脱出した難民は５５０万人と「史上最悪級の人道危機」と言われています。

シリア内戦で、反政府勢力を支援したのが米国と西欧諸国。アサド政権についた国はロシア、イランでした。

シリアは新約聖書を書いた聖人の１人であるパウロがキリスト教に回心したダマスカスを首

都とする国で、古代においてはローマ帝国の支配を受けていました。歴史的にキリスト教もイスラム教も共存していて、その証拠に第87、90代ローマ教皇はシリア出身です。

　現在の多数派はイスラム教徒で70％がスンニ派ですが、シーア派系列のアラウィ派もいます。父のアサド元大統領はこのアラウィ派にもかかわらず、スンニ派とうまく関係を築くことで政治家として成功しました。


　もともと中東には「アラブ世界は一つだ」という考え方があります。「同じ言語、同じ宗教の我々はつながるべきだ」という**民族主義**で、エジプト元大統領のナセルも共鳴し、ごく短期間ではありますが、エジプトとシリアが国家連合を組んでいたこともあります。

　イスラム共同体の〝穏健な現代版〟を試みるも、法や政治という近代システムに合わずに失敗した政党が、前述したエジプトのムスリム同胞団。

「法律とか人権とか細かいこと言ってるからダメなんだよ！　逆らう者は殺せばいい」と極端に推し進めたのが過激派組織ＩＳ（**イスラム国**）です。ＩＳはローマ帝国時代の貴重な遺跡パルミラの神殿を破壊するばかりか、無辜の人々を大量殺戮したテロ集団。西側によって制圧されたわけですが、似た組織はまた出てくるでしょう。

　圧政を強いるアサド政権は終わる気配がありません。反政府組織が武闘派になり、テロ行為に走ったのも事実ですが、政府は拘束した人々に拷問や性暴力など、非人道的な制裁を加えていると報じられています。

イラクとイラン――大国の〝地政学ゲーム〟に翻弄された国

イラクは、政治システム的には「政党も選挙もある民主主義」となっていますが安定していません。シーア派の政党は親イラン派、スンニ派の政党は反イラン派、クルド人系の政党もあります。

2022年にようやく発足したのが、シーア派中心の連立政党のスーダーニー内閣。イラクでは「内閣にはあらゆる宗派・民族の人にポストを」となっているのですが、「シーア派政党はわりと親イランなのに、経済協力を考えたら米国とも近づいたほうが良さそう」と、あちらを立てればこちらが立たず状態に。

一方、イランは1970年代に急速な西洋化を遂げました。なぜなら米国が、シャー（王）であるムハンマド・パーレビを担ぎ上げ、「イランを足がかりに中東で勢力を伸ばそう」と考えたのです。しかしペルシャ帝国の末裔で誇り高きムスリムはこれに猛反発。

1979年のイラン革命でシャーは追放され、テヘランの米国大使館人質事件を経て、イランは米国と国交断絶。がらりと方向転換し、「アンチ米国のイスラム原理主義国」になって、現在に至ります。

イスラエルの存立を認めないこともイランの反米の一環ですが、科学論文の数が多いなど隠れた科学技術先進国のイランは中東では珍しく軍事的に強い国。イスラエルの核兵器に対抗しようとせっせと開発しています。

「お願いだからやめましょうよ。中東が全部燃えちゃう核開発とか怖いから。その代わりに西側は経済制裁をやめます」

これが国連安保理にドイツを加えた**6カ国協議とイランとの核合意**です。ところがトランプ政権は、「それってなんの話？　俺は知らんし」と離脱してしまいました。こうした経緯で、イスラエルと米国が「不倶戴天の敵」と思っているイランは、軍事的脅威を増しています。

国内の統制も厳しく、２０２２年に「スカーフで適切に髪を隠していなかった」と、警察に拘束されたマフサ・アミニ氏は警官に暴行を受けて死亡。各地で抗議デモが起きています。女性の人権を求めてノーベル平和賞を受賞したナルゲス・モハンマディ氏は、今も拘束されたままです。

事実上、政権交代がないというのも、イランの自由のない事態を絶望的にしています。イランは共和制で国民の直接選挙によって大統領が選出され、一院制の議会には〝保守派〟や〝やや改革派〟など複数の政党がありますが、これらを全てコントロールするのが宗教的最高指導者**ハメネイ師**。

シーア派には古来、指導者として11人のイマームがいて彼らの話し合いで政治が行われてきました。「12人目のイマームはどこかにお隠れになっていて、いずれ現れたのちにイスラム共同体が造られる」という考えがあるのです（なお、シーア派の中にも多数の宗派があります。スンニ派においてイマームはもっと一般的な指導者の意味に使われます）。

現在の最高指導者ハメネイ師は、イラン革命の指導者ホメイニ師の死後1989年に専門家会合で選出されました。イスラム教のウラマー（法学者）でもあり、シーア派における〝イマームの代理人〟で、**大統領より遥かに偉い国家の最高権力者。**ウラマーですから、司法も彼が握っています。ちなみに宗教指導者の任期は「その人が生きている限りずっと」です。

ハメネイ師は80代半ばと高齢であり、いずれ〝任期の終わり〟は来るでしょう。しかし次の最高指導者はウラマーの話し合いで指名されると決まっています。初代最高指導者ホメイニ師が1989年に亡くなってハメネイ師に代わったときのように、何の変化もなく最高指導者による支配は続いていくはずです。

選挙で選ばれた大統領もハメネイ師に逆らうことはできません。

抗議運動も起きているので「イランが変わることはない」とは言いませんが、現体制は強固であり、今の段階では体制が崩れて新たな政党が現れる可能性は、少ないでしょう。

湾岸諸国とマグレブ

王家の力が強い〝江戸時代〟の政治

GCC——王様がいれば政党は不要なのか

中東の湾岸諸国には、だいたい国王がいます。湾岸協力理事会（GCC）に加盟しているサウジアラビア、UAE（アラブ首長国連邦）、バーレーン、オマーン、カタール、クウェート。これらの国では世襲の王や首長による政治が行われています。

クウェートにはイスラム主義を含む複数政党と国民議会がありますが、実質的な権限は、首長。**バーレーン**も一応代議制はありますが、やはり国王とその一族が権限を持っています。

UAEは連邦君主制。国会にあたる連邦国民評議会のメンバーは、選挙により選出される20名および各首長の勅選により任命される20名、計40名の議員（任期4年）から構成されますが、立法権は限定的。UAEを構成するのは7首長国の首長です。大統領はアブダビの首長、副大統領がドバイ首長というのが慣例のようです。

基本的に「議会が形だけある」というのがクウェート、バーレーンなど。議会すらない国もあります。

国王が実質的に政治的権力を持つ地域は、世界的に見ても中東以外にあまりないと思います。大洋州諸国のトンガやブータンも国王が実質的な権限を持っていますが、王の権限がここまで明文化されているのは中東の湾岸諸国ぐらいでしょう。

王様が政治的権力を握る状況はある種〝江戸時代〟のよう。王様がいれば、政党はいらなくなる……。そんな実情が見えてきます。

サウジアラビアに見る国王支配のリアル

かつて住んだことがあるサウジアラビアについて、個人的に言いたいことも言えることも山のようにありますが、**「政党」というテーマではゼロ。諮問評議会がありますが、国王の傀儡の**

ような存在です。国王が閣僚会議を主宰して、閣僚に多くの王族が就任、要するにサウド家による世襲の権威主義政治。徳川将軍家が世襲で全権力を握り、何の制約もなかったのとあまり変わりはありません。ただし、教育や福祉をはじめ国民の福利や雇用には巨額の財源を使っており、その意味では、江戸時代とは大きく異なります。

建国約100年と国家としてまだ若いサウジアラビア。第七代の**サルマン国王**は初代のアブドルアラジーズ国王の息子ですが、第二代からずっと兄弟によって王位は継承されていました。現国王とは30年ほど前、彼がリヤド州知事だった頃に大使館のパーティなどで何度かお目にかかったことがありますが、〝将来の王様候補〟と目されているだけあって圧倒的に偉い人。日本の大使をはじめ来賓とにこやかに談笑し、人を逸らさないコミュニケーション上手な様子は、いかにも外交に慣れている印象でした。

実権を握るとされる息子の**ムハンマド皇太子**は英語が堪能ですが、日本の天皇のようには留学しておらず、おそらくお抱えの家庭教師から英語を学んだのでしょう。

湾岸諸国は飛行機で1、2時間という近さもあり、王族同士の集まりも多くあるようです。ただし、昔のヨーロッパの宮廷のような王室間の婚姻関係が多くあるわけではなさそうです。

絶対権力に逆らえず、人権意識が薄いという意味でも、湾岸諸国は時代に取り残されています。

たとえば2018年、サウジアラビアのムハンマド皇太子に批判的な記事を書いていたジャーナリストのジャマル・カショギ氏が殺害されたことは、国際社会に衝撃を与え、非難の声が轟きました。

その一方でムハンマド皇太子は「サウジ・ビジョン2030」を掲げ、経済発展と女性の社会的権利の向上を目指しています。前述した運転免許取得、就労の自由、父親や男性親族の許可なくパスポートを取る権利、出産や離婚を女性が申し出る権利を認めました。

逆にいうと、「えっ？　そんなことすらダメだったの」と驚愕するのですが、サウジアラビアおいて画期的であることは確かです。

しかしサウジアラビアの人々も別の意味で「えっ？」となっているようで、歓迎する女性がいる一方、「イスラムの伝統・風紀が乱れる」と抗議デモが起きています。

「サウジアラビアに限らず、湾岸諸国の国王は尊敬されているのか？　人々は王族の支配に不満はないのか？」

日本のビジネスパーソンは素朴な疑問を抱くでしょう。一概に答えるのは難しいのですが、本音の部分では不快に思う人もいると感じます。仮に本音アンケートを湾岸諸国で実施できたなら、「今の政治システムを支持しない」というのが世論かもしれません。

それでも湾岸諸国に暴動は起こらない理由は、**オイルマネー**です。

たとえばサウド家は徳川家より遥かにお金があり、税金は非常に安く、公立学校の教育費無料など国民に優しい制度を整えています。イスラム社会では日中は断食するラマダンの間、日が暮れると家族でご馳走を食べる習慣があります。そんな時期、貧しい人や出稼ぎ労働者のために無料で食事を配布したり、メッカ巡礼者にはペットボトルの水を用意したり、気前の良い振る舞いはすべて王族や富裕層のお金。王族の家にはマジュリスという食事会がありますが、そこに行って「お金がなくて困っている」と言えば、10万円ぐらいはポンともらえたりします。

これらは懐柔政策であり、日本の自民党政権がしばしば指摘されている「ばら撒き政策」そのものですが、生活全般に及ぶばらまきですから**桁違いの金額**です。

ちゃんと生活できるくらいに経済的に安定していれば、人はイデオロギーに不満があろうと、極端な反体制運動まで起こさないのかもしれません。また、「イスラム教」という共通の価値観に反していない限り、支配を受け入れるとも言えます。

やがて頼みの綱のオイルマネーがなくなったら？　その不安なシナリオについて一番真剣に考えているのは、当の王族なのかもしれません。

マグレブ、その他

湾岸諸国以外で国王がいる中東の国は、**ヨルダンとモロッコ**。

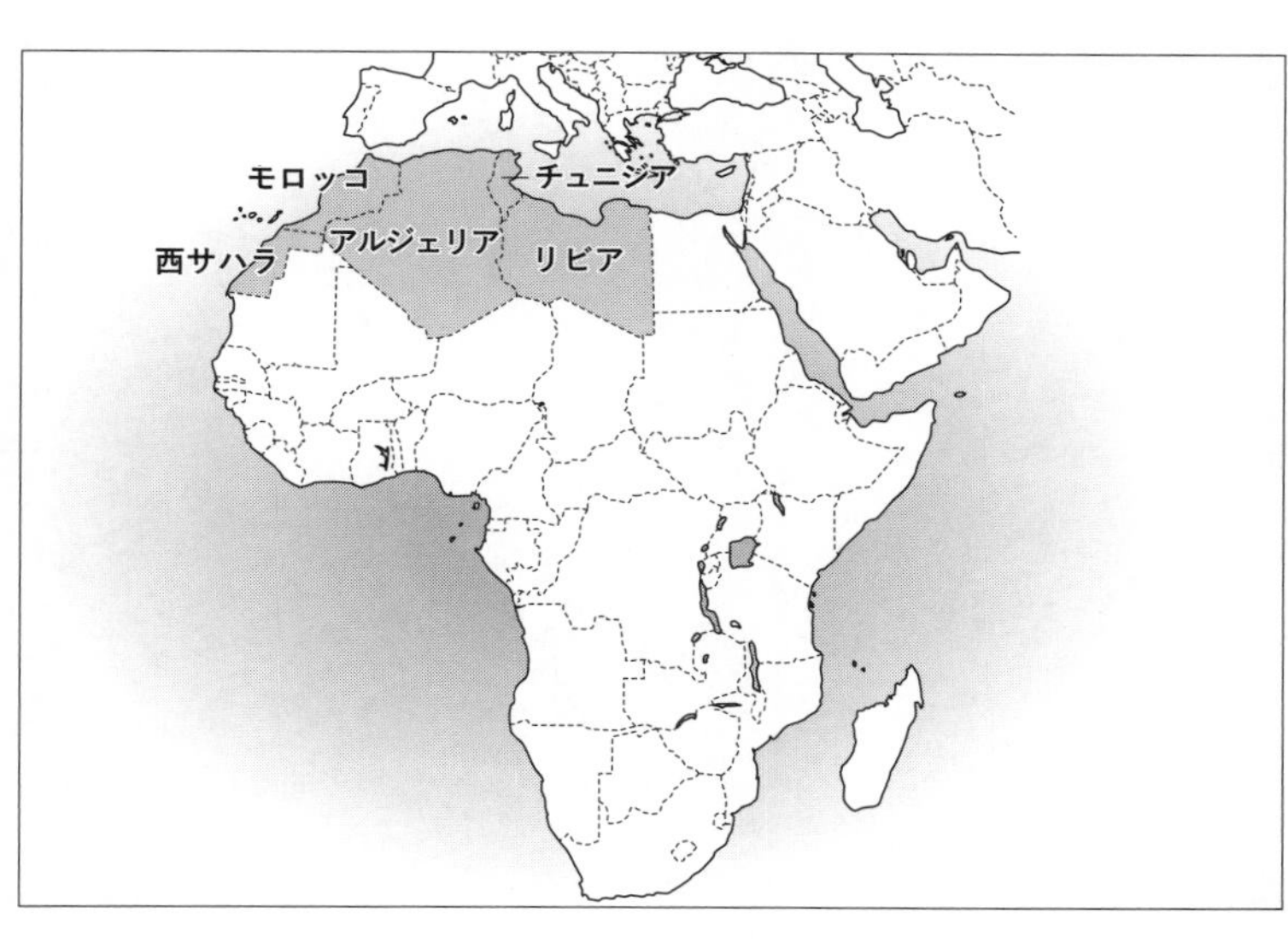

議会もありますが相当に国王権力も強く、一般的にいわゆる民主的な国とは見られていません。私のイメージでは、**「サウジアラビアと、完全な立憲君主国である英国の中間」**といったところです。

マグレブはアフリカ北西部のフランス語圏のアラブの国々。モロッコ、チュニジア、アルジェリア、リビア、西サハラを指します（リビアはフランス諸国ではありません）。モロッコ以外、国王はいない国ですが、いろいろな制約や権力者の過剰な介入があり、混乱しています。

マグレブ、中東を全体として見た時、一時は**「アラブの春の優等生」**と言われたチュニジアも今は混乱しています。

第8章

ラテンアメリカ

Latin America

「貧富の格差」の克服を目指す政党

ラテンアメリカの国々は冷戦時代から左右に振れてきました。２０２４年6月現在、与党は比較的左のリベラルが多くなっています。宗教は、スペインやポルトガルの支配時代の影響でキリスト教・カトリック。ヨーロッパの価値観を受け入れて民主化しており、民族の融合で比較的人種差別も少ないといえます。

80年代までの米国は、さまざまな形でラテンアメリカに介入してきました。「自分の裏庭にソ連の傀儡国家ができるなんて絶対許さない！」あまりにも露骨な介入が行われ、冷戦期多くの左派政権がクーデターで倒れました。米国の大義はまず「ソ連の支配から世界を守る」というもの。同時に「米国企業を現地の迫害から守るため」という、どこかの国が最近言っていたような「それって大義名分になるの？」というものもありました。

米国が右寄りの傀儡政権をつくると、革命やクーデターが起きて倒れる。そこに旧ソ連が近づいて、左寄りの政権ができる……。「真の変革は危機的状況によって起きる」と経済学者ミルトン・フリードマンは強硬に自由主義市場を推奨し、その拡大のために米国のラテンアメリカ介入に関与。危機的状況を人為的に起こしたと言えます。カナダ人ジャーナリストのナオミ・クラインはそのさまを、『ショック・ドクトリン』にまとめています。

米国の介入がなければ、ラテンアメリカはもっと普通に発展したのかもしれません。

冷戦終結で米国の介入もなくなり、90年代から普通選挙が行われているラテンアメリカ。治安悪化と貧困問題はリベラルの「大きな政府」で解決できるのか？　代表的な国を見ていきましょう。

ラテンアメリカ

民主主義だが左右に揺れる不安定な政党

ラテンアメリカで起きたピンク・ウェーブ

ラテンアメリカは民主主義ですが軍事的なパワーが働くこともあり、右派にも左派にも揺れます。

経済格差が大きいために、冷戦期の資本主義 vs. 社会主義の構造を引きずっている面もあります。そのため、本章では、保守・リベラルに代わり、**右派・左派**の区分を用いることにします。

人気取りのために巧みな言葉で人の心を掴み、**ポピュリスト的**にお金をばら撒く政党は右派にも左派にもいますが、左派に振れることが多いのがラテンアメリカの大きな特徴でしょう。

左に振れる理由その1は、貧富の差が大きいこと。

社会民主主義的でリベラルな政府というと北欧を思い出しますが、あちらがたまに振れることはあっても激震にはならないのは、経済的にも比較的安定しているためです。「その気になれば、小さな政府で自由競争もできるけれど、ベターウェイとして大きな政府の福祉国家を選択している」という傾向が北欧にはあります。さもなくば市民が高い税率に納得しないでしょう。

一方、ラテンアメリカは**「貧しさ故に小さな政府になりきれないから、必要に迫られて大きな政府になっている」**と言えます。小さな政府が標榜する「みんな自己責任で頑張ればいい」という市場経済重視の自由競争は、力がある者しか勝てない過酷なゲーム。明日のパンも心配している貧しい人たちは、取り残されてしまいます。

ラテンアメリカは新興国で、大部分が貧しい人たち。民主主義ですから、政治家は当選したかったら彼らの票を獲得せねばなりません。「貧乏人なんか無視して好きにやっていればいい」と突っ走れば、革命も暴動も軍事クーデターも起きますから、ラテンアメリカの多くの国は大きな政府を掲げ、貧困層を救済する施策を考えることになります。たとえばエジプトは「どんなに貧しくてもパンだけは食べられるように」と政府のコントロールで食品の値段を極力下げています。これと同じようにラテンアメリカでも現金給付などの制度があります。

左に振れる理由その2は、**米国の過剰な介入への反発**です。**米国は政治的、経済的、軍事的に何度となくラテンアメリカに介入してきました。**

スペインに支配されていたラテンアメリカの国々が19世紀初頭に独立しようとした時、米国の大統領ジェームズ・モンローは「西欧は西半球の国々を新たに植民地化したり帝国の一部としたりすべきではない。米国も西欧の内政に口出ししない」と提言、これをモンロー宣言と言います。

「さすが新しい自由の国。ヨーロッパの古い支配から独立するラテンアメリカを応援した！」こういう話だと恰好良いのですが、残念ながらそうではありません。モンロー主義は孤立主義とも言われ、「私は私で好きなようにやるから、ほっといて！」という文脈で使われることもあります。

欧州がおとなしくしている間に、米国はラテンアメリカで足場を固めていきました。20世紀初頭の米国は「えっ、パナマはコロンビアから独立したいの？　じゃあ応援するよ」と言って

ラテンアメリカの政党の傾向

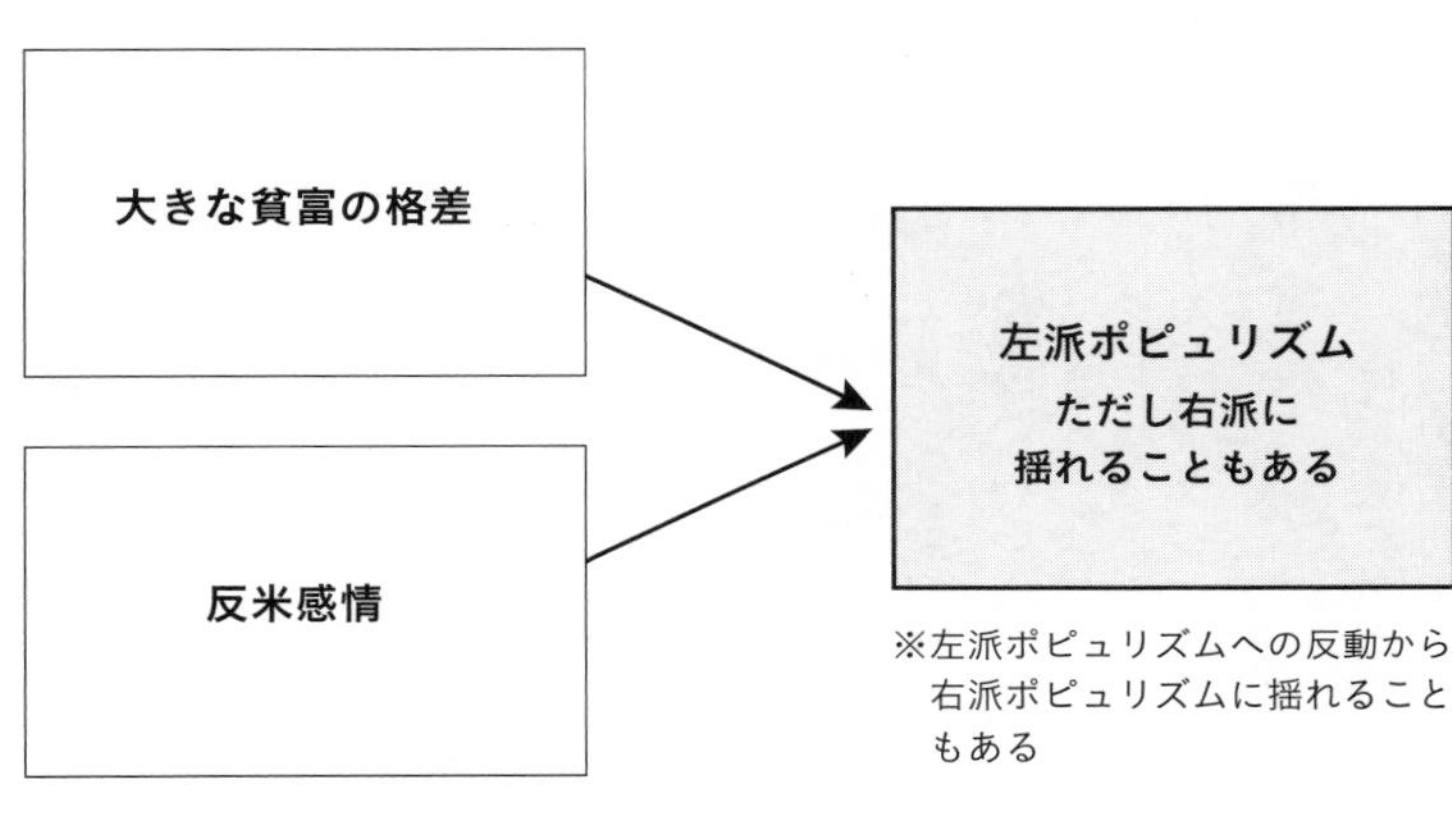

経済支援をする代わりに、パナマ運河の永久使用権をゲットして政治介入。

事実上の米国支配状態にパナマ国内の反発が膨らみ、独裁的なノリエガ政権が台頭します。するとすかさず「ノリエガは麻薬王の大悪党だ」とパパ・ブッシュ政権が軍事介入。確かにノリエガは麻薬密売で私服を肥やしていましたが、米軍侵攻をパナマの人々は大歓迎したわけではなさそうです。

パナマだけでなくラテンアメリカの複数の国で米国は同様のことを行い、特に冷戦下では旧ソ連共産党の〝レッドウェーブ〟が及ばぬようにかなり無茶なこともしています。

特にひどかったのが1970年代のチリでしょう。民主的選挙で選ばれた左派政党のサルバドール・アジェンデが政権をとっていましたが、「まずい、このままではチリもソ連の赤に染まってしまう」と米国は危惧。共和党ニクソン政権は右派ポピュリズムのピノチェト将軍を支援し、クーデターを起こさせたのです。アジェンデの腹心、オルランド・レシェンテは亡命したワシントンD.C.で事故死、アジェンデはクーデターの最中に自ら命を絶っています。

いわば米製の傀儡政権ですが、ピノチェトの人権無視の横暴は凄まじく、国際社会から非難轟轟。それでも米国は〝自分の裏庭〟が大事で、「世界を社会主義から守るためだから仕方ない」と聞く耳を持ちませんでした。

米国がどれだけの国に介入していろいろな政権を転覆させているのか、**ラテンアメリカや中東の視点に立つと、世界がまったく違って見えてきます。**

インドをはじめとしたグローバルサウスの国々が必ずしも米国など西側諸国の見解に従わないのは、米国が中東やラテンアメリカでしてきたことを見てきたからでしょう。「あなたに言われたくない」と思っているのです。

こうして米国の影響を受けると同時に、反米的に左派が強くなっていった経緯から、ラテンアメリカは「赤ならぬ**ピンク・ウェーブ**」と言われるようになりました。

本書を執筆している時点で、**ラテンアメリカの大半の国は左派政権の系譜ともいえるリベラル志向の政権。**北欧とも似ていますが、違うのは既存のエリートを攻撃して支持を集めようとするポピュリズム傾向があること。ヨーロッパでは右派ポピュリズム政党が目立っていますが、**ラテンアメリカに関しては左派のポピュリスト的な政党が強い。**こう考えると、世界全体を分析する時に、「右か左か」と言いきるのは非常に難しいと思います。

世界はバラ色ではありませんが、〝ピンク〟なのかもしれません。

経済格差が国家体制にビルトイン

過去には軍事独裁政権が目についたものの、現在のラテンアメリカはほとんどの国が多党制で政権交代がなされています。中東やアフリカと比較すればはるかに、アジアと比較すれば同等かそれ以上に、民主主義が根付いています。

この理由として学術的な分析はいろいろあり得るでしょう。個人的にはスペインからの移民主導で近代国家が成立したために、古代ローマ帝国の「法の支配」が根付いた面があるのではないかと解釈しています。

ラテンアメリカは、中東に比べると宗教や民族は政治の前面には出てきません。宗教はカトリックが圧倒的に多いので、対立構造にはなりにくいのでしょう。

ボリビアのように先住民の影響力が強い国もありますが、**ほとんどの国は民族の対立は全面**

に出にくいようです。なぜなら先住民にスペインやポルトガルからやってきたヨーロッパ人が加わり、彼らがアフリカから奴隷として連れてきた黒人が加わり、やがてアジアからも移民が加わります。当初は人種による階級のようなものがありましたが、長い年月の間に混血もかなり進み、人種差別はなくなっていませんが、アイデンティティは人種や出身民族に関わりなく「ブラジル人」「チリ人」という具合になっています。

そんなラテンアメリカの政治を見ていくうえで、注視すべきは貧富の差です。食べるものにも困っている**スラムがあると思えば、極端な大金持ちもいる。**ブラジルの街を歩いていると、「お城みたいな家が結構あるな」と思った300メートル先に「台風が来たら崩れ落ちそう」という貧しい家が並んでいたりします。

貧富の差が〝見える化〟されているのがラテンアメリカ。貧しい人は日々、お城のようなお屋敷の前を通りながら仕事に行き、「ああ、ここが自分の家か」と崩れそうな自宅に戻る。なかなかきつい毎日です。

前述したように貧しい人が多いことが、ラテンアメリカが左派になっている理由その1ですが、大きな政府で社会補償が手厚いのに**なぜ貧富の差が大きいのか？**

いくつかの学術論文で指摘されていますが、ラテンアメリカは長らくプランテーション経営者などの大規模な土地所有者がいて、いろんな人を低賃金で雇ってきました。そこにはアフリカから強奪されてきた黒人奴隷、先住民もいたでしょう。アジア人も含めた非白人も便利で安い労働力でした。

スペイン統治や独立まもない19世紀は砂糖やタバコやコーヒーを生産していました。20世紀初頭にはいわゆる〝バナナ共和国〟が米国資本の企業でフルーツを作って産業としていました。今もグローバル企業のもとでコーヒーや綿花を栽培・輸出しています。

これはプランテーションの経営者、米国企業、グローバル企業などの資本家が勝つ構造。「成長するのは資本家だけで、労働者は置き去りにされる」という資本主義の縮図です。つまりほとんどの国は独立・建国した時から**「構造的な貧富の差」がビルトインされているのです。**

このような点が政党のあり方に大きな影響を与えます。

この社会的構造を変えようと革命が起き、貧困層から政治家になっている人は大勢いると思います。しかしなかなか、根本的な解決策は見つかりません。

街を歩いていれば料理やワインは美味しく、サッカーは盛り上がり、音楽も常に流れていますが、それを支えているのは低賃金で働く人たちです。

教育費を無料にするなど、いかに福祉政策をしても、巨大スラムで生まれ育った人が「頑張って勉強して貧困から脱出する」というのは、並大抵の頑張りでは足りません。誘惑やたやすい儲け話も多いのでギャングになったり、ドラッグ依存や犯罪に走ったり。**強烈な貧困のループからなかなか抜け出せないのではないでしょうか。**

紛争さえなければ静かな中東と違い、ラテンアメリカは平均的にとにかく治安が悪い。人口あたりの殺人率は異例な高さで、国を出ていく人もいます。トランプ大統領が指摘するメキシコからのバスが、次々と国境を越える事態も起きています。

「ラテンアメリカは国から出ていく移民ばかり」と私は思っていましたが、やってくる移民も案外多いとニューヨーク・タイムズを読んで最近知りました。

米国行きを希望するアフガニスタンの移民や難民は、簡単に受け入れてくれない米国の〝中継地〟として入国が可能なニカラグアなどラテンアメリカに入るらしいのです。民族対立や差別が少なく、**移民排斥もないラテンアメリカでしばらく働いてから米国を目指す**——少し前まで考えられなかったことで、世界は動いていると実感します。

では、ラテンアメリカのいくつかの国の政党を、米国との歴史も含めて見ていきましょう。

ブラジル——貧困と環境問題は、政党で改善するのか

歴史的には左派政党が強いブラジルですが、２０１９年に保守政党の**ジャイル・ボルソナロ**

が38代大統領となると、ぐいっと右にふれました。

退役軍人で下院議員時代にはかつての軍事独裁政権を絶賛、拷問もよしとする過激な人物。大統領就任後は「コロナはただの風邪だ」と放言するなど、〝ブラジルのトランプ〟と評判に。性的・人種的な差別発言も頻繁で、議会で対立した野党の女性議員に対して「レイプする価値もない」と言い放ち大問題になりました。

国際社会からは、地球環境への意識の低さも指摘されていました。環境保全は、今や安全保障と並ぶ重要な国際的課題。特にブラジルのアマゾンは地球の酸素の25%を作り出していると も言われ、温暖化の原因となる二酸化炭素を吸収しています。過去50年でアマゾンの森林の20%は失われ、このまま産業開発のための森林伐採が続けば、2050年までに40%が消失するという予測もあります。

日本の面積の4つ弱ほど消えてしまうくらいの森林消失ですから、地球にとって甚大な損失。ブラジルの大統領になるとは、世界全体の温暖化対策の大きな責任を持つということでもあるのです。


2019年のG7でブラジルの無計画な開発や森林火災を批判したフランスのマクロン大統領に対し、ボルソナロ元大統領は猛反発。

「アマゾンの熱帯雨林を守れ？　大きなお世話だ。ブラジルが参加していない会議でそんな話をするなんて、マクロンは植民地主義者なのか！」

２０２２年に大統領選が行われ、**労働者党のルーラ大統領**が勝利して、ブラジルは再び左に振れました。

胸を撫で下ろしたのは世界中の人々とブラジルの全国民——と言いたいところですが、熱烈なボルソナロ支持者も存在しました。「選挙は無効だ！」という訴えもあったほどで、選挙はほぼ互角の接戦だったのです。

なぜ、このような人物が支持されるのでしょう？　私なりの仮説を立てると、貧困層へのアプローチに成功したからです。

米国の格差も深刻ですが、**ファベーラ**という大きなスラムもあるブラジルの貧困はそれをはるかに上回ります。長く続いた左派政権がいくら素晴らしい社会を訴えても絵に描いた餅で、一向に事態は改善しなかったのです。

そこに元軍人の強いボルソナロが登場し、言葉巧みに政権批判をした。建設的な新たな政策を打ち出すのは難しいことですが、すでにある政策を批判するのは比較的容易く、かつ民衆の賛同を得やすいものです。

「ここが悪い、あそこがけしからん、だから我々は豊かになれないんだ！」

難しい言葉を使わずにこう叫べば、「話はわかりやすいし、実際その通りだ。自分たちの思いを代弁してくれるすごい人だ」と支持者が増えても不思議はありません。

フォローするわけではありませんが、ボルソナロ元大統領の政策は**排外主義が前面に出ているわけではありませんでした。**トランプ元大統領は「強い米国、アメリカファースト」を掲げて人気になりましたが、ラテンアメリカはどこかヨーロッパ的な洗礼を受けているのか、先住民とスペインの価値観が混じり合って成立した多民族国家だからなのか、もしくはその両方なのでしょう。しかし彼の極端な主張は許されるものではありません。

2023年1月にはボルソナロ大統領の支持者らが大統領府、連邦議会、最高裁判所の三施設を襲撃するなど、トランプ元大統領の生き別れの双子のような事件も起きています。ボルソナロ大統領は権力の乱用などで「2030年まで大統領選挙に立候補できない」という判決を受けていますが、ルーラ政権も安泰とは言えず、ブラジルはまだ左右に振れ続けそうです。

サンパウロの日本人街「リベルダージ」

ブラジルをはじめとする多くのラテンアメリカの国と逆に、右派が長く強かったコロンビアでは、

2022年に初の左派政権が誕生。**左翼勢力を含むゲリラとずっと戦ってきた歴史がある**ので左派が生まれにくかった経緯から、「ついにコロンビアまでピンク・ウェーブが」と話題になりました。支持者はボルソナロ大統領同様に貧困層が多いとされています。

大統領となった**グスタボ・ペトロは「歴史同盟」という左派政党**で元ボゴタ市長――こう聞くと「ああ、社会党の元都知事が首相になるみたいなもの？」と思うかもしれませんが、彼の経歴を遡ると元左翼ゲリラで、こういったことは戦闘で政権が交代してきたラテンアメリカでは珍しくはありません。多党制で複数の政党がひしめく議会での舵取りは大波続きのはず。それは**ウルグアイやパラグアイでも同様**です。

アルゼンチン――レガシー政党と新しい右派政党

歴史に名を残す有名な大統領夫妻は何組かいますが、ペロン元大統領と妻エヴァも名を連ねるでしょう。**偉大なるペロン大統領**として戦後ずっと労働者階級に支持され、妻エヴァも絶大な人気を誇りました。軍事政権のクーデターで亡命したこともありますが復権し、ペロン元大統領の政党**「ペロン党」**は今も強い勢力を誇り、フェルナンデス前大統領（任期、2019年～2023年）の所属政党でもあります。

フェルナンデス政権は左派だけにあらゆる企業の国有化を進めていました。国有化を進められると外国企業は資本喪失を含め大きな損失を受けますので、日本企業を含め外国企業は撤退しました。

左派政権の政策への反動からか、2023年に中央銀行廃止などを訴える右派の経済学者**ミレイ氏**が大統領当選。この国も左右に揺れ続けています。

ベネズエラとニカラグア――ラテンアメリカの〝問題児兄弟〟は独裁政治

ベネズエラの正式な国名はベネズエラ・ボリバル共和国。独立を指揮した英雄**シモン・ボリバルに因**(ちな)**んだ**国名ですが、日本のビジネスパーソンには知名度が低いかもしれません。それだけ関心が低い国だと思いますが、ラテンアメリカの問題児の筆頭、世界的に見ても危機的状況にあります。

2021年の調査では国民の77%が食事に事欠く極貧に陥っており、インフレも深刻です。この事態は新型コロナウイルスの移動制限も一因ですが、左派政権の失策も問題視されています。2023年にはインフレ率が200%とも報じられました。

石油などの天然資源もあるのにこれほどの貧困に陥ったのは、国民のほうを見ない**統一社会党**の事実上の一党支配が続いているためです。長く君臨した**ウゴ・チャベス**元大統領が死去、ようやく政権交代かと思いきや、同じ政党から**ニコラス・マドゥロ**が大統領になりました。2018年の大統領選挙は、国際社会からプロセスの正当性に疑義を呈されています。野党と対立して長続きはしないと目されていましたが、就任10年を迎え、野党は選挙に参加できない状況になっています。

資源があるが、その資源からの富を一部の既得権益者が独占して国民に回らない独裁政治が続いている……。多くのアフリカ諸国とも共通するパターンです。

多くの人がコロンビアなどに移民――もはや難民かもしれませんが――として流出しています。2019年には医療、電気、食料の不足で政府と市民が衝突、**人口の1割に当たる400万人以上が国外に避難**。日本のメディアはほとんど報道しませんが、ニューヨーク・タイムズでは大きな扱いです。

治安は世界でも最悪というベネズエラの弟分はニカラグアで、やはり治安の悪さと貧困が深刻です。ビザ要件が緩いので、多くの移民・難民が入国して、メキシコ経由で米国を目指しています。

ペルー、メキシコ、コスタリカ――安定して政権を握る左派政党

ペルーのアルベルト・フジモリ元大統領はご存知の通り日系人で、民族的統一党という右派政党でした。娘のケイコ・フジモリは3度大統領選に出馬するもいずれも敗退。勝った**ペドロ・カスティージョ大統領は急進的な左派政党**で、やはりラテンアメリカ全体の左派が強い伝統には抗しきれないのかもしれません。

ラテンアメリカの国々の長期政権は、ニカラグアのような独裁国に限りません。メキシコは一時的に国民行動党など右派政党が政権をとることもありますが、100年ほど左派の**制度的革命党**が一強でした。メキシコ革命で主導な役割を果たした政党で、福祉政策を充実させ、農村や貧民層の支持を集めてきました。

2024年6月の大統領選挙では、左派の国民再生運動のシェインバウム氏が勝利して、10月に初の女性大統領に就任予定です。

メキシコは経済的にはあまりうまくいっていませんが、ラテンアメリカで政治も経済も安定しているのは**コスタリカ**。軍隊を持たずに外交で安全保障を維持しています。犯罪率が高く危険なイメージが強いラテンアメリカですが、私が訪れた首都サンホセは緑が多く清潔で、治安の面でも心配なく歩ける街でした。

軍隊を持たない、教育にお金をかけるなど「ある意味で大きな社会実験の国じゃないか？」と思ったりします。

キューバ──思い切り反米の社会主義国

世界でも思い切り左寄りの国がキューバ、社会主義国です。

スペインから独立したキューバは、1959年に**フィデル・カストロ**がキューバ革命を起こし、社会主義国となります。

革命前、キューバを支配していた右派ポピュリズムの独裁者フルヘンシオ・バティスタは、政党も持たずに軍事で国を支配。米国には政治的・経済的な支援を求めていました。しかし革命後、農地改革によって米国企業との関係が悪化すると、再び革命が起きてしまいます。こうして社会主義国になったこともあり、一気にソ連側に近づいて行きました。

革命直後の1961年、米国はキューバから亡命者を支援してキューバ侵攻を試みますが、失敗。これがピッグス湾事件で、前年に米国とキューバは国交を断絶していました。翌年は旧ソ連がキューバに核ミサイルを装備するというキューバ危機が勃発。ケネディ大統領による卓越した外交によって戦争は回避できましたが、危ういところでした。

カストロは2011年まで、なんと半世紀近く政権の座にありました。その後、弟のラウロが政権を継ぎ、その弟も亡くなった今も**カストロの後継者が反米的な左派の政権を継承しています。**共産党の一党制で、政治システムは中国共産党と比較的よく似ています。

第9章

Africa

アフリカ

資源を生かしきれない腐敗した政党

「米国はいろいろな人種がいる」このように言われることもありますが、最も多様なのはアフリカかもしれません。赤い大地には50以上の国があり、部族や民族は数千に及びます。言語は植民地支配の影響で、英語、フランス語、スペイン語が主とされていますが、部族の言葉をカウントしたらやはり数千。スケールが違うこの多様性が、アフリカの政党に複雑さをもたらしています。民族間・部族間の激しい対立が、いかに政治の混乱と腐敗を招いているのかを、本章では見ていきましょう。

アパルトヘイトという凄惨な制度に置かれた南アフリカ。人種ごとに支持政党が異なる傾向もあり、分断はそう簡単に消えないことがわかります。経済的に伸び悩む原因もそこにあるかもしれません。

アフリカ最大の経済大国ナイジェリアは、部族間の対立と奴隷制度の遺恨で政治が腐敗しています。ウガンダはさらに酷い腐敗ぶりで、隣国ルワンダにはジェノサイドの後遺症が。ケニアを含めたこの三国を、「レガシー政党による長期政権」として紹介しますが、政権交代が行われないことも、腐敗を生みます。「ある民族が支配する政党」が政権を取った途端、それまで支配していた民族を抑圧して腐敗していく――。エチオピアを例に、残念な負の連鎖も紹介します。

豊富な資源を活かせない例としては、〝コバルト大国〟コンゴ民主共和国の政党を見てみましょう。未来のアフリカを変える政治を模索するためにボツワナを取り上げました。政党次第、政権次第で国は変わる。多くの関心を集めているアフリカ。そんな希望を感じていただければと思います。

アフリカ

民族・地域・宗教の分断を抱えた権威主義と複数政党

支持者から、その国の課題が見える

アフリカはもともと多様な民族のエスニックグループがありましたが、列強支配によって分断されてしまいました。

「うちの国はここを取る」
「えっ、じゃあうちはここね」

勝手に引かれた国境は19世紀ヨーロッパの〝地政学ゲーム〟。そこに住んでいるアフリカのさまざまな部族の人にとって、地域性、民族性、宗教性が引き裂かれたということです。「**植民地支配と奴隷制度の爪痕はまだ残っている**」と、政党という視点から見ても改めて感じます。さらに冷戦下では米ソ対立の影響も受けましたし、現在は中国の経済的な影響力が増大しています。

さて、アフリカ全体の政治体制は**大統領制が多く、民族や部族の対立の中で「誰が大統領になるのか？」というのは、極めて大きな関心事。**

大統領制なので直接選挙が多く、「自分たちの国の行方がかかっている！」という投票率が高い国もあれば、「選挙ってどうせ悪い政治家が決めちゃう出来レースだよね」と投票率が低い国もあります。

紛争が頻発するほど民族部族間の争いが激しいので、「自分たちのアイデンティティを持つ政治家を誕生させたい」と、選挙に熱中することは珍しくありません。中には熱心すぎて、デモが暴動になることも……。

汚職が多いのは、大統領が大きな権力を掌握し、その周りに利権を求める人が群がるためです。詳しくは後述しますが、アフリカの多くの国は石油やレアメタルなど資源に恵まれているので、「**大統領選挙＝資源獲得競争**」でもあります。大統領に近い人々は勝ち馬に乗っかって、なるべく良い利権にありつきたいと目を光らせます。全体的には貧しいアフリカで、〝コバルト長者〟のような人も存在し、新たな分断を産んでいるのです。

政党制が存在しても、「利権獲得を巡る厳しい大統領選」というのがアフリカの政治でしょう。ここまで見てきたほとんどの国は「保守かリベラルか」が政党を知る軸であり、それはアフリカの国々にも多少はあります。しかし、あくまでも多少です。「保守かリベラルか、大きな政府か小さな政府か」よりも、**どの民族か、どのグループが資源などの富を得るのかというのが大統領（政党）を特徴づけます。**

南アフリカ——アパルトヘイトからの脱却と混乱の政党

南アフリカの課題は「アパルトヘイトの爪痕からの回復」に尽きるとも言えるでしょう。非人道的な人種隔離政策が廃止されて約30年、残念ながらまだ政治も経済も混乱している状態です。

1994年、南アフリカ初のすべての人種による選挙が実施され、ネルソン・マンデラ氏の政党**「アフリカ民族会議（ANC）」が圧勝。**今も非常に大きな影響力を持っています。「メキシコ革命を成し遂げた！」という制度的革命党、ややニュアンスが異なりますが「日本との戦争に打ち勝った」という中国共産党など、国家的に大きなことを成し遂げるとレガシー政党となり、何十年も政権を維持する。これは世界中で見られるパターンです。

マンデラの後任で長期政権を維持した元大統領タボ・ムベキ、ジェイムス・ズマ、現職シリル・ラマポーザも、全員がアフリカ民族会議の党員です。

ただし、ムベキ元大統領はHIVウイルス感染症対策の不手際が非難されましたし、ズマ元大統領は「さすがに汚職が酷いんじゃないの」とスキャンダルまみれ。ラマポーザ大統領はクリーンな政治と経済政策の立て直しを目指していますが、今のところ成功しているとは言えないようです。

マンデラの政党ですから、「すべての人種・民族の平等」を謳っているものの、黒人が圧倒的に多く、マンデラを支持したズールー族にもコネクションがあります。

2024年5月の総選挙では、アパルトヘイト撤廃後、初めてアフリカ民族会議が過半数を割りました。

アパルトヘイトは最悪の制度ですが、南アフリカは英国植民地だった時代もあり、教育制度や道路などのインフラは比

希望峰（Cape of Good Hope）

較的整っていました。

「現地でちゃんとした教育機関を作り、優秀な人に植民地の指導者になってほしい」

大英帝国的な発想ゆえですが、その〝数少ないプラスの遺産〟は活かしきれていません。その第一の理由は、整った教育制度の恩恵に預かったのは一部の人であり、一般の人には届きにくかったためでしょう。第二の理由は、多くの南アフリカ人と交流してきた私の仮説ですが、アパルトヘイトのような人権蹂躙が長年近く続いたことで、人間の精神の根底にある部分が損なわれたこと。「いつ暴力を振るわれ、抑圧されるかわからない」という不信感をアパルトヘイトのトラウマと呼ぶのなら、そう簡単に消えるものではないと感じます。

アフリカ民族会議の政治腐敗を厳しく非難している野党が**民主同盟**。当初は白人の支持が多い政党でしたが、現在の支持者は都市部のインド系や中産階級の黒人にも広がっており、アフリカ民族会議に次ぐ議席を持っています。自由市場経済を重視する政策が、ビジネスパーソンの心に訴えるのかもしれません。

今後、政権交代が起こると南アフリカの政治がクリーンになるかと言えば、個人的にはそれも難しいと思います。中学生の部活で先輩にしごかれた後輩が、先輩になると下級生に厳しくなる――卑近な例ですが、これと同じことが民族・人種規模で起こり、「あの政党が牛耳っている時は、我慢させられた。自分たちが政党をとったら、思い切り好きなようにやるぞ！　便宜を図ってもらおう」となる可能性があるのです。

これはもちろん、南アフリカに限った話ではなく、これがアフリカで政治腐敗が生まれる一つの理由だと思います。

知っておきたい政治家❹

ネルソン・マンデラ

復讐をしない大局観が歴史を変えたマンデラのレガシー

「祖父が収監されていた時は、我が家はいつも監視下に置かれて家族全員が大変な思いをした」

ある国際会議でネルソン・マンデラ氏の孫にあたる方とご一緒したときに聞いた話です。

南アフリカはご存じの通り、1990年代前半まで、有色人種を明確に差別する人種隔離政策（アパルトヘイト）を国家の制度として導入していました。

そのアパルトヘイト廃止に向けて活動をしたマンデラ氏。彼は1944年にアパルトヘイト廃絶を目指すアフリカ民族会議（ANC）に加入します。この政党は、インドの国民会議にちなんだものと言われています。

1964年には国家反逆罪で終身刑を受けたマンデラは、その後28年間にわたり刑務所で暮らすことになります。28年というと一世代。こんなにも長い間収監され、家族も厳しい監視の中、待つことを強いられました。

マンデラは復讐をしませんでした。収監を終えた後は暴力に訴えることにも反対しました。

マンデラの姿勢は、インドのガンジーと似ています。非暴力で不服従の姿勢、彼の大局観が、白人を含む多くの南アフリカ人の心を動かしたのではないでしょうか。

アフリカ民族会議は、マンデラ氏が大統領に就任した１９９４年以来、与党として大統領を輩出し続けています。マンデラは１９９３年にノーベル平和賞を受賞。しかし、マンデラ後は経済政策は失敗しており、成長も停滞しています。

マンデラのレガシーの大きさに後継政治家が耐え切れないのかもしれません。インドが、ガンジーの後、ネルーや（さまざまな議論はありますが）モディといった卓越した後継の政治指導者を生んでいるのと対照的です。

国を大きく変える力がある政治指導者の責任は本当に大きいと感じます。

ナイジェリア――対立と腐敗の政党制

ナイジェリアの政党は、この地域の複雑性を体現しているようです。それこそアフリカ全体に見られる、**対立と腐敗の政党制です。**

アフリカ最大の人口2億人を誇り、2500以上もの民族がいて、宗教はキリスト教とイスラム教が約半分ずつのナイジェリア。元から住んでいた部族や民族を無視して「はい、ここからここまで一つの国家ですよ！」と列強が建国してしまったために内部で対立が生じ、未だ融合には至っていません。

1980年代から90年代はクーデターによる軍事政権が続きましたが、99年に大統領制の連邦共和国となり、普通選挙が行われています。複数政党で連立も頻繁です。ちなみにナイジェリアは地域ごとに特色があります。東部はイボ族が多く、**国民民主党**が比較的強い。西部にはヨルバ族が多く、国民民主党が比較的強い。イスラム教徒が多い北部はハウサ族が多く、**全進歩会議**が強い――これが大まかな傾向です。つまり民族ごと、宗教ごとに、支持政党に一定の傾向があるということです。

初めて選挙で選ばれた大統領が、1999年に就任した国民民主党のオルシェグン・オバサ

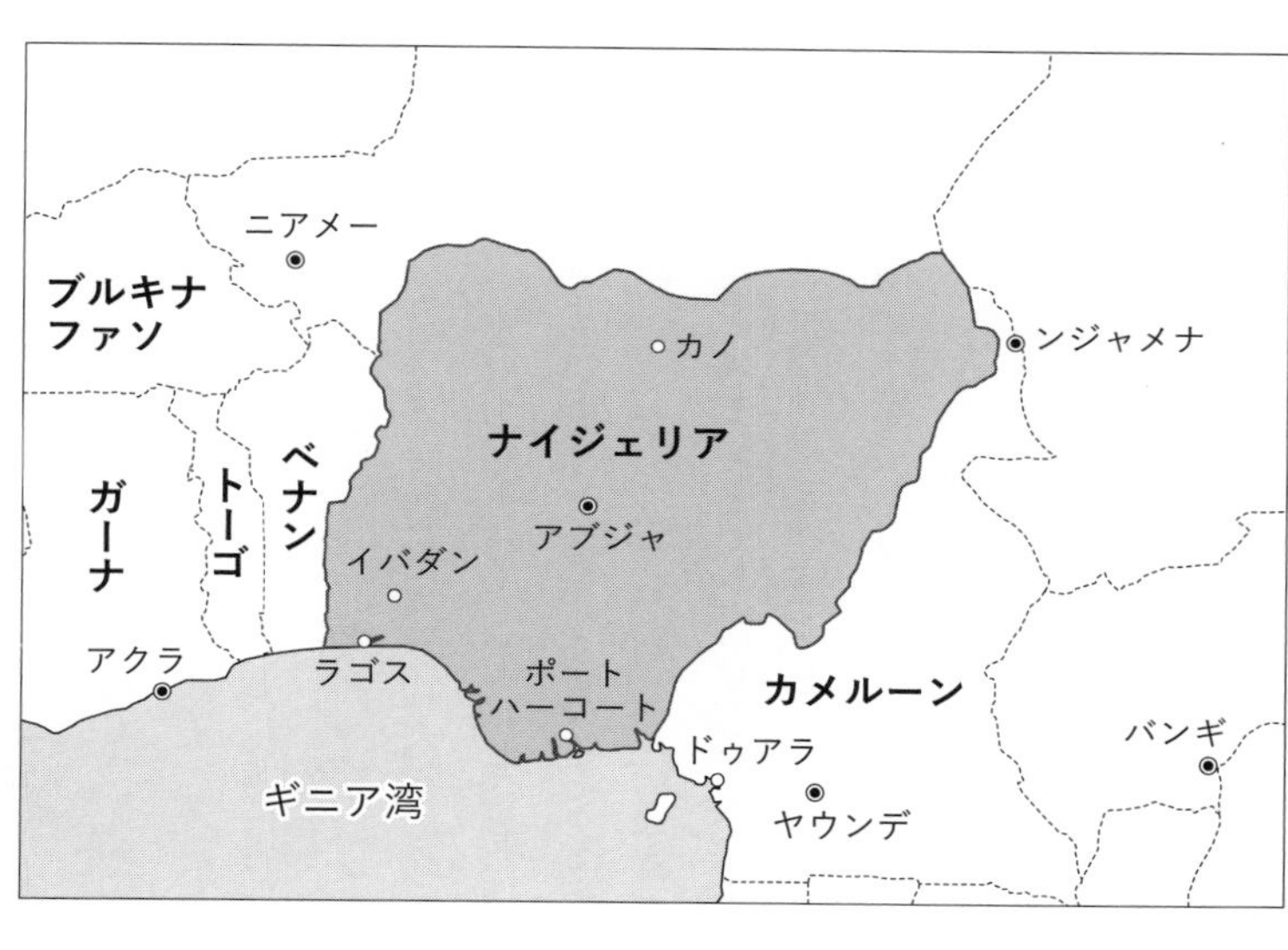

ンジョ。ナイジェリア三大民族のヨルバ族出身、軍人にしてキリスト教徒です。

国民民主党で2010年から政権をとったグッドラック・ジョナサン元大統領は、名前からわかる通りキリスト教徒。

その後、与野党が入れ替わり、北部のイスラム教徒の支持が厚い全進歩会議政権が誕生。2023年時点の大統領ボラ・アハメド・ティヌブも、その前の大統領ムハンマド・ブハリもこの政党です。

選挙の結果が出るまで、大統領がイスラム教徒になるかキリスト教徒になるか、どの民族出身になるかわからない——これは**複数政党制が機能している証拠です。**

ただし、部族や宗教の争いの激しさは腐敗の元凶。常に接戦状態で勝たなければいけないために「切羽詰まってなんでもあり」が平常運転になります。そのため政権をとった途端、政局をなるべく自分に有利にしようとばらまきを始めたり、利権を求める企業と癒着してキックバックを受け取ったり、政治家は腐り始めてしまいます。

スタートまもないティヌブ政権はクリーンな政治を目指しており、補助金の大幅削減などに着手しています。神戸情報大学院大学の私の研究室にナイジェリア人がいましたが、「ナイジェリアの財政支出削減には、バラマキを止める決断が必要だ」と言っていました。

ただし、じわじわ腐る原因がナイジェリアには山ほどあり、いつ何時、腐敗が始まるかはわかりません。汁気たっぷりの瑞々しい果物が腐りやすいように、ナイジェリアも実は〝おいしい国〟。石油をはじめとした**資源国で人口が多く、**公式統計では**アフリカで最も経済力がある**のです。「政府統計には欺瞞がある」という指摘も聞かれるものの、**英語圏でもありポテンシャルはかなりのもの**でしょう。

首都はアブジャ、〝商業的な首都〟は南の**ラゴス。**ラゴスは世界の起業家に注目されており、CNNでも何かと取り上げられています。労働力と資源があって、起業家もやってきて、語学の面でも問題がない。金の匂いがするところには、腐敗の原因となる良からぬ菌も寄ってきます。政治家のリーダーシップが発揮されていないから、せっかくのポテンシャルが生かされずに、お金が流れて腐っていく……傍目からも、残念に思えてなりません。

ナイジェリアがあるアフリカ西海岸は、比較的、奴隷で連れて行かれた人が多い地域です。私見ながらその爪痕が人間不信となり、政治腐敗を生む遠因になっているとも感じます。

トラウマが如実に現れているのが、奴隷船貿易がセネガルと並んで盛んだったガーナ。複数政党ですが政治腐敗があり、選挙で公平な政権交代があるとは言い難い面があります。

ウガンダ・ルワンダ・ケニア――長期政権は老害かレガシーか？

「ナイジェリアなんて腐っているうちに入りませんよ！」

こう反論するのは、かつて私の研究室にいたウガンダ人です。それだけ政治腐敗が深刻で、なんと**1986年以来、ヨウェリ・ムセベニ大統領が政権をぎゅっと握りしめて離しません。**反政府勢力の抑制、言論統制はお約束。大統領選挙のたびに対立候補を攻撃するか投票を無効にするかで、事実上の信任投票になっているため、長期政権となっています。

同じ政権は2回までという「三選禁止」の憲法も、「俺、ずーっと大統領でいたいんだよ！」というムセベニの希望によって廃止されました。80代を迎えようとしていますから、死ぬまで大統領という彼の野望は叶うのかもしれません。長期独裁政権は、同性愛にも厳しく、死刑まで課せられています。

「ムセベニの政党の名前、日本語だと**国民抵抗運動**というんですよ。抵抗運動って、自分が多くの人を抵抗させている壁のくせに」

彼のジョークを聞いて笑うに笑えませんでしたが、**長期の権威主義的な独裁体制**です。ただし経済的にものすごく厳しいわけでもなく、私も視察していますが**治安も極端に悪くない**。南スーダンのような大変な国の難民を受け入れたり、低空飛行なりに安定はしています。

隣国のルワンダも長期政権です。ルワンダ紛争で大量虐殺ジェノサイドが起きたのは1994年。100日で一説に100万人とも言われる凄まじい殺戮を抑え込んだルワンダ愛国戦線の英雄、**ポール・カガメ大統領**がずっと政権をとっています。政党の名前も**愛国戦線党**。成し遂げた偉業があると圧倒的に支持されるのかもしれません。

もっとも、野党の活動には制約があり、民主主義とは言えません。また、隣国のコンゴ民主共和国の中でも資源が豊かな東部地域に介入して同地域の混乱を招いています。

世界の国や企業が援助の手を差し伸べ、私も日本のＪＩＣＡが主催する起業家支援強化プログラムを担当させてもらって何度もルワンダを訪れています。

今は安定していますが、こうした国にとって政権交代は部族、民族の争いのトリガーとなりかねません。自分の部族が大統領になるか否かで生活が変わりうるので、選挙は切実なものと

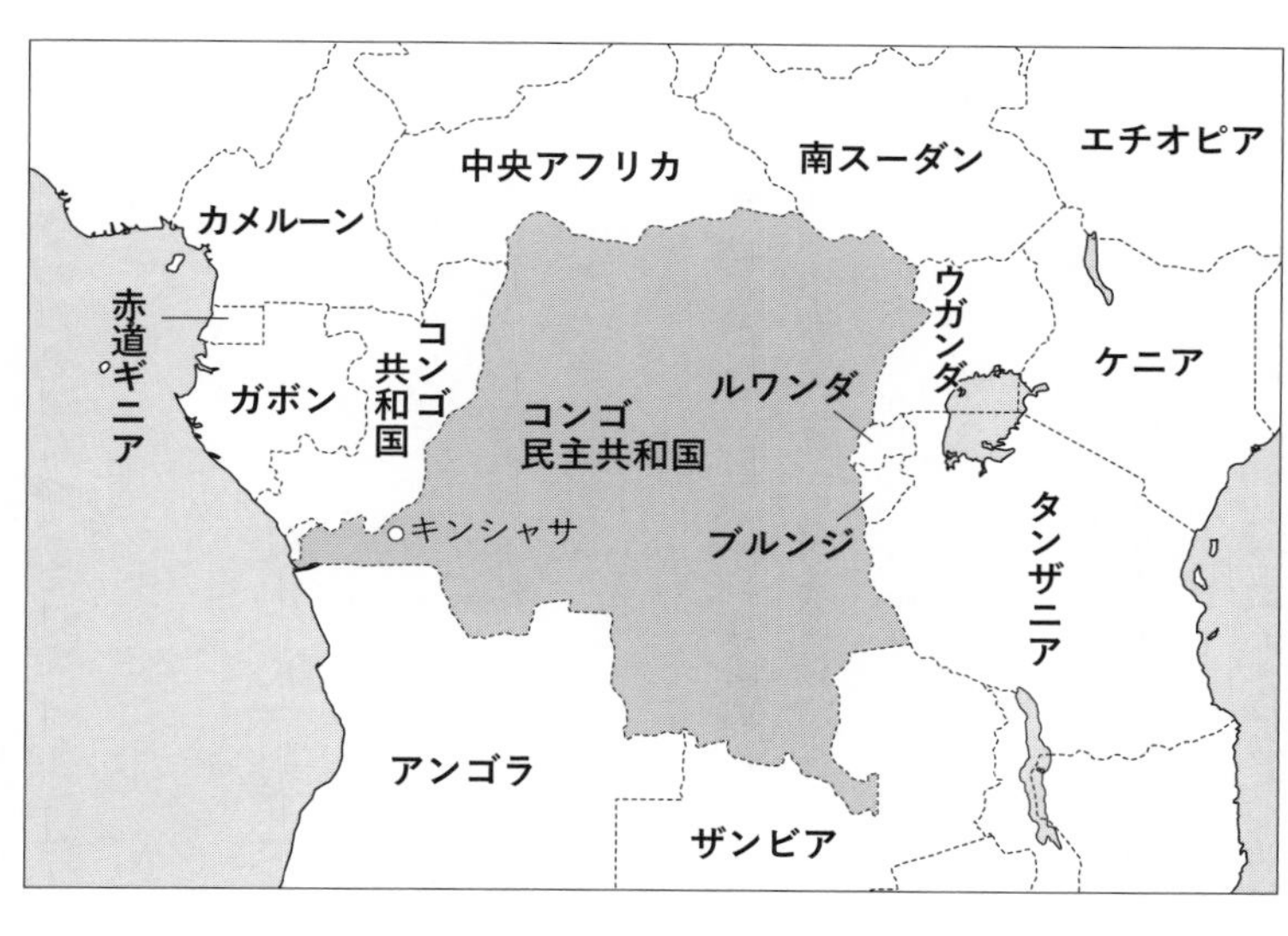

なります。

それで思い出すのが２０１０年代初めにケニアを訪ねた時のこと。やはり私の研究室にいて、帰国後はブロックチェーン事業で起業している友人に会うための旅でした。

アフリカ東海岸のケニアはもともと奴隷船よりビジネスのためのインド船が多かった交易の場で、今は起業家が増えています。

「山中さん、この時期は街歩きには気をつけてください。もうすぐ選挙だから」

ケニアでも大統領選挙は人々の生活に直結するために、デモや暴動が起きることが珍しくないと彼に言われました。最近は危険なデモは少なくなっていると聞きますし、その時も視察をしたり食事をしたりして滞在を楽しみましたが、**部族、民族によるその争いや候補者の支持者同**

士のトラブルが選挙につきものだということ。

ケニアは長い間、独立のレガシー政党である**ケニア・アフリカ人国民同盟**（KANU）の一党独裁状態でしたが、90年代から民主的な複数政党制になりました。しかしそれで選挙戦は激化。いろいろな政党が対立したり連合したり統一したりとくるくる変わり、政治家の所属政党も変わるので右派とも左派とも言い難いようです。

たとえば初代大統領ジョモ・ケニヤッタの息子ウフル・ケニヤックは父のレガシー政党ケニア・アフリカ人国民同盟から出馬しましたが、大統領在任中にジュビリー党など2つの政党を作りました。

暗殺未遂に遭うなど激しい選挙戦の末、2022年に僅差で大統領の座を勝ち取った**ウイリアム・ルトの政党は統一民主同盟**ですが、ジュビリー党にいたこともケニア・アフリカ民族同盟にいたことも、他の政党にいたこともあります。

「政党」という概念が、他の国とは異なるのは、アフリカでは珍しくありません。

エチオピア――止まぬ弾圧の連鎖

1億人を超える人口大国**エチオピア**は植民地支配を逃れた国で、1970年代まで**皇帝がい**

ました。実現はしませんでしたが、1930年代には日本の華族とエチオピア皇族の縁談があった――そんな縁もあります。

革命によって帝政が廃止になり、旧ソ連寄りの社会主義・軍事政権が成立。抑圧的な政策が人々を苦しめていた1991年、少数派ながら政治的手腕に長けていた北部の**ティグレ族**が立ち上がりました。彼らの勢力が長きにわたって政党として政治の中心になっていました。連邦制で民族ごとに自治州に分かれる国を目指していたため、多民族の連合政党――とはいえ、ティグレ族が優先されていたのはいうまでもありません。

多数派のオロモ族は抑圧され、民族間は緊張関係にありました。かつて私の研究室では国会議員まで務めたオロモ人も学んでいて、こちらもアフリカの政治について教えてもらっていました。

「私の親族は、ティグレ族の政府に抗議するデモで殺されたんです。私も国に帰っても政界に戻るのは無理かもしれない」

物々しい写真を私に見せながら肩を落としている姿に、「議会で野次を飛ばしあう舌戦どころではない」と改めて認識しました。

エチオピアの民族対立を打開したのが、2018年に首相になった**オロモ族のアビィ・アハ**

メド。「一つのエチオピア」を目指そうと訴え、**彼の率いる政治グループ**にはティグレ、オロモ、アムハラ、ソマリなど、あらゆる民族がいました。隣国エリトリアとの和平への融和の取り組みが評価されてノーベル平和賞を受賞したことを、ご記憶の方もいるかもしれません。

ところが今、**アビィ首相はティグレ族を弾圧し始めています。**自分が首相になったら「こっちのタームだ！」とやられたらやり返すの流儀で復讐している……。「ノーベル平和賞を汚している」と国際社会で非難されていますし、残念で悲しいことだと思います。

エチオピアは人口も多く、中国をはじめ多くの外国企業が進出。せっかく製造業が発展して伸びる可能性があるのに、「政治が不安定なら工場を作るのはやめる」と、どんな国も手を引くでしょう。部族間の対立の深刻さが、ここにも現れています。

コンゴとボツワナ――コバルトとダイヤモンドの明暗

中部アフリカに「コンゴ」という国は二つあり、フランス領だった小さなコンゴ共和国と、ベルギー領だったアフリカで二番目に大きい**コンゴ民主共和国（旧名ザイール）**です。後者について見てみましょう。

ベルギーのレオポルド2世による「史上最悪の残酷さ」と言われる植民地支配から独立、1960年にクーデターでザイール共和国に。しかし共和国を率いたモブツ政権はこれまたアメリカに支えられた軍事政権で、富を独占し、人々を抑圧する独裁政治でした。

94年に隣国ルワンダ紛争による難民が流入、武装したウガンダも加わってぐちゃぐちゃの紛争状態に。その結果、独裁モブツ政権が倒れてコンゴ民主共和国になり、ローラン・カビラが大統領の座につきます——で終わらず、またまた紛争が起きて、2001年にカビラ暗殺事件が起こります。この時はルワンダ、ウガンダ、ブルンジが攻めてきて、対抗するカビラ政権をアンゴラ、ジンバブエが支援。これは紛争というより、**本格的な戦争レベル**でしょう。

暗殺直後に父の後を継いだジョセフ・カビラによる長期政権が続いたのち、2019年の大統領選で政権交代となりました。現在はとりあえず民主主義的な政治の仕組みですが、民族紛争は絶えませんし、政治的には相当に不安定なままです。現職のフェリックス・チセケディ大統領もまた、父がザイール時代の首相という政治家2世。選挙時に不正があったとアフリカ連合やEUに指摘されるなど、問題を孕んでいます。

なぜ、これほど不安定で、いろいろな国が介入するのか？　それは民族紛争に加えて、**コンゴ民主共和国に埋蔵された豊富な資源が原因**です。

電気自動車、携帯電話など、電子機器に欠かせないリチウムイオン電池の元となる資源鉱物、**コバルト**の約7割がコンゴ産。コバルトが採れるキンシャサ地域には〝コバルト長者〟がいて、想像を絶する大金持ちになっています。もちろん中国や欧米の企業も参入し、こぞって鉱山から富を掘り出しているのです。そしてコバルトの精錬では、中国が力を持っています。

「コンゴ情勢が揺らぐと、スマホが値上がりする？」

私たちが使っているスマートフォンにはコンゴのコバルトが入っているかもしれません。


何よりも憂慮されているのは、コバルト長者の陰で搾取されている人々がいることです。採掘場では貧しい人たちが不当に低い賃金で働き、労働環境は危険で劣悪。２０１３年に視察したローマ教皇は「おぞましい形の搾取」と指摘しました。

植民地時代、天然ゴム栽培のプランテーションで大国に搾取されたコンゴは、今もなお同じ構造から逃れられずにいます。インフラは整っておらず、自宅に手洗いがある家は17％。学校に行けない子どもも大勢いて、なかにはコバルト鉱山で児童労働の犠牲になっている子もいます。この状況を救うのはやはり政治だと思いますが、新たな政党の誕生が期待できる状況ではありません。


同じように資源に恵まれたアフリカの国でも、**ボツワナは一つの希望です。**

「アフリカで経済的に成功している国はどこですか？」と有識者１００人に聞けば、**90人ぐらいはボツワナと答えるのではないでしょうか。**

ずっと政権をとっているボツワナ民主党は、「英国保護領ベチュアナランド」だったこの国の

独立に関与したレガシー政党です。１９６６年にリーダーのセレツェ・カーマが初代大統領となりました。

カーマ元大統領の死後に誕生した四人の大統領はすべてボツワナ民主党、そのうち一人はカーマ大統領の息子と一部世襲ではありますが、選挙自体は民主主義に則ったものとされています。一党支配でも評価が高いのは、初代カーマ大統領や、副大統領としてカーマ政権を支えたのち第二代大統領となったクエット・マシーレ（任期、１９８０年〜１９９８年）が非常に優れた経済政策を打ち出したためです。

ボツワナも天然資源に恵まれ、ダイヤモンドの産出国です。他のアフリカの国は、資源で儲けたお金は漏れなく大統領とその関係者の懐に入るのですが、カーマ大統領は国民の生活のために使いました。**公共事業を行って貧しい人の雇用を創出し、教育や医療を充実させる……。**

その結果、現在の**ボツワナは１人当たりの国民所得が１万ドルほど**とアフリカの中では高くなっており、中進国の域に達してきています。

私はボツワナを訪れた時、アフリカの希望だと感じました。治安は良く、人々は大金持ちではありませんが暮らしを楽しみ、朝はヘルシーにジョギングをしている。同じ天然資源の使い道でも、政治家の本来の仕事がなされていると、こんなにも違うのかと考えさせられました。

資源に恵まれ、人口の多いアフリカの国々は、**そのポテンシャルを活かした経済政策を打ち**

出し、利益を〝市民への投資〟として使う政党によって激変する可能性があります。紛争がなくなり、経済成長が叶うにつれて市民の教育や医療が整えば、アフリカの時代が始まるかもしれません。

どことなくプラトンの哲人政治を思い出しそうですが、民主主義でなくとも、指導者が良ければ経済は発展し得る。政党のあり方の難しさがここにも見られます。

おわりに

本著を最後までお読み頂き誠にありがとうございました。世界を見ていく一つの軸としての政党について理解を深め、世界が立体的に見える、解像度が上がる契機になったのであれば幸甚です。

政党についての歩みや現状を知ることは、改めて民主主義について考えることであると思いました。

古代ギリシアの時代から議論し、実践もされてきた民主主義。18世紀以降、議会制民主主義が西欧を中心に一つの主流になり、(白人の成人男子という制限はあったものの)選挙という形で代表を選ぶ方法がとられました。

20世紀末に米ソ冷戦が終結した時、世界の多くの国は西欧型の議会制民主主義に移行すると、多くの人は考えていました(私もそのように捉えていました)。

しかし、中国やロシアは、逆に権威主義的な傾向を強めてしまいました。アジアでは、軍部が実質的な権力を握ったり、特定の家系が長期にわたり権力者の地位にあったりすることがあります。

世界最大の民主主義国との評価を得ていたインドでも、モディ政権下で報道の自由が規制されたり、ヒンドゥー教以外の宗教が弾圧されたりすることが増えています。アフリカ諸国の一部では、資源を巡る権力抗争と腐敗が減らないように見えます。

ソ連の社会主義体制を厳しく批判する作品でノーベル文学賞を受賞したソルジェニーツィンは、１９７８年に米国ハーバード大学での講演で、「西洋は西洋以外の世界の神髄を理解できず、全てを西洋の物差しで測るという過ちを犯している」と述べています。ソ連の体制に極めて批判的であったソルジェニーツィンは、同時に西欧諸国が一面的に世界を見て評価することにも批判的でした。半世紀近くが経過して、改めてソルジェニーツィンの言葉が地球上の人に浴びせられているようです。

古代ギリシアの哲学者プラトンは、民主主義が大衆を先導するデマゴーグに陥る危険性を指摘して、民主主義に対して警笛を鳴らしていました。２０００年以上の未来を予見しているかのようです。

しかし、人類は未だに民主主義に代替する仕組みを作り上げることはできていません。21世紀に入り西欧型の議会制民主主義の普遍性が大きく問われています。本著がそのような世界を見ていく一つの視座になりえれば幸いです。

執筆をしながら、「1000年後の政治や政党はどうなっているのだろうか」と、若干思考をストレッチしていました。

グローバル化がはるかに進み、国家の壁は小さくなって……、その時に政治は……。色んなことが頭に浮かびました。

その前に、そもそも地球環境の保全が議論の前提かと思います。

このまま温暖化が進めば、1000年後には地球は灼熱地獄になり、とても人間が住める状態ではなくなるでしょう。地球を脱出してどこか別の惑星や宇宙船での生活が待っているかもしれません。

仮に人類が気候変動問題に対処できたとして話を進めます。

1000年後の政治は多数派という概念は大きく変わっているのではないでしょうか。インクルージョン（包摂）の概念の高まりと「超発達人工知能」がマイノリティを含む個別ニーズへの対応についで政策決定をしているかもしれません。

「超発達人工知能」を使って、多くの政策テーマについて、デジタルな直接投票による多数派意見の確認と個別ニーズの両立が図られているのではないでしょうか。

世界の民主主義は、古代ギリシアの直接民主制、近代の議会制民主主義を経て、人工知能型民主主義に移行していくように感じます。多数派意見を重視する議会制民主主義では軽視されていたマイノリティの意見反映がなされる時代になると推測します。

移住や移民が当たり前になり、国境とか国籍と言う概念は小さくなっているでしょう。18世紀以降形成されてきた国民国家の概念は大きく変貌しているに違いありません。多くの国・地域で外国人の意思決定への参加は当たり前になっているでしょう。「１０００年前は、国家とか、国籍にこだわってたね」と人々は会話しているのではないか。

外国人だけでなく、動植物の意見すらも反映されるようになっているかもしれません。動植物の声を探知する仕組みができたり、「超発達人工知能」を使って動植物や地球の声を推測できたりするようになっているかもしれないと、ワクワクしながら想像しています。

気候変動や生態系の破壊に直面した人類は、自然との共生について、21世紀初頭よりもはるかに真剣に捉えているようになっているでしょう。その結果「人間の声のみを反映した政治の意思決定では、また自然環境破壊が起きかねない」という事実を学ぶのです。

そのような中、政党はどうなっているのか？

「超発達人工知能」が個別ニーズへの対応をしてくれるお陰で、政党の重要性は大きく低下していると思います。その意味では、本著は21世紀初頭の政治的な情勢に基づいているに過ぎないと言えるのかもしれません。

「21世紀は、近代民主主義と言われていた概念が大きく変容した世紀である」「政党も21世紀を境に政治における重要性が減少した」と。

さて、私事になりますが、私は、世界で起きていることを広く深く考察して、ビジネスに繋げるためのアドバイスやファシリテーションについて多く依頼を受けます。世界の政治経済はもとより、歴史や哲学、宗教から芸術、最先端のテクノロジーまで、幅広いテーマを扱い、不透明なＶＵＣＡの時代のビジネスのあるべき方向性を多くの優秀な経営者・リーダーの方々と一緒に考えています。

本著は、これら経営者・リーダーの皆さんとの議論や芸術文化観光専門職大学や神戸情報大学院大学での授業・ゼミでの議論、世界各地での視察やグローバルリーダーの皆さんとの対話等が結合して生まれたものです。

世界を少しでも深く知りたい人にとって、「政党の視点」から世界を見て考える、何らかのきっかけになれば望外の喜びです。

芸術文化観光専門職大学の教職員や学生の皆さん、外務省時代の元同僚や赴任地で交流した世界各国の人々、神戸情報大学院の世界各国からの学生の皆さん、株式会社グローバルダイナミクスのクライアント企業の皆さん、日本総研の元同僚……。

また、本著全体について、母校甲陽学院の元教諭で現在も活発に執筆活動をされている山内英正氏（世界史・日本史）に内容面の査読をしていただきました。また、校閲者の方にも数多くの指摘を頂きました。

もちろん、いかなるミス、間違いも著者である私の責任であることは言うまでもありません。


本著の執筆に際しては、大変に多くの方々との対話や交流がベースになっています。厚く御礼を申し上げます。

企画から執筆においてかんき出版の米田寛司氏に大変にお世話になりました。

また、アップルシード・エージェンシーの鬼塚忠社長、加藤果歩氏、同元社員の藤本佳奈氏にお世話になりました。

執筆に際しては青木由美子氏に多大な尽力を賜りました。厚く御礼を申し上げます。

最後に公私のパートナーである妻と成人した息子と娘にも感謝して終わりたいと思います。

２０２４年６月
山中俊之

参考文献

〈政治学・哲学〉
アンソニー＝ダウンズ『民主主義の経済理論』成文堂、１９８０年
プラトン『国家　上・下』岩波文庫、１９７９年
アリストテレス『政治学　上・下』光文社古典新訳文庫、２０２３年
ロック『完訳　統治二論』岩波文庫、２０１０年
ルソー『社会契約論』岩波文庫、１９５４年
モンテスキュー『法の精神　上・中・下』岩波文庫、１９８９年

〈国際政治とビジネス〉
Dalio, Ray "The Changing World Order" Simon & Schuster 2021
イアン・ブレマー『危機の地政学』日本経済新聞社、２０２２年
ギョーム・ピトロン『レアメタルの地政学』原書房、２０２０年
クリス・ミラー『半導体戦争』ダイヤモンド社、２０２３年
ウォルター・アイザックソン『イーロン・マスク　上・下』文藝春秋、２０２３年
クライメート・リアリティ・プロジェクト・ジャパン編『気候変動を学ぼう』合同出版、２０２３年

〈米国〉
ジョージ・F・ケナン『アメリカ外交50年』岩波書店、２０００年
バラク・オバマ『マイ・ドリーム　バラク・オバマ自伝』ダイヤモンド社、２００７年
J.D.ヴァンス『ヒルビリー・エレジー　アメリカの繁栄から取り残された白人たち』光文社、２０１７年

ポール・クルーグマン『格差はつくられた』早川書房、2008年
岡山裕『アメリカの政党政治』中公新書、2020年
佐々木毅『アメリカの保守とリベラル』講談社学術文庫、1993年
土田宏『ケネディー「神話」と実像』中公新書、2007年
佐藤千登勢『フランクリン・ローズベルト』中公新書、2021年

〈西欧・北欧〉
パスカル・ペリノー『ポピュリズムに揺れる欧州政党政治』白水社、2023年
同盟90／ドイツ緑の党『未来は緑』2007年、緑風出版
今野元『ドイツ・ナショナリズム』中公新書、2021年
渡辺和行『ド・ゴール　偉大さへの意思』山川出版社、2013年
冨田浩司『危機の指導者　チャーチル』新潮社、2011年
羽場久美子編『EU（欧州連合）を知るための63章』明石書店、2013年

〈ロシア・東欧〉
ミハイル・ゴルバチョフ『我が人生　ミハイル・ゴルバチョフ自伝』東京堂出版、2022年
小泉悠『「帝国」ロシアの地政学』東京堂出版、2019年
朝日新聞国際報道部『プーチンの実像』朝日文庫、2019年

〈中国・インド・アジア〉
デズモンド・シャム『レッド・ルーレット』草思社、2022年
宮家邦彦『米中戦争　「台湾危機」驚愕のシナリオ』朝日新書、2021年

益尾知佐子『中国の行動原理』中公新書、2019年
笠井亮平『モディが変えるインド』白水社、2017年
中村平治『ネルー』清水書院、1966年

〈中東・アフリカ〉
タミム・アンサーリー『イスラームから見た「世界史」』紀伊国屋書店、2011年
三浦徹『イスラーム世界の歴史的展開』放送大学教育振興会、2011年
Trevor Noah "Born a Crime" One World、2016年

〈ラテンアメリカ〉
伊藤千尋『反米大陸』集英社新書、2007年
増田義郎『物語　ラテンアメリカの歴史』中公新書、1998年

MEMO

MEMO

MEMO

MEMO

【著者紹介】

山中　俊之（やまなか・としゆき）

◉——著述家・コラムニスト。歴史、政治、芸術、宗教、哲学、ビジネスなどの視点から、世界情勢について執筆活動を展開。

◉——1968年兵庫県西宮市生まれ。東京大学法学部卒業後、1990年に外務省入省。エジプト、英国、サウジアラビアに赴任。対中東外交、地球環境問題、国連総会、首相通訳（アラビア語）を経験。エジプトでは庶民街でエジプト人家庭に下宿。外務省退職後、日本総研でのコンサルタントを経て、2010年株式会社グローバルダイナミクスを設立。世界各国の経営者・リーダー向け研修において、地球の未来を見据えたビジネスの方向性について日々活発な議論をしている。芸術文化観光専門職大学教授、神戸情報大学院大学教授。長崎市政策顧問として地域創生を支援。神戸市のボランティア団体で、ホームレス支援に従事。

◉——2024年6月現在、全世界97カ国を訪問して、農村・スラムからミュージアム、先端企業まで徹底視察。大阪大学大学院国際公共政策博士、ケンブリッジ大学修士（開発学）、ビジネスブレークスルー大学院大学MBA、高野山大学修士（仏教哲学・比較宗教学）、京都芸術大学学士（芸術教養）など取得。リスキリングについても活発な提案をしている。

◉——著書に、『「アート」を知ると「世界」が読める』（幻冬舎新書）、『「世界の民族」超入門』『世界5大宗教入門』（ともにダイヤモンド社）などがある。

教養としての世界の政党

2024年７月29日　第１刷発行
2024年９月９日　第２刷発行

著　者——山中　俊之
発行者——齊藤　龍男
発行所——株式会社かんき出版
東京都千代田区麴町4-1-4 西脇ビル　〒102-0083
電話　営業部：03(3262)8011㈹　編集部：03(3262)8012㈹
FAX　03(3234)4421　振替　00100-2-62304
https://kanki-pub.co.jp/

印刷所——ベクトル印刷株式会社

乱丁・落丁本はお取り替えいたします。購入した書店名を明記して、小社へお送りください。ただし、古書店で購入された場合は、お取り替えできません。
本書の一部・もしくは全部の無断転載・複製複写、デジタルデータ化、放送、データ配信などをすることは、法律で認められた場合を除いて、著作権の侵害となります。
©Toshiyuki Yamanaka 2024 Printed in JAPAN　ISBN978-4-7612-7751-2 C0030